욕망할 자유

초판 1쇄 인쇄 2014년 12월 17일
초판 1쇄 발행 2014년 12월 26일

지은이 박홍순
펴낸이 문채원
책임 편집 오효순
디자인 신수경
마케팅 박효정 정승호 전지훈

펴낸곳 도서출판 사우
출판 등록 제2014-000017호
주소 서울시 마포구 동교로 17안길 11 2층
전화 02-334-2751
팩스 02-338-2672
전자우편 sawoopub@gmail.com

ISBN 979-11-952862-1-8 03190

· 이 도서의 국립중앙도서관 출판예정도서목록(CIP)은 서지정보유통지원시스템 홈페이지
  (http://seoji.nl.go.kr)와 국가자료공동목록시스템(http://www.nl.go.kr/kolisnet)에서
  이용하실 수 있습니다.(CIP제어번호: 2014035968)

섹스, 불륜, 가족제도에 숨겨진
본능과 억압의 실체

박홍순 지음

사우

보수의 시대, 당신의 사랑은 안녕한가요?

마치 시계가 거꾸로 돌아가는 듯, 우리 사회는 정치, 경제, 문화 등 전 분야에 걸쳐 점점 보수화되고 있다. 승자독식으로 인해 사회적 불평등이 점점 더 심해지고, 권위주의와 관료주의적 통치도 강화되고 있다. 갑갑한 현실에 절망하고 있을 당신에게, 이렇게 묻고 싶다. "당신의 사랑은 안녕한가요?"

갑자기 웬 사랑? 그거야 각자 알아서 할 문제 아닌가? 이런 타박이 들리는 듯하다.

사람들은 대부분 사랑이라는 말을 들으면 자신의 경험을 떠올린다. 하지만 사랑은 가장 사적이면서 가장 정치적이고 사회적인 문제다. 권력은 항상 사적이고 은밀한 영역을 장악함으로써 지배를 공고히 한다. 특히 사랑이 성적인 욕망의 모습을 띠고 나타날 때 권력은 극도로 예민하게 반응한다. 보수 정치세력이 권력을 차지하고 있을 때 나타나는 가장 두드러진 현상 가운데 하나가 자유로운 성적 표현의 억압이다.

한국간행물윤리위원회가 200여 년 전 프랑스 후작 사드가 쓴 소설 《소돔의 120일》을 음란하다는 이유로 배포 중지와 수거·폐기 결정을 내린 것도 같은 맥락이다. 현대 시의 시조로 일컬어지는 보들레르나 프랑스 사실주의를 연 플로베르가 자신의 작품이 탄생할 수 있었던 근거로 꼽은 사드의 작품이 21세기 한국에서 금서로 규정된 순간이었다. 〈뉴욕데일리〉는 "민주주의 국가에서 이런 일이 벌어졌다는 것이 놀랍다"고 전했고, 네덜란드 일간지 〈한델스블라트〉는 "18세기 말에 나온 책이 200년 만에 국제적 스캔들을 일으켰다"며 조롱했다.

국내외의 반발과 조롱에 놀란 정부는 부랴부랴 재심의를 거쳐 청소년유해간행물로 규제를 한 단계 낮춰, 비닐로 포장을 한 뒤 '19세 미만 구독 불가' 표시를 해 배포할 수 있게 했다. 한국에서 가장 크다는 서점 판매대에서 책을 찾을 수 없어 판매원에게 문의하자 성인 인증이 필요하다면서 주민등록증 제시를 요구하는 게 아닌가. 이걸 동안(?)이라고 위로 삼아야 할지…… . 아무튼 어처구니없는 경험이었다. 게다가 창고에서 꺼내 온 책을 받느라 한참 기다려야 했다.

언제나 보수 정치세력은 엄격한 성도덕과 특정한 가족 형태를 강요하면서 경건주의를 퍼뜨리고자 한다. 전반적인 자유의 폭도 그들이 정해놓은 성도덕을 기준으로 삼아 허용과 통제의 선이 그어진다. 그렇기 때문에 자유로운 성을 누릴 권리는 한 사회의 자유의 정도를 재는 잣대가 되기도 한다.

지금 우리 사회는 각자의 취향에 따라 성과 사랑을 누릴 자유와 권리가 보장되어 있을까? 표면적으로야 모두가 억압 없는 성을 누리는 듯이 보인다. 공중파 방송 프로그램에 나와 자신의 성경험을 거침없이 이야기하기도 하고, 텔레비전과 인터넷만 연결하면 '누가 더 섹시한가' 경연을 벌이는 걸그룹들의 화끈한 자태를 마음껏 볼 수 있으니 말이다.

하지만 현재 우리 사회에 만연한 성은 상품일 뿐이다. 성의 상업화는 역설적으로 성이 일상적으로 억압되었음을 보여준다. 현실에서 욕망이 자연스럽게 실현되지 못할 때 성은 상품으로서 소비된다.

한국은 출판과 영화는 물론이고 심지어 인터넷에 이르기까지 성적 표현이 상당히 제한되어 있다. 소설 속 성행위 묘사 때문에 법적 처벌을 받는 경우가 있다 보니 작가들이 스스로 자기 검열을 해야 하는 처지다. 음란물을 감시·통제한다는 명목으로 세계에서 거의 유례가 없는 인터넷 등급제까지 실시되고 있다. 세계에서 유일하게 간통죄가 살아 있고, 결혼제도에 들어가지 않은 가족 형태는 법적인 보장을 받지 못하는 나라이기도 하다. 성이 억압된 상태에서 대리만족을 해야 하기에 성의 상품화에 의존하는 현상이 나타날 수밖에 없다.

우리 사회가 진일보하기 위해서는 반드시 자유롭게 사랑하고 욕망을 누릴 권리를 확보해야 한다. "더 많이 사랑할수록 더 많이 혁명을 하고 싶어진다." 프랑스 68혁명 당시 파리에서 많은 사람의 마음을 요동치게 한 구호다. 1968년 5월 파리 거리에서 사랑은 혁명과 만났다. 사랑은 혁명을, 혁명은 사랑을 키웠다. 사랑과 성을 자유롭게 누리기 위해서는 이를 가로막는 법과 제도, 사회적 관행과 도덕에 맞서 싸워야 했다.

성적 욕망의 표현과 행위에 대한 사회적 규제를 깨뜨려야 했기 때문이다. 사랑과 욕망을 개인의 은밀한 감정을 넘어 권리로 이해하는 순간 "우리는 모든 금지되는 것을 금지한다"라는 사회적 실천과 연결됐다.

사랑이 사회적 변화를 촉발하는 '에로스 효과'가 유럽과 미국으로 확대됐다. 자유와 민주주의란 성적인 본능을 비롯하여 개인의 취향을 얼마나 존중하느냐의 문제와 긴밀하게 연결되어 있다. 중요한 것은 먼 미래의 막연한 가치가 아니라 현재 느끼는 억압이고, 오늘의 즐거움을 누리고자 하는 욕구다. 차별과 억압을 극복하기 위한 저항에 있어서 사랑은 중요한 동맹군이 된다.

인류 역사에서 사랑을 둘러싸고 여러 갈래의 논의가 있어왔다. 가장 뜨거운 쟁점은 이성과 욕망의 문제였다. 한쪽에는 정신·분별·질서가, 다른 쪽에는 육체·충동·무질서가 자리 잡았다. 욕망은 진실한 사랑에 훼방을 놓거나 파탄에 이르게 하는 주범으로 지목받았다. 심한 경우 인류를 도덕적으로 타락시키고, 한 국가를 파멸에 이르게 하는 죄악의 근원이라 지탄받았다. 아름답고 진실한 사랑이란 육체적 욕망과 멀어야 한다는 개념이 끊임없이 만들어지고 유포되었다. 현대 사회에 와서 욕망을 정당하게 인정하고 있다고 하지만 여전히 진정성 있는 사랑과는 거리가 먼 것으로 여겨진다.

이 책의 문제의식은 사랑이란 무엇인가를 논하면서 욕망의 정당한 의미와 위상, 역할을 적극적으로 검토하는 데 있다. 욕망을 위한 변론의 자리다. 서양에 국한되긴 하지만 역사적인 맥락과 지적인 배경 속에서 다뤘다. 시대별로 고대, 중세와 르네상스, 근대, 현대를 각각 대표하는 욕망의 상징을 통해 풀어나가는 방식으로 구성했다. 시대 순으로 구성되어 있으나 꼭 순서대로 읽을 필요는 없다. 더 관심이 가고 재미있는 장을 먼저 읽는 것도 좋은 방법이라고 생각한다.

단순히 시대별로 욕망에 대해 어떤 생각을 가졌는지를 소개하는 데 머물지 않았다. 각 시대별로 욕망을 단죄하거나 사랑에서 배제시키고자 했던 경향을 대비시키면서 논쟁적인 방식으로 풀었다. 문학 작품과 철학에 나타난 내용과 함께 역사적 맥락이나 그 시대의 풍속 사료를 보완하여 심층적 논의와 생생한 현실을 동시에 담으려는 마음이었다. 한편으로 사랑과 욕망을 분리시키는 관점에 대한 비판, 다른 한편으로 욕망에 적극적인 입장이 갖는 한계까지 검토하는 방식으로 접근했다. 이를 통해 '욕망하는 사랑'에 대한 새로운 모색 가능성을 제시하고자 했다.

사랑이나 욕망에 대해 서로 다른 관점을 가질 수는 있다. 문제는 특정한 관점만 공식적으로 발언권을 갖고, 욕망과 관련한 내용은 배제되거나 모호한 암시나 비유를 통해서만 겨우 자리보전을 하는 점이다. 확실히 이러한 상황은 부당하며 정의롭지 않다.

아무쪼록 이 책이 한국 사회에서 성적 욕망에 대한 더 많은 논의와 에로스 효과를 촉발하는 데 아주 작은 자극이라도 주었으면 하는 마음이다.

박홍순

2장   보카치오, 종교적 위선을 야유하다

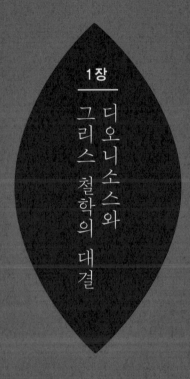

1장
—
디오니소스와
그리스 철학의 대결

욕망과 사랑의 신 디오니소스,
그리스에 도착하다

| 금기를 벗어던진 디오니소스 축제

그리스 신화에서 디오니소스는 욕망의 화신으로 등장한다. 술과 황홀경, 광기 어린 욕망과 사랑의 신으로 잘 알려져 있다. 미술이나 문학에서 디오니소스를 다룰 때 빠지지 않는 것이 바로 술이다. 포도주를 인간에게 전파한 신답게 포도 덩굴로 만든 관을 머리에 쓴 모습으로 등장한다. 거나하게 취기가 오른 분위기에서 남성과 여성이 춤을 추거나 노골적으로 유혹하는 장면이 자주 보인다.

　단지 신화에 머물지 않고 고대 그리스인들은 디오니소스를 숭배하는 의식을 가졌다. 디오니소스 추종자들은 무리를 지어 산과 들을 헤매 다녔다. 술을 마시고 황홀경 속에서 밤의 축제를 열었다. 괴성을 지르고 피리를 불며 광란에 가까운 춤을 추는 축제였다. 때로는 산 짐승을 날 것으로 먹기도 했다. 밤이 되면 어두운 숲에서 자연스럽게 남녀 간의 사랑이 열기를 더해갔다.

물론 디오니소스는 다양한 의미를 지니고 있어서 사랑이라는 주제에만 국한할 수는 없다. 하지만 여기에서는 사랑에 초점을 맞춰서 살펴보기로 하자. 디오니소스를 상징하는 술은 사랑에 있어서 특별한 의미를 가진다. 술은 이성을 마비시키고 욕망과 감성을 자극한다. 술이 들어가면 차가운 분별과 절제보다 뜨거운 육체적 욕망이 꿈틀거린다.

게다가 술과 춤이 어우러지면 분위기가 더 고조된다. 춤이 격렬해질수록 몸은 본능에 더욱 충실해지게 마련이다. 숲이라는 제한된 공간에서 춤을 추면서 서로 신체를 접촉하게 된다. 술로 절제는 느슨해지고 춤으로 몸의 접촉이 많아질 때, 그중에 관심을 끄는 사람이 있다면 당연히 성애에 대한 기대가 폭발한다.

깊은 숲 속에서 벌어지는 축제는 당연히 육체적인 사랑과 연관성이 깊다. 디오니소스를 추종하는 신도 중에는 여성이 많았고, 남성과 여성이 숲 속에서 자연스럽게 함께 어우러졌다. 숲 속은 국가의 영향이 직접 미치는 도시와 분리된 공간이다. 숲에서 사람들은 도시에서 강제되는 법적, 도덕적 압박에서 잠시나마 벗어나 욕망에 더 충실해진다.

어두운 밤이라면 익명성의 효과까지 더해진다. 횃불을 몇 개 밝혀놓았다 하더라도 깊은 숲 속에는 칠흑처럼 어두운 공간이 널려 있다. 서로 눈빛을 교환한 남녀가 무리에서 살짝 빠져나가 조금만 발걸음을 옮기면 둘만의 시간을 즐길 수 있다. 게다가 디오니소스 축제에 참가한 사람들은 가면을 썼다. 가면은 익명성의 효과를 극대화한다. 밤과 가면이 주는 익명성 아래서 욕망은 도덕적 금기를 깨뜨리고 자유롭게 분출된다. 가면 뒤에 숨은 인간에게는 모든 금기가 사라지기 때문이다. 남성에게 요구되는 체면, 여성에게 요구되는 정숙함에서 벗어나 욕구에 솔직해진다. 평소라면 시도하지 않았을 대담한 성행위가 촉발될 수 있다.

그렇기 때문에 니체가 《비극의 탄생》에서 "고대 세계의 구석구석에서 우리는 디오니소스적 축제가 존재했다는 사실을 증명할 수 있다. (……) 거의 모든 곳에서 이 축제들의 중심은 성적인 방종이었다"라고 한 것은 전혀 무리가 아니다. 숲과 밤, 술과 춤이 만들어내는 도취 상태에서 열정적 사랑과 성적 유혹이 자라난다.

남근과 웃음을 좋아하는 아프로디테

디오니소스는 비교적 늦게 알려진 신이다. 그리스 신화에서 가장 늦게 신의 반열에 올랐다. 디오니소스가 그리스 전역에 알려지기 전까지 성애의 상징은 아프로디테였다. 고대 그리스 3대 비극 작가 중 한 명인 에우리피데스는 《바카이》에서 펜테우스의 입을 빌려 디오니소스를 "아프로디테 축제 같은 꼴"이라고 말했다.

그리스 신화에서 아프로디테는 사랑의 여신, 그중에서도 육체적인 사랑의 여신이다. 로마 신화에서는 베누스, 영어 이름은 비너스다. 아프로디테의 남성 편력은 화려하다. 불의 신 헤파이스토스와 결혼했지만 전쟁의 신 아레스와 정을 통했다. 아레스와의 사이에서 여러 자식을 두었다. 헤르메스, 안키세스와도 관계를 가져 자식들을 낳았다. 한때 디오니소스와 뜨거운 사이였으며, 욕망을 상징하는 둘 사이에서 유난히 큰 성기를 가진 번식과 다산의 신 프리아포스가 태어났다. 수많은 고대 그리스 시인의 작품에서 아프로디테는 성의 본능과 사랑의 위력을 퍼뜨리는 화신으로 등장한다.

아프로디테가 아레스와 정을 통하다 들통난 이야기는 호메로스의 《오디세이아》에 상세히 나온다. 이름난 대장장이인 헤파이스토스는 눈에 보이지 않는 쇠그물을 침대에 쳐놓았다. 남편이 외출한 사이에 두 신이 침대 위에서 섹스를 하다 그물에 걸렸다. 헤파이스토스는 벌거벗은 채 서로 껴안고 있는 현장을 목격하고 신들을 불러 증인이 되어달라고 말했다. "제 침대에 드러누워 애정 행각을 벌이고 있습니다. 제 가슴은 찢어질 것만 같습니다. 그들이 아무리 사랑하는 사이라고 해도 이렇게 남의 침대에 버젓이 누워서 즐기다니요." 그 소리를 듣고 여러 신들이 방으로 몰려들었다.

아폴론이 "그대도 튼튼한 쇠그물에 묶이는 한이 있더라도 아프로디테와 동침하기를 바라겠는가?"라고 묻자, 헤르메스가 답했다. "그렇고말고요. 쇠그물이 세 겹 네 겹으로 쳐 있다 하더라도, 그리고 남자 신이고 여자 신이고 다 본다 하더라도 아프로디테와 자고 싶지요." 그 말을 들은 불멸의 신들이 한바탕 큰 소리로 웃었다.

버젓이 남편을 두고 다른 남자와 욕정을 불태우다 걸렸는데도, 이 자리에 참석한 신들의 대화에서 불륜에 대한 비난이나 도덕적 훈계라고는 전혀 찾아볼 수 없다. 육체적 욕망이니 어쩌겠느냐는 분위기다. 덕분에 재미있는 구경거리에 초대되었다는 식이다. 마치 장난스러운 에피소드처럼 다루어진다. 당사자인 아프로디테도 죄인처럼 고개를 숙이거나 뉘우치지 않는다. 그녀는 곧바로 키프로스로 돌아갔는데, 신녀들이 반갑게 맞아들여 목욕시키고, 향긋한 올리브유를 바르고, 현란한 옷을 입혀준다. 심지어 오디세우스는 이 이야기를 듣고서 큰 위안을 받는다.

아프로디테의 출생에 얽힌 일화도 파격적이다. 기원전 8세기경에 호메로스와 어깨를 나란히 한 고대 그리스의 서사시인 헤시오도스는《신들의 계보》에서 아프로디테의 출생 과정을 다음과 같이 소개한다. 거대한 몸집을 가진 우라노스가 가이아와 사랑을 나누려는 찰나 그의 아들 크로노스가 거대한 낫으로 아버지의 남근을 재빨리 잘라 바다로 던졌다. 파도 위를 떠다니던 우라노스의 남근 주위에 흰 거품이 모이고, 거품 속에서 한 소녀가 태어났다. 이 소녀는 바람의 신에게 떠밀려 키프로스 섬에 도착하자, 밖으로 걸어 나왔다. 아프로디테가 남근을 좋아한다고 알려진 것은 그녀가 남근에서 태어났기 때문이다. 그녀가 항상 성애의 기쁨에 가득 차 있었기 때문에 헤시오도스는《여인들 목록》에서 "웃음을 좋아하는 아프로디테"라고 불렀다.

에우리피데스의《히폴리토스》에는 아프로디테의 사랑이 갖는 특징이 잘 드러난다. 아프로디테는 테세우스의 아들 히폴리토스가 자신을 경멸하자 분노한다. 히폴리토스는 육체적 사랑을 즐기는 아프로디테를 경멸하며, 오직 아폴론의 누이동생이자 순결한 처녀 여신인 아르테미스와 함께 사냥을 하며 세월을 보냈다. 히폴리토스의 모욕에 대한 보복으로 아프로디테는 테세우스의 후처이자 히폴리토스의 계모 파이드라의 마음에 그에 대한 뜨거운 사랑을 불어넣는다.

파이드라는 자신의 기구한 사랑에 괴로워하며 "대체 사랑이란 뭘까" 하고 한탄한다. 그러자 유모는 "그건 가장 즐겁고도 가장 쓰라린 것"이라고 대답한다. 파이드라는 계속 고통스러운 마음을 털어놓는다.

나는 이 미칠 듯이 솟아오르는 정열을 용기로 억제하려 했고, 지혜로
길들이려 결심하기도 했지. 그러나 이런 방법으로 아프로디테를 정
복할 수 없다는 것을 알게 되자, 내가 할 일은 죽는 길밖에 없다는 생
각이 들었지. (……) 나를 죽게 하는 것은 바로 내 남편과 아이들의 명
예를 더럽히고 싶지 않다는 마음뿐이에요. (……) 목숨과 마찬가지로
거룩한 오직 하나의 신은 올바름과 미덕을 간직하고 있는 마음이라
고들 하지요.

파이드라는 욕망을 억제하는 방법을 용기와 지혜에서 찾는다. 욕정
을 용기로 누르고, 사랑의 열정이 드러나지 않도록 다스리려 했지만 아
프로디테를 이길 수 없음을 깨닫는다. 하지만 의붓아들을 사랑하는 것
은 비도덕적이라는 생각이 떠나지 않는다. 올바름을 추구하는 마음이
인간의 본성이라고 여기기에 그녀의 마음은 괴롭기만 하다. 그녀가 갈
등하는 모습을 보고 유모는 이렇게 말한다.

당신은 인간의 상식으로 상상하기조차 어려운 일을 겪고 있는 것이
아닙니다. 당신은 사랑하고 있습니다. 그것이 무슨 이상한 일이란 말
입니까? 그런데 당신은 그 사랑 때문에 목숨을 끊으려고 합니다. 사
랑하고 있거나 사랑했다고 해서 목숨을 잃어야만 한다면, 이 얼마나
불행한 일이겠습니까. 아프로디테가 무서운 힘으로 습격해올 때, 어
느 누구도 그것을 막을 수는 없습니다.

파이드라가 도저히 용납할 수 없다고 생각하는 사랑이 그렇게 상상조차 할 수 없는 일은 아니라고 말한다. 사랑의 열정 앞에서는 세상이 부도덕하다고 지탄하는 행위조차 어찌할 수 없다. 제우스를 비롯하여 수많은 신이 신이건 인간이건 가리지 않고, 나이가 많고 적음을 가리지 않고 육체적인 사랑에 몸을 맡겼는데, 하물며 인간이 이를 피할 수 있겠는가. 코러스를 통해 "인간의 주권자인 에로스를 숭배"하는 일은 지극히 당연한 것이라고 설득한다.

사랑의 감정을 숨기지 못한 파이드라는 결국 유모를 통해 자신의 마음을 전하고, 이야기는 비극을 향해 치닫는다. 순결의 여신 아르테미스를 숭배하는 히폴리토스가 파이드라의 사랑을 단호히 거부하자, 파이드라는 치욕감을 이기지 못하고 자살한다. 죽기 전에 그녀는 히폴리토스가 자신을 범하려 했다는 거짓 편지를 남편에게 남겼다. 이 때문에 히폴리토스는 아버지의 저주를 받고 죽임을 당한다.

아프로디테는 지나친 순결 의식과 금기로 인한 죄책감을 응징한다. 아프로디테의 사랑은 계산적이지 않고, 관습과 도덕에 얽매이지도 않는다. 오직 사랑의 감정에 자연스럽게 몸과 마음을 맡기라고 요구한다.

| 신들은 왜 '바람둥이'인가

그리스 신화에서 신들은 사랑하는 데 상대를 가리지 않는다. 최고신 제우스만 봐도 그러하다. 제우스는 부인 헤라가 있음에도 불구하고 수많은 신과 요정, 인간과 정을 통했다. 동성애 성향까지 있어서 소년을 좋

아한 일도 있다. 이렇게 해서 제우스는 서른 명가량의 신과 열 명 정도의 인간을 낳았다.

그리스 신화에만 국한된 이야기가 아니다. 유럽의 다른 지역 신화에서도 신이 기혼자와 미혼자를 가리지 않고 정을 통해 자식을 낳는 이야기가 자주 나온다. 북유럽 신화에서 신들의 우두머리이자 세계를 창조한 오딘도 제우스와 비슷하다. 아름다운 아내 프리그가 있지만 수많은 거인과 요정, 인간과 사랑을 나눴다. 당연히 자식도 많다.

유럽보다 앞서 문명을 이룩했던 지역에서도 비슷한 양상이 나타난다. 인류 최초의 문명이라 일컬어지는 메소포타미아의 수메르 신화에서 성행위는 신이 자신의 뜻을 실현하는 주요 방법이었다. 점토판에 쐐기문자로 새겨진 엔릴 신에 얽힌 신화도 그러하다.

영웅들인 나무와 갈대의 정액을 그녀의 자궁에 쏟아 부었고, 생산력 있는 암소인 감미로운 대지는 하늘의 풍부한 정액으로 수태했고, 대지는 희열에 차 생명의 초목들을 낳았고, 대지는 풍성하게 생산했고, 그녀에게서는 포도주와 꿀이 흘러나왔다. (……) 겨울이 하천의 범람을 묶어두게 하기 위해 모든 땅의 신 엔릴은 결심했다. 그는 거대한 산에 그의 남근을 꽂고, 고원에도 그러했고, 땅을 비옥하게 하는 수메르와 겨울의 정액을 그들의 자궁에 쏟아 부었고, 그의 남근을 꽂는 곳마다, 엔릴은 들소처럼 으르렁거렸고, (……) 그의 남근을 발기시키고 사정하여 유프라테스 강을 빛나는 물로 채웠다.

세상만물이 신의 성행위를 통해 생겨난다. 산과 들판의 초목, 온갖 동물과 열매, 지상의 모든 생명을 키우는 강물이 성행위와 정액, 수태 과정을 거쳐 만들어졌다. 이미 이즈음 신화 속에서 원시 공동체의 모계 전통은 흔적으로 남고, 점점 강해지는 부계제에 맞춰 남성 중심적인 성애 표현이 나타난다. 남성의 성기는 점차 공격적인 수단, 여성의 음부는 수동적인 대상으로 규정된다. 남성 성기와 정액이 주도하고 여성의 몸은 부차적인 지위로 격하된다.

수메르 신화에서 성적 상징성을 가장 많이 부여받은 신은 사랑과 생산의 여신 이난나다. 우르 지역에서 믿던 여신으로 달의 신 난나의 딸이다. 다산의 여신이며 육체적 사랑을 즐긴다는 점에서 그리스 신화의 아프로디테와 비슷한 역할을 한다. 성적 매력 덩어리인 이난나의 생산력 좋은 자궁은 번영과 안녕을 보장하는 기름진 토양이었다. 점토판에 쐐기문자로 쓰인 이난나의 사랑 노래는 수백 편에 이를 정도로 다양하다. 그 가운데 《이난나와 두무지》에서 이난나와 두무지의 만남과 구혼, 결혼과 갈등을 다룬 이야기가 가장 유명하다.

이야기는 이난나가 밤새워 노래하고 춤추는 것에서 시작된다. "나는 이난나다. 나는 어제부터 동틀 때까지 놀았다. 동틀 때까지 놀며 춤추고 노래했다." 밤새워 노래하고 춤추는 행위를 성애와 연결 짓는 것이 디오니소스와 상당히 유사하다. 이어서 양치기인 두무지가 이난나를 유혹한다. "당신과 나는 달빛에 즐겁게 지냅시다. 나는 당신을 위해 거룩하고 귀한 잠자리를 펴겠습니다. 나와 함께 동이 틀 때까지 좋고 행복하며 기쁘게 지냅시다." 밤에 함께 노래하고 춤을 추자고 말한다. 잠자리를 펼 테니 아침까지 밤새도록 뜨거운 사랑을 나누자는 제안이다.

이난나 집에 찾아온 두무지는 그녀의 어머니에게 결혼을 허락해달라고 말한다. 하지만 이난나는 양치기가 아닌 농부와 결혼하겠다고 한다. "나는 양치기와 결혼하지 않을 거예요. 그의 거친 옷에 몸을 대지 않을 거예요. 그의 거친 양털을 받지 않을 거예요. 젊은 여인인 나는 농부와 결혼할래요. 아마를 많이 가꾸는 농부, 보리를 많이 가꾸는 농부와."

이즈음 수메르 사회가 이미 수렵과 채취에서 농경과 목축 위주의 생활로 바뀌었음을 알 수 있다. 두무지는 목축을 위해 자유롭게 떠도는 생활을 하는 유목문화의 정서를 대변하는 존재다.

두무지는 이난나와 관계를 맺은 이후에 자신의 누이를 유혹한다. 두무지는 이난나에게 들판에 나가 양을 돌보고 올 테니 집에 있으라고 한다. 누이와 만나 놀 속셈이었다. 누이를 만나 양의 우리로 가서 먹고 마시며 즐거운 시간을 보낸다. 두무지는 양들을 몰고 축사로 들어왔다. 그는 암양과 새끼 양을 누이에게 데려왔다.

새끼 양은 그 어미 양에게 뛰어가서 올라타 교미를 했다. 양치기는 누이에게 말했다. "내 누이, 쳐다보소! 새끼 양이 어미에게서 무엇을 찾소?" (……) 새끼 양이 그 누이 양에게 뛰어가서 올라탔다. 교미를 했다. 양치기는 그의 누이에게 말했다. "내 누이! 새끼 염소가 그 누이에게서 무엇을 찾소?" 누이는 그의 뜻을 알아차리지 못하고 대답했다. "누이 양의 등 위에 올라타더니 슬퍼하는구나." 두무지가 다시 물었다. "만일 등 위에 올라타더니 슬퍼한다면 어째서 사출한 물이 음문에 찼소?"

두무지는 새끼 양과 어미 양, 그리고 새끼 양과 누이 양을 교미 붙이며 누이에게 보라고 한다. 양들이 어떠한 감정인지를 묻자, 누이는 슬퍼하는 것 아니냐고 대답한다. 두무지는 만약 슬픈 감정이라면 어찌 성기에 물이 가득하겠느냐고 한다. 슬픈 게 아니라 기쁨과 희열을 맛보고 있는 중이라는 이야기다. 양들처럼 성행위를 하자는 유혹이다. 둘은 깊은 관계로 들어간다.

왜 고대 신화 속 신들은 남성 신, 여성 신을 가리지 않고 수많은 연인을 두었을까. 심지어 근친상간을 비롯해 우리가 흔히 금기라고 여기는 행위조차 서슴지 않았을까. 사실 인간이 신들을 '바람둥이'로 만들었다고 봐야 한다. 현실에서 금기를 깨고 싶은 인간의 열망이 신화에 그대로 나타난 것이다. 인간이 이루고 싶은 것을 신화를 통해 실현하는 방식이다.

욕망은 현실을 전제로 한다. 하지만 현재로서의 현실이 아니라, 과거로서의 현실이다. 인간은 전혀 근거가 없는 것을 욕망하지 않는다. 금지된 것을 욕망할 뿐이다. 만약 현재 충족된 것이라면 강렬한 욕망을 느낄 이유가 없다. 우리가 대기 중의 공기를 욕망하지 않는 것은 이미 충분하기 때문이다. 인간이 경험해보지 못했거나 들어본 적도 없는 것을 욕망할 수도 없는 노릇이다. 무無에서는 욕망이 생길 수 없다. 욕망은 미래를 향하지만 그 근거는 과거에서 오게 마련이다. 과거에는 실현 가능했던 것이 제도나 관습으로 금지될 때 욕망의 씨앗은 자라난다.

디오니소스는 에게해 동쪽 트라키아 지방을 통해 그리스로 전파되었다고 알려져 있다. 디오니소스 축제가 가장 성행한 곳도 트라키아다. 이곳 부족들은 음주를 좋아한 것으로 유명하다. 그리스 신화에서 트라키아는 거칠고 야만적인 지역으로 나온다. 거칠고 야만적이라는 것은 새로운 문명보다는 전통사회의 흔적이 많이 남아 있다는 의미다. 그만큼 고대국가 형성 이전의 정서와 인간관계가 상대적으로 많이 담겨 있던 문화였다고 볼 수 있다. 그래서 제임스 프레이저는 《황금가지》에서 다음과 같이 말한다.

> 디오니소스는 포도주에 의한 환희의 의인화로서 잘 알려져 있다. 야성적 무용, 소란한 음악, 음주 방탕으로 특징지어지는 무아지경의 황홀한 예배는, 트라키아의 몽매한 부족들 사이에서 있었던 것 같다. 신비적 교의와 방일한 의식은 그리스인의 명석한 지성과 냉정한 기질과는 근본적으로 다른 것이었다. 그러나 이 종교는 대개의 사람에게 생득적인 것으로 생각되는 신비에 대한 애호와 야만 상태로 돌아가려는 성향에 호소하여 요원의 불길처럼 그리스 전역을 석권하여 드디어 호메로스는 주의조차 하지 않았던 이 신이 판테온의 가장 인기 있는 자가 되었다.

디오니소스는 술을 통해 모든 속박으로부터 인간을 해방시켜주는 신이다. 술은 우리의 육체적 본능을 꿈틀거리게 함으로써 의식적, 사회적 통제에서 벗어나게 한다. 디오니소스와 함께 등장하는 반인반수의 신 사티로스도 비슷한 특징을 지닌다. 말 귀와 말 꼬리 혹은 산양의 다리와 머리에 짧은 뿔이 달린 형상을 하고 숲과 젊은 여자를 좋아한다. 음란하고 짐승 같은 욕망에 차 있으며, 남자의 성행위를 상징한다.

프레이저의 지적처럼 호메로스 시대에는 디오니소스에 대한 관심이 높지 않았다. 물론 헤시오도스의 《신들의 계보》에 디오니소스에 대한 소개가 나오는 것으로 봐서 호메로스 시대에도 그리스인들에게 알려져 있기는 했을 것이다. 하지만 호메로스의 《일리아스》와 《오디세이아》에 거의 언급이 없는 것으로 봐서 그리 광범위하게 유포되었다고 보기는 어렵다. 호메로스의 서사시에는 분별력과 자제력을 강조하는 내용이 많이 나온다. 프레이저가 "그리스인의 명석한 지성과 냉정한 기질"이라고 말한 것은 이를 가리킨다. 하지만 이 시대에도 이성을 상징하는 아폴론만큼이나 아프로디테가 인기 있는 신이었다는 점에서 그리스인의 일반적 기질이라고 하기에는 무리가 있다. 호메로스의 개인적 지향이 드러난 것으로 보아야 한다.

하지만 디오니소스는 기원전 8세기 이후에 급속하게 그리스 전역으로 퍼져 가장 인기 있는 신의 반열에 오른다. 프레이저가 '야만 상태'라고 표현했지만, 더 정확하게는 고대국가 형성 이전 원시 공동체 사회에서 자연스럽게 욕망을 분출하던 성향에 호소함으로써 빠른 시간에 그리스 전역에 자리를 잡는다. 대신 과거의 복원이라기보다는 신비적 승화 과정이라고 볼 수 있다. 고대국가의 법과 제도가 이미 뿌리를 내린 현실에서, 원시 공동체의 관습 그대로 돌아갈 수 없기에 신비적 승화를 통해 욕망을 충족한다. 신성神性과의 직접적인 만남과 동화로 나아감으로써 일정한 의식적 절차를 거쳐 욕망을 분출하는 방식이다.

숲 속에서 비밀스러운 디오니소스 숭배 의식이 벌어지는 동안 열정적인 사랑의 장이 열렸다. 평상시 호감을 느끼던 사이라면 적극적으로 유혹할 수 있는 기회가 되었을 것이다. 사랑하는 연인들이 디오니소스 집회에 참여했다면 금지된 다양한 성관계를 시도했을 수도 있다.

디오니소스가 인기를 얻으면서 일상에서도 자유로운 성을 자극한 것으로 보인다. 공공연한 비밀처럼 일각에서 자극적인 성애가 끊임없이 이루어졌다. 고대 그리스 항아리에는 서너 명의 남성과 여성이 뒤엉켜 있는 그림이 많다. 많은 사람 앞에서 공개되는 시나 연극보다는, 개인적으로 은밀하게 보관하고 감상할 수 있는 항아리 그림에 당시 그리스인의 일상이 더 잘 묻어날 수 있다. 그리스 전역에서 이러한 그림이 그려진 항아리가 다수 출토되는 것으로 봐서 상당히 일반화된 현상이었다는 점을 알 수 있다.

대영박물관, 나폴리 고고학 박물관, 코린토스 박물관 등 유럽 주요 박물관의 비밀 보관실에는 이러한 그림을 담은 항아리가 가득하다. 19세기 고고학자들이 비非그리스적이라며 불쾌하게 생각하여 일반인이 볼 수 없는 곳에 따로 보관한 것이다. 하지만 성적 욕망을 솔직히 드러낸 그림이나 조각이야말로 지극히 그리스적인 것이다. 플라톤과 아리스토텔레스의 철학에 담긴 내용을 당시의 일반적인 생각과 행위로 이해한다면 그것이야말로 비그리스적인 왜곡일 수 있다. 심지어 아테네 길거리에 서 있던 헤르메스 동상은 발기한 음경을 뽐냈다고 한다. 아테네에서 성은 마치 운동 경기처럼 자연스러운 일상이었다.

기원전 7세기경에는 도시국가 차원에서 디오니소스 축제가 열렸다.

각지에서 매년 겨울에서 초봄 사이 정기적으로 개최되었는데, 아테네에서는 3월 말에서 4월 초까지 약 일주일 동안 열렸다. 기원전 5세기경 절정에 달했고, 아테네는 외부에서 몰려든 사람들로 북새통을 이루었다. 들불처럼 번지는 성의 향연을 제도화하여 순화하려는 목적으로 축제를 열었을 것이다. 사회적 관습과 금기를 벗어난 원시적 힘이 더는 번지지 않도록 제도 안에서 통제하려는 의도 말이다.

디오니소스 축제 기간에는 광기에 찬 술자리와 가무 대신에 합창과 무용 경연대회, 연극, 가장행렬 같은 행사가 열렸다. 축제 첫날에는 합창 경연대회가 끝난 후 술 취한 사람들이 몰려다녔다. 사람들은 거대한 남근상을 들고 외설스러운 춤을 추고 음탕한 노래를 불렀다. 희극 공연도 열렸는데, 한스 리히트는 《그리스 성 풍속사》에서 "희극은 음란성과 연결되어 삶을 반영하는 그로테스크한 캐리커처이므로, 그리스 희극의 도처에서는 성생활을 묘사한 장면이 많다"라고 말한다. 고대 그리스의 희극 시인인 아리스토파네스의 《엑클레시아주소이》에서, 늙은 여자와 소녀가 남성을 유혹하는 대화는 매우 노골적이다.

늙은 여자 : 나와 동침하는 희열을 경험하고 싶은 사람이라면 젊은 여자보다는 성숙한 여인의 품이 더 낫다는 것을 알고 있겠지요. 젊은 여자가 나처럼 충실하고 진실되며, 변함없는 사랑을 줄 수 있겠어요? (……)

소녀 : 젊은 여자를 질투하지 마세요. 젊은 여자의 나긋나긋한 팔다리와 팽팽한 가슴 속에 쾌락이 있는걸요. 하지만 당신처럼 늙은 여인들은 아무리 눈썹을 세우고 얼굴에 화장을 해도 마치 저승사자처럼 보

이기만 할 뿐이에요.

셋째 날부터는 매일 비극 경연이 열렸다. 디오니소스 축제를 통해 그리스 비극이 탄생했다. 아테네에서는 아크로폴리스의 남동쪽 비탈에 있는 디오니소스 극장에서 축제 기간 내내 비극이 상연됐다. 축제가 시작되기 전에 연극 관계자들이 퍼레이드를 하며 연극을 홍보했다.

비극을 뜻하는 영어 'tragedy'의 어원은 양을 가리키는 그리스어 'trago'와 노래를 뜻하는 'dia'의 합성어다. '양의 노래'라는 뜻으로, 초창기 그리스 비극은 배우와 합창단이 양의 탈을 쓰고 노래를 부르고 춤을 추는 형식이었다. 본래 디오니소스 비밀 집회에서 신도들이 디오니소스를 추종하는 사티로스의 가면을 쓰고 의식을 벌이던 전통이 축제의 형식으로 이어졌다고 보는 견해가 많다.

축제가 자리 잡으면서 비극은 본래의 디오니소스적인 열정과 사랑보다는 욕망이 만들어내는 비극적 결말, 자제와 분별을 강조하는 내용으로 변질된다. 시인들은 그해의 상을 놓고 서로 치열하게 경쟁하는데, 축제가 끝난 2~3일 후에 시상식이 거행되었다. 아테네 시민보다는 행정관들이 주로 평가하기 때문에 국가의 구미에 맞는 내용을 담는 경향이 강화됐을 것이다. 또한 축제 기간 동안 적절하지 못한 행동이나 비행을 저지른 사람들을 재판에 회부하고 처벌함으로써 디오니소스 열기를 제도 안에서 길들이는 성격이 강했다. 국가의 통제를 받게 되면서 디오니소스는 본래의 야성을 점차 상실했다. 하지만 축제를 통한 제도적인 순화에도 불구하고 일부에서는 여전히 무질서한 춤과 난교 행위가 이어졌다.

그리스 철학의
반격

| 사랑은 미친 짓이다

에우리피데스의 《바카이》에서 테베 왕 펜테우스는 육체적 욕망을 거부하고 인간의 행위를 이성의 토대 위에 강제로 세우려 한다. 현자 테이레시아스와의 논쟁에서 펜테우스는 디오니소스를 재앙으로 규정한다. "이 땅에 새로운 재앙이 닥쳤다는 풍문을 들었습니다. (……) 그들을 빠짐없이 결박해 추잡한 놀음을 끝장낼 생각입니다."

그가 보기에 욕망에 의한 열정과 사랑은 미친 짓이고 재앙일 뿐이다. 이성의 부재 상태에서 나타나는 야만적 행동이기 때문에 국가 질서 유지를 위해 통제하고 억눌러야 한다. 다른 종족에서 벌어지는 디오니소스 의식은 "그들이 그리스인보다 훨씬 생각이 모자라기 때문"에 나타나는 것이다. 따라서 그리스인의 이성적, 합리적 사고로 재앙을 막아야 한다. 로마 시인 오비디우스의 《변신 이야기》에 나오는 펜테우스의 분노도 같은 맥락이다.

무엇이 너희 머리를 흐리게 하였는가? 놋쇠 바라를 치고, 굽은 뿔피리 불고, 마술로 사기 치고, 여인들이 소리 지르고, 술에 취해 고성방가하고 몸은 더럽구나. 전장에서 북 치고 나팔 불고, 칼을 휘두르고 창이 눈앞에 번쩍일 때 함께 있던 용사들이여, 이제 이 모든 소동에 그대들이 놀라는가? 먼바다를 항해하여 여기 도시를 세우고, 방랑하는 신을 고향으로 모셔온 노인들이여, 한바탕 싸움도 없이 포로가 된 당신을 나는 보고만 있어야 하는가?

도시를 세우고 문명을 발전시킨 것은 이성이다. 정신적 긴장과 전쟁을 통해 국가를 세웠는데, 디오니소스 축제와 욕망이 모든 성과를 무너뜨리려 한다. 욕망이라는 장애물이 사회에 혼란과 소동을 일으키고, 사리분별을 흐리게 하여 진리를 보지 못하게 한다. 투구 대신 화환, 무기와 전술 대신 향수와 술, 용기 대신 욕정으로 테베를 접수하려는 시도에 맞서야 한다고 촉구한다. 살아 있는 동안 될 수 있는 대로 육체와 상관하지 않고 어울리지 않으며 욕망에 빠지지 않아야 한다.

에우리피데스의 《히폴리토스》에서는 순결의 여신 아르테미스를 신봉하는 히폴리토스가 경건한 이성적 사랑을 대표한다. 시종장이 "아프로디테 여신은 명성이 높습니다"라며 아프로디테를 경멸하지 말아야 한다고 권고한다. 하지만 히폴리테스는 "난 밤을 존경해야 하는 신은 싫단 말이야"라며 단호히 거부한다. 아예 사랑이라는 감정을 불신한다. 유모가 "이제 사랑하는 사람도 필요 없다는 말씀인가요?"라고 묻자 그는 사랑을 구하려는 무리를 저주한다.

제우스여, 그대는 어찌하여 태양 아래 여자라는, 위선을 일삼는 종족을 태어나게 했는가? 그 이유가 종족의 번식에 있다면 여자보다는 다른 어떤 것이 있었을 텐데. (……) 가장 최선은 쓸모없는 그저 그런 단순한 여자를 갖는 것이다. 영리한 여자는 죽도록 싫단 말이야. 지금 우리 집에는 필요 이상으로 현명한 여자는 발도 들여놓지 못하게 하고 있지. 그런 여자들은 아프로디테가 썩어빠지게 만든 영리한 무리야.

여자는 아예 사랑의 주체가 될 수 없다. 백보 양보해서 여성의 존재를 인정한다 하더라도 기껏해야 종족 번식을 위한 출산 기능뿐이다. 그나마 여자가 아닌 다른 방법을 신이 만들어주었으면 더 좋았을 것이라고 말한다. 특히 영리한 여자는 아프로디테의 하수인에 불과하다. 영리한 여자는 자기주장이 강하기 때문이다. 특히 아프로디테가 썩어빠지게 만들었다고 지탄하는 것으로 봐서 영리한 여자는 주도적으로 성을 누릴 수 있기에 성적 방종에 빠진다고 생각하는 듯하다.

에우리피데스의 다른 작품에도 "아프로디테의 천박한 쾌락!"이라는 말처럼 성적 쾌락을 혐오하는 표현이 자주 나온다. 특히 여성에 관해서는 더 지독한 표현을 쓴다. 《메데이아》에서는 "여성은 선에 무기력하며, 온갖 악을 고안하는 데 뛰어나다"라고 한다. 그러므로 어쩔 수 없이 결혼해야 한다면 최선의 방법은 그저 그런 단순한 여자를 데려오는 것이다. 아내는 말수가 적도록 버릇을 들여놓아야 한다. 이미 가부장제 사회가 뿌리내린 그리스에서 여성을 비하하는 분위기가 상당히 퍼져 있었다고 봐야 한다. 고대 그리스의 희극 시인 알렉시스는 《예언자》에서 "삶의 자유와 욕정을 팔아먹은 우리는 불행하도다. 자유는커녕 마누라에게 매인 노예 신세와 다를 바가 무엇인가. 우리가 어떤 보상을 바라고 이런 처지를 참아내야 하는가"라고 개탄한다.

성적인 쾌락을 저주하던 사람들이 공통적으로 강조하는 가치는 절제와 질서였다. 불가피하게 사랑을 인정하는 경우에도 이성적 절제 안에 가두고자 했다. 《메데이아》에 나오는 코러스의 절절한 요청도 여기에 해당한다.

분수 넘치는 사랑의 불꽃,
미칠 듯이 심하게 타오르면 사람의 몸에 영예도 사라진다. (……)
아프로디테 여신이여, 님 그리는 사모의 정을 담은
피치 못할 사랑의 화살을 이 몸에는 돌리지 마세요.
더할 나위 없는 신의 선물인,
분수를 아는 절제심이여 이 몸을 불쌍히 여겨주세요.
어긋난 사랑에 가슴의 불길 돋우어서 말다툼으로 들끓는 노여움과
끝날 줄 모르는 싸움을 제게는 주지 마세요.

고대 그리스의 비극 작가 아이스킬로스는 《아가멤논》에서 더욱 과격하게 욕망에 저주를 퍼붓는다.

구원의 길은 없다. 욕정이 만든 죄악의 번득이는 눈 때문에 숨을 곳도

없다. (……) 이전에 가족 친지들이 자기가 저지른 죄악에 대한 뼈저린 고통 때문에 호소하는 동안에도 새털처럼 가벼이 날아드는 달콤한 쾌락은 철없는 그를 유혹했으니, 종말에 이르기까지, 하늘로부터 버림을 받을 때까지…….

욕망과 쾌락은 인간을 종말로 몰아붙인다. 일단 욕정에 빠지면 헤어나올 수가 없다. 번득이는 눈으로 인간의 마음 구석구석을 살피고 분별과 절제가 자리 잡지 못하도록 부채질한다. 심지어 앞서 저지른 죄악 때문에 몸과 마음이 고통을 당하고 있다 하더라도 욕정은 유혹의 손길을 뻗친다. 그렇게 쾌락에 끌려가다가 결국은 패배한 인생이 되고 만다. 욕정에 휩싸인 사람에게 구원이란 없다.

특히 이성적 절제와 가부장제가 만나면 더욱 완고해진다. 그리스 비극 경연대회에서 18회나 우승한 소포클레스의《안티고네》에서 크레온 왕은 이성과 가부장제가 만날 때 그 억압적 성격이 얼마나 강화될 수 있는지를 잘 보여준다. 안티고네는 크레온 왕의 명령을 어기고 전투에서 죽은 동생의 시신을 수습해 묻어준다. 안티고네가 체포되어 사형을 선고받자 안티고네의 약혼자이자 크레온의 아들인 하이몬은 아버지에게 자비를 간청한다. 하지만 크레온은 단호하게 거부한다.

매사를 아비의 뜻에 따라야 한다는 것을 평생 동안 명심해라. 사람은 그 가정에서 순종하는 자식들이 커가는 것을 보고자 기원하고 있다. (……) 향락에 이끌려 계집 하나 때문에 이성을 잃어서는 안 된다. 악녀는 같은 집에서 잠자리를 하더라도 품속에서 곧 차가워지는 기쁨에 지나지 않음을 알아야 한다.

　크레온에게 가장 중요한 것은 국가 질서다. 국가가 정한 법과 도덕을 지키는 것이 분별력 있는 사람의 의무다. 이성은 사회적 규범에 따를 것을 명령한다. 무분별한 사랑의 감정에 이끌려 질서를 어지럽혀서는 안 된다. 욕정은 순간적인 기쁨은 줄지 모르나 곧 식게 마련이다. 개인보다 국가가 중요하듯이, 곧 식을 욕정보다 영원성을 지닌 이성을 따라야 한다는 충고다.

　이야기는 비극적 결말로 치닫는다. 크레온이 나중에 마음을 바꾸어 안티고네를 풀어주고 장례도 치러줄 것을 명령하지만 이미 안티고네는 자살한 후였다. 안티고네가 죽자 하이몬은 아버지에게 칼을 들고 달려들다가 빗나간 칼에 자신이 찔려 죽는다. 아들의 죽음에 충격을 받은 크레온의 아내마저 자살한다.

| 　　　　　　　　　섹스에 관한 피타고라스의 정의

성적 욕망에 대한 혐오는 플라톤 이전의 자연철학에서도 찾아볼 수 있다. 고대 자연철학자들이 쓴 글은 하나도 남아 있지 않기 때문에 우리는 후대의 사상가들이 남긴 저술을 통해 그들의 생각을 단편적으로 엿볼 수 있을 뿐이다. 여기서는 고대 그리스의 철학사가 디오게네스 라에르티오스의 《그리스 철학자 열전》에서 철학자들의 사랑과 욕망에 대한 태도를 보기로 하자.

피타고라스는 성관계가 인간에게 해롭다고 말한다.

피타고라스는 성애에 대해 다음과 같이 말하고 있다. "성교는 겨울에 행하고 여름에는 삼가야 한다. 가을이나 봄이라면 비교적 해가 적은데 그러나 어느 계절에 해도 그것은 해롭고 건강에 좋지 않다." 어떤 사람이 언제 여자와 성교를 해야 할 것인가를 묻자, 피타고라스는 "그대가 체력을 약하게 하고 싶을 때다"라고 대답했다.

육체적인 사랑은 몸을 상하게 한다. 아이를 낳기 위해서 성교하는 경우에도 계절과 때를 가려야 한다고 충고한다.

피타고라스는 엄격한 수의 질서에 의해 이루어지는 음악을 중시했는데, 주로 이성적 조화를 드러낼 수 있는 리라에 치중했다. 그가 신조로삼던 계율 중에는 "리라에 맞추어 노래하면서 신들과 훌륭한 사람들에게 감사를 표하라"는 말이 있다. 당연히 디오니소스에게는 경멸을, 이성적 분별을 상징하는 아폴론에게는 찬사를 보냈다.

피타고라스와 그의 제자들은 현재의 쾌락보다는 미래의 가치를 위해살라고 충고한다. 피타고라스학파의 도덕적 격언 중에 이런 것이 있다. "바보들은 아무 목적 없이 아무 이유도 없이 행동하도록 놓아두고, 그대는 현재 안에서 미래를 숙고해야 한다." 아무 목적 없이 아무 이유도없이 행동하는 것을 경계하라고 요구한다. 관성에 따라 당장의 욕구를충족시키는 삶은 도덕과 거리가 멀다. 목적과 이유를 분명히 하는 것은의식적인 행동을 의미한다는 점에서 이성에 근거한 윤리적 삶을 강조한다.

헤라클레이토스도 욕망과 쾌락을 추구하는 삶에 대해 반감을 가졌다. "사람은 취했을 때, 어디로 가는지 알지 못하면서 비틀거리며 철들지 않은 아이에게 이끌려 다닌다. 젖은 혼을 지녔으므로." 일단 술에 대해 지극히 부정적이다. 술에 취하면 철들지 않은 아이에게 이끌리게 된다는 것은 어린 남성에게 성적 욕망을 품게 된다는 의미다.

이를 젖은 혼으로 연결시키고 있는데, 그 의미를 이해하기 위해서는 다른 대목을 살펴봐야 한다. 헤라클레이토스가 보기에 인간에게는 두 가지 요소가 대립물의 갈등처럼 이중적으로 존재한다. 영혼은 불과 물의 혼합으로 되어 있다. 불은 고귀하고, 물은 비천하다. 영혼이 거의 불만 소유하고 있을 경우에 그는 '건조'하며, "건조한 영혼은 가장 지혜로우며, 가장 선하다." 반대로 "영혼이 습기를 지니게 되는 것은 즐거운 일", 즉 쾌락을 추구하는 일이다. 불은 이성이고, 물은 충동적 사고다. 그러므로 "영혼이 물로 되는 것이 곧 죽음이다." 성적 욕망과 감정은 물이 불보다 우위를 차지할 때, 즉 혼이 젖어 있을 때 일어나는 현상이다. 술과 춤을 통한 유희나 성적 욕망은 인간의 영혼을 습하게 만들어 타락으로 이끈다.

| "지성적인 남자는 남자에게 끌리는 법"

플라톤은 욕망과 쾌락을 혐오했다. 그에게 쾌락은 인간이 분별력을 잃고 비도덕적으로 타락하게 되는 원인이다. 쾌락은 "혼에 있어서 가장 심각한 질병"인데, "바른 것을 전혀 볼 수도 들을 수도 없으며, 또한 미

친 상태가 되어, 분별이라곤 전혀 가져볼 수가 없기 때문"《티마이오스》이다. 그가 보기에 디오니소스가 권장하는 술이나 노래, 춤은 이성이 결여된 사람들의 한심한 짓거리일 뿐이다.

많은 사람은 지식이 부족하여 술자리에서 서로 대화를 나눌 만한 능력을 가지고 있지 않네. 그래서 플루트를 연주하는 여자들에게 적지 않은 대가를 치르고 그 이국적인 소리를 감상하지. 그러나 정직한 신사들, 공부를 많이 한 학자들이 모이는 자리에서는 플루트나 하프를 연주하는 여자 혹은 춤을 추는 여자들이 등장하지 않는다네. 그 대신 그들은 자기네끼리 대화를 나누며 즐거운 시간을 보내지.《프로타고라스》

특히 성적 욕망을 가장 위험한 질병으로 규정한다. 쾌락 중에서도 성적 욕망이 인간을 가장 강하게 지배하기 때문이다. "성적 쾌락보다도 더 크고 민감한 쾌락을 자네는 말할 수 있는가?"《국가》 플라톤이 보기에 사람을 지배하고 인도하는 두 가지 원리가 있다. 하나는 타고난 것으로서 쾌락에 대한 욕망이고, 다른 하나는 나중에 획득한 이성적 의견이다. 우리는 이성이나 욕망이 이끄는 쪽으로 끌려간다.

플라톤은 《파이드로스》에서 의견이 이성을 따라 가장 좋은 것으로 이끌면서 힘을 쓰면, 이 힘에는 분별이라는 이름이 붙는다고 말한다. 하지만 욕망에 이끌리면 전혀 다른 결과가 나온다. 욕망이 득세하면 무분별이라는 이름이 붙는다. 무분별 상태에서는 육체적 쾌락을 제공하는 사람에게 집착하게 된다. 여기에서 사랑의 대상은 잘 알려져 있듯이 여성이 아니다. 성인 남성과 어린 남성 사이의 동성애를 뜻한다. 사랑하는 사람은 연장자로서 나이 어린 사람과 함께 있으면서 낮이나 밤이나 그를 놓아주지 않으려 한다. 사랑받는 사람은 쾌락을 통해 성인 남성에게 봉사한다.

한순간 비할 바 없이 달콤한 쾌락의 열매를 얻지. 아름다운 아이보다 어떤 것도 소중히 여기지 않으며, 어머니와 형제와 동무들을 까맣게 잊고 무관심 때문에 재산이 축나도 괘념치 않네. 과거에 사랑했던 모든 관습과 단정한 몸가짐을 무시하면서 기꺼이 노예가 되려 하고, 사람들이 허락한다면 욕구 대상과 가장 가까운 곳에서 노숙을 하려 하지. 아름다움을 간직한 아이를 경외할 뿐만 아니라 크나큰 노고의 유일한 치료자로 삼네.

플라톤은 성적 욕망과 이성의 줄다리기를 말과 마부의 비유를 통해 설명한다. 영혼을 세 부분으로 나누어, 둘은 말의 모양이고 세 번째 것은 마부의 모양이라고 가정한다. 마부는 두 마리의 말을 동시에 이끈다. 두 마리 말 가운데 하나는 탁월하고, 다른 하나는 열등하다. 탁월한 말은 분별과 수치심이 있고 명예를 사랑하며 참된 의견을 동무로 삼기에 명령과 이치에 따라 인도된다. 열등한 말은 욕망 때문에 피가 뜨겁고 무분별과 거짓을 동무로 삼기에 채찍과 가시막대기를 들어야 겨우 말을 듣는다.

열등한 말은 육체적 사랑의 기쁨을 기억하고 날뛰면서 사랑받는 이에게 내닫기 때문에 동료 말과 마부에게 온갖 곤란을 안겨준다. 탁월한 말은 수치심을 갖고 자신을 억제한다. 마부는 열등한 말 때문에 어쩔 수 없이 고삐를 거칠게 잡아당길 수밖에 없다. 두 말은 결국 엉덩방아를 찧는데, 한쪽은 대항하지 않고 기꺼이 이를 따르지만, 다른 쪽은 무분별한 탓에 매우 못마땅해한다. 무분별한 말이 몇 차례 저항하고, 마부는 고삐를 계속 힘껏 당긴다. 말의 혀와 주둥이는 피로 물들고, 넘어지면서 다리와 엉덩이가 아프다. 하지만 성적 욕망을 가진 말은 포기하지 않고 아이에게 다시 가려고 한다. 무슨 수를 쓰든지 아이에게 다가가 욕망을 충족하려 한다.

그는 아이를 보고 만지며 입을 맞추고 함께 누우려는 욕망을 갖지. (……) 오랜 노고의 대가로 짧은 시간의 향유를 요구하네. 아이는 아무 말도 못한 채, 몸이 달아 어쩔 줄 모르면서 사랑하는 사람을 껴안고, 마치 가장 친한 친구를 맞이할 때처럼 입을 맞추네. 하지만 다른 말은 마부와 함께 수치심과 이성을 가지고 이런 일들에 맞서네.

하지만 마부가 뛰어난 이성을 가지고 있어서 말을 질서 있는 생활 태도와 지혜에 대한 사랑으로 이끌면, 말은 복되고 조화로운 삶을 살아간다. 자기 자신을 억제하고 절도를 지키면서 영혼을 타락하게 만드는 욕정을 노예로 삼게 된다. 탁월한 말에게 더 많은 자유를 허락하여 분별 있게 산다. 진정으로 가치 있고 즐거운 삶은 육체적 쾌락이 아닌 정신의 즐거움을 추구하는 가운데 실현된다.

플라톤은 윤회설을 동원해 쾌락을 부정하는 도덕이론을 체계화한다. 이승에서의 삶과 그 이후의 상태에 대해 다음과 같이 설명한다. "항상 육체의 벗이고 노예이며 육체와 육체의 욕망 및 쾌락을 사랑하고 매혹당한 영혼은 기왕의 악한 생활에 대한 벌을 받기 위해 그런 곳을 배회하지 않을 수 없네. (……) 방탕하고 술을 좋아하는 사람들은 나귀나 그러한 종류의 짐승이 된다네."《파이돈》 육체적 쾌락을 추구하며 살면 윤회를 통해 보복을 받는다. 욕망에 빠진 벌로 나귀와 같은 짐승으로 태어나서 고된 삶을 살아야 한다.

그렇다고 사랑 자체를 부정하는 것은 아니다. 다만 바른 사랑을 향해야 한다.

> 바른 사랑은 그 본성상 질서 있고 아름다운 것을 절제 있고 교양 있게 사랑하는 것이겠지? 그러니까 바른 사랑에는 어떤 광적인 것도, 무절제와 동류인 어떤 것도 접근시켜서는 안 되겠지? 그러니 이 쾌락이 바른 사랑에 접근해서는 안 될 것이며, '사랑을 하는 사람'과 '사랑을 받는 소년'이 바르게 사랑하며 사랑받는 사람이 되려면, 결코 이 쾌락에 관여해서도 안 되네.《국가》

사랑은 쾌락과 어떠한 연관도 맺어서는 안 된다. 사랑은 본성적으로 절제와 하나이기 때문에 무절제한 성적 쾌락은 사랑을 타락시킨다. 바른 사랑은 쾌락에서 벗어나 교양 있는 태도와 절제하는 모습을 보여줄 때 실현된다. 플라톤의《향연》에서 파우사니아스가 세속의 사랑과 천상의 사랑을 구분하는 논리도 마찬가지다. 세속의 아프로디테에 속하는 에로스는 그야말로 세속적이고 제멋대로 행동한다. 저속한 사람이 느끼는 사랑으로서 "소년 못지않게 여자를 사랑하고, 더 나아가서 영혼보다는 육체를 사랑한다."

천상의 아프로디테에 속하는 에로스는 이와 대조적이다. 이 여신은 순수하게 남성만의 후손이며 상당히 연장자이기 때문에, 젊은이의 성적 무절제에서 벗어나 있다. 따라서 이 에로스의 기운을 받은 사람은 남성에게 향한다. "이러한 에로스에 영감을 받은 사람들은 남성에게 끌리게 되는데, 본성적으로 더 강하고 지성적인 것을 좋아하기 때문이라네." 그들은 소년이 철이 들 때까지는 사랑하지 않는다. 철이 들기 시작해야 사랑하게 되는데, 소년의 뺨에 수염이 나기 시작할 즈음이다. 이때쯤부터 소년을 사랑하기 시작하는 사람은 평생 동안 그와 함께 있으며, 또 함께 생활할 각오를 한다. 그는 어린 소년을 아직 철들지 않은 때에 취해, 속이고 희롱하다가 나중에는 다른 소년에게 가는 행동을 하지 않는다.

《향연》에서 아리스토파네스가 남성과 남성 사이의 사랑을 강조하는 연설도 흥미롭다. 그에 따르면 원초적 상태의 인간은 세 가지 성性을 가지고 있었다. 남성과 여성, 그리고 자웅동체인 남여성이다. 원래 남성은 남성 둘이, 여성은 여성 둘이, 남여성은 남성과 여성이 등을 맞댄 모습이었다. 따라서 귀와 팔다리가 각각 넷이고, 성기는 두 개였다. 남성은 남성의 성기를 두 개 갖고 있었고, 여성은 여성의 성기를 두 개 갖고 있었으나, 제3의 성인 남여성은 남성 성기와 여성 성기를 하나씩 가지고 있었다. 이들은 전후좌우를 마음대로 다닐 수 있었으며 힘이 엄청나고 야심이 대단했다. 그러다가 인간들이 신에 대항하여 싸우기 시작했다. 제우스와 신들은 회의를 열어 어떻게 하면 좋을지를 의논했다. 제우스가 이런 제안을 한다. "모든 인간을 두 동강이로 쪼개려 하오. 이렇게 하면 그야말로 일거양득이요. 인간은 지금보다 약하게 될 것이고, 또 그 수가 많아질 테니 우리에게 더 유리하지 않겠습니까."

그래서 인간은 몸이 두 개로 갈라졌는데, 반쪽은 다른 반쪽을 그리워하며 다시 한 몸이 되려 했다. '남여성'을 쪼개 만들어진 남자는 모두 여자를 좋아한다. 호색한은 대부분 이런 부류에서 나온다. 남자를 밝히는 음란한 여자도 이런 부류에서 나온다. 원래 여자의 몸을 쪼개서 나온 여자들은 남자에 별로 관심이 없고, 오히려 여자에게 마음이 끌린다. 여자 동성애자가 되는 것이다.

남자를 쪼개서 나온 사람은 남자를 찾으려 하며, 소년일 때에는 어른 남자를 좋아하여, 그들과 함께 눕고 끌어안기를 좋아하지요. (……) 그들이 이렇게 하는 것은 파렴치한 일이 아닙니다. 오히려 대담함과 용기와 사내다운 힘이지요. 이러니 사람들이 자기를 닮은 사람을 환영하는 겁니다.

남성 간의 사랑이 우월하다는 유력한 증거로 오직 이런 사람만이 장성해서 정치생활을 감당해나갈 수 있다고 말한다. 이들은 어른이 되면 소년을 사랑하면서도 여성과 결혼하여 가정을 이루는 데 거리낌이 없다. 왜냐하면 사랑이 아니라 다만 법률과 관습에 따라 결혼하고 가정을 이루는 것이기 때문이다. 그들은 결혼하지 않고 저희끼리 함께 살 수만 있어도 만족한다. 여기에서 아리스토파네스는 남성 사이의 사랑에서 동침하고 끌어안는 육체적인 즐거움을 배제하지 않는다.

하지만 플라톤은 사랑에서 육체적 기쁨을 떼어낸다. 이를 위해 "에로스는 현재 결여되어 있는 에로스"라는 관점에서 접근한다. 에로스는 무언가를 욕망하는 마음인데, 에로스는 욕망하는 것을 소유하고 있는가를 묻는다. "필요한 뭔가를 욕망하고, 필요하지 않은 것은 욕망하지 않는 게 당연하다"고 한다. 이미 큰 사람이 커지기를 원하고, 이미 강한 사람이 강해지기를 원하겠느냐는 말이다.

욕망하는 사람은 준비되어 있지 않은 것과 곁에 있지 않은 것을 욕망하네. 그리고 그가 갖고 있지 않은 것, 그 자신이 아직 아닌 것, 그가 결여한 것을 욕망하는 것이야. 욕망과 사랑이란 바로 이에 관한 것이네. (……) 에로스는 갖고 싶지만 가지고 있지 않은 것을 사랑해야 한다는 데 동의하지 않겠나?

이어서 "에로스는 아름다움을 사랑해야지, 추함을 사랑해서는 안 되겠지?"라고 묻는다. 그런데 에로스가 아름다움을 사랑한다면 에로스 자체는 아름다움일 수 없다. 자신이 갖지 않은 것을 욕망해야 하기 때문이다. 만약 에로스가 스스로 아름답다면 이미 가진 것을 원한다는 모순이 생긴다.

아리스토파네스가 말한 것처럼 자신의 반쪽을 찾는 것이 사랑이라고 말하는 사람이 있지만, 이는 정확한 내용은 아니다. 자신의 원래 반쪽이라고 해서 무조건 다가가려 하거나 애착을 갖는 것은 아니다. 자신이 결여한 아름다운 것, 좋은 것만을 원한다.

사람들이 진정으로 사랑하는 것은 좋은 것 이외에는 없기 때문이지요. (……) 사랑이란 좋은 것을 영원히 소유하고자 하는 욕망이고, 그러면 결론적으로 우리는 좋은 것과 함께 불멸성을 필연적으로 욕망하게 됩니다.

사람은 그것이 좋은 것으로 판명나지 않는 한, 자신의 반쪽은 물론이거니와 자신의 전체도 찾지 않는다. 병든 손과 발을 기꺼이 잘라버리려고 하는 것과 마찬가지다. 자기 자신에 속한 것이라 해서 무조건 애착을 갖는 것은 아니다. 사람들은 좋은 것만 진정으로 사랑하기 때문이다. 좋은 것 중에 가장 좋은 것은 영원히 사라지지 않는 불멸성이다. 모든 사람은 불멸성에 대한 사랑을 추구한다. 명예와 영광스러운 평판을 위해서라면 목숨까지 바칠 정도로 사랑한다. 성적 욕망을 비롯한 쾌락은 일시적인 만족을 줄 뿐 순식간에 사라져버린다는 점에서 불멸성과는 거리가 멀다. 그렇기 때문에 아무리 자신의 반쪽이라 하더라도 마치 썩은 손을 잘라내듯이 성적 욕망을 부채질하는 사랑을 떨쳐버려야 한다.

플라톤에 따르면 소크라테스는 남자를 사랑하되, 육체적 쾌락을 멀리하고 오직 정신적 만족만을 추구한 모범적인 사례다. 소크라테스도 남자아이를 사랑했지만 파우사니아스나 아리스토파네스와 다르다. 그의 동성애 상대였던 청년 알키비아데스는《향연》에서 둘의 관계를 다음과 같이 설명한다.

소크라테스는 아름다움을 사랑하는 눈을 가졌기에 늘 아름다운 소년에게 정신이 팔려 다른 것은 알려고도 하지 않아요. (……) 그날 밤 소크라테스와 함께 잤습니다만, 아침에 일어나보니 아버지나 형과 함께 잔 때와 조금도 다름이 없었습니다. (……) 이 세상에서 만나볼 수 있으리라고는 기대조차 안 했던, 지혜와 극기의 사람을 만난 것입니다.

알키비아데스는 소크라테스와 함께 밤을 지냈지만 그에게서 욕정의 그림자조차 발견할 수 없었다. 소크라테스의 사랑은 철저하게 정신적 교감에 초점이 맞춰져 있다. 아름다움이나 사랑은 진리의 틀 안에서 의미가 있고 추구할 만하다. 아무리 아름답고 달콤한 사랑이라 하더라도 진실과 정신적 진리가 결여되어 있다면 값진 게 아니었다.

성적 욕망과
권력의 문제

| 우리는 왜 성적 욕망에 거부감을 갖게 되었나

에우리피데스의 《바카이》에서 디오니소스가 불러일으킨 광기에 의해 펜테우스와 그의 어머니를 비롯하여 테베의 유구한 카드모스 가문 전체가 파멸에 이른다. 이 과정 때문에 디오니소스의 욕망에 거부감을 갖는 경우가 많다. 특히 광기에 휩싸여 자식을 찢어 죽이는 어머니의 모습을 보면서 몸서리치게 된다. 흔히 이를 근거로 욕망이 필연적으로 재앙을 초래할 수밖에 없다는 결론을 내린다.

하지만 우리는 고대 그리스 비극에 나타난 과장된 충격과 현실의 의미를 혼동하지 말아야 한다. 만약 이를 구별하지 못한다면 신화나 그리스 비극으로부터 얻을 내용이 별로 없다. 그저 한낱 잔인하고 기괴한 이야기가 될 뿐이다.

디오니소스 신화에서 보이는 잔인한 결말만 가지고 욕망을 죄의 근원으로 생각한다면 그리스 신 가운데 여기에서 자유로울 수 있는 신은 아무도 없다. 심지어 분별과 절제를 강조하는 이성의 신 아폴론도 예외가 아니다. 아폴론과 마르시아스의 악기 연주 대결을 봐도 그러하다. 아폴로도스의 《그리스 신화》에는 다음처럼 소개되어 있다.

마르시아스는 아테네가 자신의 얼굴을 일그러뜨린다는 이유로 던져버린 피리를 주워 아폴론과 음악 경연을 벌였다. 그들은 이긴 쪽이 진 쪽을 마음대로 하기로 합의했다. 경연이 벌어지자 아폴론이 자신의 리라를 거꾸로 세워 연주하며 그렇게 연주해보라고 했다. 마르시아스가 따라하지 못하자, 승리자로 판정받은 아폴론은 그를 키 큰 소나무에 매달아 살가죽을 벗겨 죽였다.

신화에서 비극적 결말이 문제라면, 분별과 절제의 상징인 아폴론이야말로 가장 잔인한 짓을 저질렀다고 봐야 한다. 신과 겨루려 했다는 이유로 살가죽을 몽땅 벗겨 죽였으니 말이다. 절제는커녕 잔인함의 대명사가 되어야 할 판이다.

신화나 문학에서 나타나는 비극적 구도와 결말은 메시지 전달을 위한 과장된 장치로 봐야 한다. 특히 인간의 제사 행위와 연관된 그리스 신들의 경우는 더욱 그러하다. 그러한 의미에서 조르주 바타유가 《에로티즘》에서 강조한 내용은 경청할 만하다.

문학은 종교의 후사를 잇는 종교의 상속자다. 제사는 한 편의 소설이며, 다른 말로 하자면 피를 보는 소설과 다를 바가 없다. 거칠게 보면 제사는 한 편의 연극, 예컨대 오직 동물 또는 인간 제물이 죽음에 이르는 연기를 마지막 에피소드로 집약시킨 드라마다.

확실히 그리스 비극은 제사와 관련이 깊다. 문학만이 아니라 노래와 춤, 그림 등이 아주 오래전의 제사 행위에 뿌리를 두고 있다. 제사에 사용되던 절차와 행위가 이후 각종 예술 형태에 영향을 미쳤다. 제사에 사용되던 동작이 춤으로, 운율에 맞춰 지르던 소리가 노래로, 주술 효과를 높이기 위해 그렸던 그림이 미술로 발전했다.

제사에서 다루던 내용은 그리스 신화와 비극에 짙은 흔적을 남겼다. 고대의 제사는 제물의 희생을 동반하는 경우가 많다. "제물이 죽음에 이르는 연기를 마지막 에피소드로 집약시킨 드라마"라는 바타유의 주장처럼 제사에서 피를 뿌리는 제물의 희생이 극적 효과를 높이는 역할을 했고, 나중에 그리스 비극의 극적인 요소에 영감을 주었을 것이다.

특히 디오니소스 제사와 신화는 더욱 그러하다. 디오니소스를 다룬 신화 중에는 그의 비극적 죽음을 다룬 내용이 많다. 어떤 신화에 따르면 디오니소스는 헤라의 부탁을 받은 거인족 신 티탄들에게 붙들려 일곱 조각으로 갈기갈기 찢긴다. 티탄들은 갈기갈기 찢은 몸을 솥에 넣어 삶아 먹었다. 그러나 디오니소스는 불사의 몸이라 다시 살아난다. 또 다른 신화에 따르면 티탄들에 의해 토막 난 디오니소스의 시신을 봉합해 원래의 모습으로 부활시킨다. 이야기마다 조금씩 차이는 있지만 디오니소스의 육신이 찢겨 죽임을 당하고, 결국은 부활에 이르렀다는 점은 매우 유사하다.

디오니소스 비밀집회에서 산 짐승을 찢어서 죽인 후 먹는 의식이 생긴 것이나《바카이》에서 펜테우스가 몸이 찢겨 죽는 설정은 제사에서 제물이 희생되는 것과 연관이 있을 것이다. 또한 사지가 찢겨 죽은 디오니소스의 부활은 이집트 신화에서 오시리스의 부활과 상당히 유사하다.

이집트 신 오시리스는 농경을 관장하는 곡물신이자, 포도를 재배하고 포도로 술을 빚은 최초의 신으로 전해진다. 하지만 형의 지위를 탐낸 동생 세트에게 살해되었다. 세트는 형의 시신을 열네 토막을 내어 여기저기에 나누어 버렸다. 그러나 오시리스의 아내 이시스는 갈기갈기 찢긴 남편의 시신을 찾아 본래 상태대로 만들어 영원한 생명으로 부활하도록 돕는다. 디오니소스 신화와 상당히 유사하다. 그래서 고대 그리스 역사가 헤로도토스는 이집트인들이 "그리스의 디오니소스와 같은 신이라고 말하는 오시리스"《역사》)를 한결같이 숭배한다고 지적한다.

언뜻 보기에 별로 연관성이 없을 것 같은 오시리스의 두 요소, 즉 농경을 관장하는 곡물신이라는 점과 죽음을 통한 부활은 프레이저가《황금가지》에서 언급하듯이 밀접한 상징성을 공유한다.

숭배자들은 죽은 사람을 무덤에 매장할 때 종자가 땅에서 발아하는 것처럼 죽은 사람을 먼지로부터 영원한 생명으로 소생시킬 수 있는 신에게 자신들을 맡긴 것이다. (……) 이렇게 고대 이집트인은 곡물의 발아로부터 인간 불사의 징조를 발견해냈다.

오시리스 신화는 해마다 죽었다가 다시 살아나는 곡물을 의인화했다. 디오니소스나 오시리스 신화를 통해 우리는 순수하게 상상에 의해 만들어진 것으로 보이는 이야기도 사실은 자연 변화나 생존에 대한 절박함에서 나온 것임을 알 수 있다. 이러한 사정이 제사를 통해 공식적인 절차로 자리 잡았다가 이후 비극 문학을 비롯한 다양한 예술에 영감을 준 것이다.

따라서 신화나 그리스 비극에서 찢겨 죽거나 가족에게 살해되는 설정은 단순히 재앙에 대한 비관적인 예고가 아니라 제사가 갖는 비장하고 극적인 효과로 이해해야 한다. 과장을 과장으로 받아들이지 못하고 비극적 결말 자체에서 메시지를 발견하고자 할 때 엉뚱한 해석으로 흐르게 된다. 《바카이》에서도 어머니 아가베가 펜테우스를 찢어 죽이는 참혹한 설정보다 등장인물의 갈등과 맥락에 주목할 필요가 있다.

| 절제만 강조하는 삶이 위태로운 이유

에우리피데스의 《바카이》에서 가장 주목해야 할 부분은 현자 테이레시아스가 디오니소스를 탄압하려는 펜테우스에게 반박하는 내용이다.

인간 세계의 질서를 이루는 두 개의 원리가 있소. 하나는 어머니이신 대지의 여신 데메테르로서 빵을 공급해주는 신이라오. 두 번째는 처녀의 몸에 잉태하여 빵에 대칭되는 술을 내리시는 신이오. 그 신은 우리를 육체의 설움으로부터 해방시켜주시는 신이오. 포도주에 흠뻑 취하고 나면 비참한 인간의 고뇌도 멈추고, 나날의 노고를 잊게 하는 잠이 찾아옵니다. (……) 디오니소스는 여자들에게 색정의 잘못을 저질러서는 안 된다고 특별히 훈계하지는 않습니다. 본디 모든 일에 있어 몸가짐이 좋고 나쁨은 저마다 타고난 성질에 의하는 것임을 잊어서는 안 됩니다.

세계의 질서에는 빵의 원리와 술의 원리가 있다. 빵의 원리는 이성의 원리이자 국가의 원리다. 먼저 이성의 원리부터 살펴보자. 농사는 수렵이나 채집과 전혀 다르다. 농사는 복잡한 과정을 거쳐야 한다. 봄이 오면 땅을 일구고 씨를 뿌려야 한다. 아무 땅이나 괜찮은 것도 아니다. 기름진 땅이어야 하고, 나중에는 거름을 주어 토양을 비옥하게 만들어야 한다. 씨는 너무 얕지도 깊지도 않게 뿌려야 한다. 땅 위로 싹이 돋아난 후에도 상당 기간 작물을 가꾸어야 하고, 곡식이 여물면 추수하고 탈곡해야 한다. 또한 농사는 기후에 매우 민감하기 때문에 천문학 지식이 필요하다. 천문학 연구 성과를 바탕으로 절기를 구분하고 때에 맞춰 농사에 필요한 조치를 미리 해두어야 한다. 이 모든 과정은 자연의 법칙을 파악하는 명석한 사고, 인간 행위를 질서 안에 두는 이성적 사고를 동반한다.

하지만 테이레시아스에 따르면 인간 세계는 빵의 원리만으로는 유지될 수 없다. 술의 원리(즉 디오니소스)가 함께 있을 때만 제구실을 한다. 술의 원리는 우리를 육체의 설움으로부터 해방시켜주는 욕망의 원리다. 이성을 상징하는 빵의 원리는 생산을 위해 끊임없이 에너지를 사용해야 하는 노동의 원리이기에 육체를 고단하게 한다. 분별과 절제로 항상 스스로를 억제하면서 고뇌에 빠진다. 술의 원리는 노래와 춤을 통해 육체의 고단함을 잊게 하고, 정신적 고뇌를 치유해준다.

또한 술의 원리는 성적 욕망을 자제하라고 훈계하지 않는다. 에우리피데스가 에둘러 표현했듯이 디오니소스는 색정의 추구를 허용한다. 성적 욕망을 추구한다고 해서 악해지는 것이 아니다. 좋고 나쁨은 개인이 가진 성질에 의한 것이지 욕정에 있지 않다.

이어서 카드모스가 테이레시아스를 옹호한다. "펜테우스여, 테이레시아스가 충고한 말은 옳다. 우리와 같이 이를 지켜서 세상의 규율에 거스르는 일은 하지 않도록 하라. 지금의 너는 발이 땅에 붙어 있지 않구나." 세상의 규율은 이성과 욕망이 함께 가도록 만들어져 있다. 이성에 의한 노동과 욕망에 의한 여흥이 어우러져야 한다. 이성적 절제만을 추구하면 발이 땅에서 떨어져 있는 것처럼 허황되고 위태롭고 불행하다. 이어지는 코러스의 노래는 좀 더 구체적으로 문제의식을 전한다.

슬기로움은 진정한 지혜가 아닐진대 분수 넘는 인간의 생각 또한 마찬가지네. 사람의 생명은 짧으니 너무 큰 것을 추구하면 눈앞의 것마저 잃게 되지. 이런 일은 마음이 미친 자, 또는 어리석은 자들의 소행이라고만 여겨지네.

분별과 절제에 얽매인 슬기로움은 진정한 지혜가 아니다. 분별적 사고를 통해 모든 것을 영원한 이성의 질서 안에 넣을 수 있다는 생각은 주제넘는 오만함이다. 플라톤처럼 불멸성과 영원성을 추구하는 삶만이 가치 있다고 여기는 것은 인간의 조건을 경시한 허황된 사고다. 짧은 삶을 살아야 하는 인간이 무한하고 불멸하는 것만을 고집할 때 발이 땅에서 떨어져 허우적댈 수밖에 없다. 내일의 막연한 정신적 보상을 위해 오늘의 욕망을 포기하다 보면 행복의 뒤꽁무니조차 잡지 못하고 생을 마감하게 된다. 이는 얼마나 어리석은 일인가.

특히 뜨거운 사랑을 외면하거나 가치 없는 짓으로 치부하면서 행복을 꿈꾼다면 무지개를 좇는 행위만큼이나 어리석은 일이다. 비록 사회적 통념과 규범에서 벗어난 욕정이라 하더라도 삶의 고단함에서 벗어나 마음을 충족시켜줄 수 있다면 거부할 필요가 없다. 에우리피데스의 《히폴리토스》에서 이성적, 도덕적 절제와 아프로디테의 욕정 사이에서 번민하는 파이드라에게 유모가 하는 충고는 이를 잘 보여준다.

현명한 남편들은 부인이 사랑의 병에 걸린 것을 못 본 체했고, 많은 아버지가 아들이 불륜에 빠진 것을 덮어주려 했다는 걸 알고 계시지 않습니까? 부도덕한 행위를 감추는 것이 결코 나쁜 일만은 아닙니다. 기둥과 대들보, 문설주가 직선만은 아니지 않습니까? 인간은 너무 엄격하게만 살려고 하면 안 된답니다. (……) 슬픈 생각은 버리세요. 사랑을 비난하지 마세요. 신은 사랑하려는 용기를 가진 사람을 북돋아주는 법입니다.

사랑에 몸을 맡기라는 것이다. 남성이든 여성이든, 심지어 배우자가 있다 하더라도 사랑의 열정이 마음을 휘어감으면 욕망에 따르라고 한다. 세상에서 불륜이라고 말하는 사랑에 빠져 있을 때는 배우자나 부모도 차라리 못 본 척하는 것이 지혜로운 처사다. 이성은 획일적, 일방적인 기준을 가지고 진리나 도덕이라는 이름으로 행동을 규제하는데, 오히려 이는 진정한 지혜와 거리가 멀다. 인간의 삶은 직선만으로 되어 있지 않다. 다양한 모양이 있어서 어느 하나만을 올바르다고 강제할 수 없다. 자신에게 찾아온 욕망에 괴로워하거나 자책할 필요가 없다. 용기를 내어 사랑이 이끄는 대로 따르라고 한다.

니체는 《비극의 탄생》에서 '디오니소스적인 것'에 대해 설명하면서 "소크라테스주의야말로 몰락과 피곤, 병 그리고 무질서하게 해체되어 가는 본능의 징조가 아닐까"라고 말한다. 플라톤 이래로 현대 사회에 이르기까지 우리는 욕망을 심각한 질병으로, 인간과 사회를 몰락에 이르게 하는 암 덩어리 같은 것으로 이해하는 경향이 있다. 하지만 니체는 오히려 이성적 사고의 수원지이자 가장 이상적인 전형 역할을 해온 소크라테스주의로 획일화된 사고야말로 재앙을 가져온다고 말한다.

니체도 《바카이》에서 테이레시아스가 강조한, 이성의 원리와 욕망의 원리가 모두 필요하다는 점을 인정한다.

아폴론적 그리스인에게는 디오니소스적인 것이 일으켰던 작용도 '거인적'이고 '야만적'인 것으로 여겨졌다. (……) 그러나 아폴론은 디오니소스 없이는 살 수 없었다. '거인적인 것'과 '야만적인 것'은 결국 아폴론적인 것과 동일한 정도로 필요했다. (……) 디오니소스적인 것과 아폴론적인 것은 항상 새롭게 잇달아 탄생하고 서로에게 영감을 주면서 그리스의 본질을 지배해왔다.

이성을 강조하는 사람에게 디오니소스적인 것은 이성 이전의 상태를 의미할 뿐이었다. 니체가 '거인적'이라고 부른 것은 제우스나 아폴론이 생겨나기 이전 거인족 티탄의 세상처럼 오직 본성만이 지배하는 상태다. 이성의 맹아도 없는 야만적 상태다. 하지만 플라톤의 소크라테스주의가 득세하면서 이성의 힘이 디오니소스를 추방한 결과 아폴론도 더는 살 수 없게 되었다.

니체가 보기에 디오니소스적인 것과 아폴론적인 것, 즉 욕망의 원리와 이성의 원리는 서로에게 없어서는 안 되는 요소다. 하나가 죽으면 다른 하나도 생명력이 약해지거나 왜곡된다. "그대가 디오니소스를 떠났기 때문에 아폴론도 그대를 떠났다." 플라톤 이후 중세를 거쳐 근대에 이르기까지 서양 철학과 예술은 아폴론의 승리 과정이었고, 이는 동시에 아폴론의 패배 과정이기도 하다. 디오니소스적인 것을 되살려야 한다. 그러면 우리가 회복시켜야 할 디오니소스적인 것의 본질은 무엇일까.

> 전율에 황홀감을 덧붙일 경우에 우리는 디오니소스적인 것의 본질을 엿볼 수 있다. (……) 원시인이나 원시 민족이 자신의 찬가에서 말하는 마취성 음료의 작용을 통해서 혹은 자연 전체를 환희로 채우면서 스며드는 강력한 봄기운을 통해서 저 디오니소스적인 흥분을 일깨운다.

전율과 결합된 황홀감을 디오니소스적인 것의 본질과 연관 짓고 있다. 전율은 사회 통념과 금기에서 벗어날 때 느낄 수 있는 감정이다. 황홀감은 의식 영역을 넘어서 초월적 경지로 들어설 때 도달한다. 그 뿌리에 인간의 본능이 자리 잡고 있다. 아직 문명과 제도가 자리 잡기 이전의 원시 공동체 정서, 인위적 요소보다는 자연적 감정이 지배하던 정서를 반영한다. 여기에 의식을 마비시키는 술이 결합됨으로써 본능에 더욱 충실해진다.

| 쾌락주의자 에피쿠로스의 행복론

소크라테스에서 플라톤을 거쳐 아리스토텔레스로 이어지는, 이른바 고대 그리스 주류 철학의 엄숙한 도덕주의와 달리 육체적 쾌락에 상대적으로 개방적이었던 철학자들이 있다. 소피스트 일부와 에피쿠로스, 키레네학파로 불리는 철학자들이다. 이들의 생각 역시 원래 저작이 남아 있지 않기 때문에 주로 디오게네스 라에르티오스의 《그리스 철학자 열전》을 통해 접근할 수밖에 없다.

기본적으로 소피스트는 도덕적 판단이 상대적이라고 주장한 프로타고라스의 문제의식에서 생각을 전개한다. 만인이 공유하는 보편적 규범이란 존재하지 않고 다만 인위적으로 만든 것에 불과하며, 오래도록 시행해오는 과정에서 굳어진 관습에 불과할 뿐이라고 한다. 이에 따라 소피스트들은 사랑의 문제에서도 어느 정도 상대적 윤리관을 적용하는 경향이 있다.

고르기아스는 《헬레네 예찬》에서 트로이 전쟁의 원인을 제공했던 헬레네의 이야기를 통해 선과 악에 대한 상대론적 인식이 어떻게 가능한지를 직접 실현해 보인다. 헤라와 아프로디테, 아테나가 누가 가장 아름다운 여신인지를 가리기 위해 다툼을 벌인다. 심판자 역할을 했던 트로이 왕자 파리스가 아프로디테의 손을 들어준다. 아프로디테가 스파르

타 메넬라오스 왕의 아내인 헬레네를 얻게 해주겠다고 약속했기 때문이다. 파리스가 헬레네를 꾀어 스파르타를 떠나자, 졸지에 아내를 빼앗긴 메넬라오스는 형 아가멤논과 함께 그리스 연합군을 동원하여 트로이 원정길에 나선다.

당시 그리스 사람들은 헬레네가 남편이 있는데도 파리스를 따라갔고, 이로 인해 트로이 전쟁이 10년 동안 벌어졌으므로 그녀를 악녀의 대명사로 여겼다. 고르기아스는 헬레네가 결코 악녀가 아니라고 변론한다. 에로스에 빠진 것은 인간의 의지로는 저항할 수 없는 일이기 때문에 헬레네에게는 아무 잘못이 없다는 것이다. 배우자가 있다고 하더라도 욕정에 휩싸이는 마음은 인간으로서 피할 수 없는 일이기에 그 자체로 악하다고 볼 수는 없다는 것이다.

에피쿠로스는 쾌락주의자로 잘 알려져 있다. 그는 인간 행위의 모든 판단 기준을 쾌락에 두어야 한다고 주장한다. "쾌락이 행복한 삶의 출발점이자 끝이라고 우리는 말한다. 쾌락이 원초적이고 타고날 때부터 좋은 것이라고 인정하기 때문이다."(《메노이케우스에게》) 쾌락이 좋음을 애써 증명할 필요가 없다고 보았다. "모든 생물은 태어난 순간부터 이성과 관계없는 자연적 원인으로 쾌락을 즐기고 고통에 저항"하기 때문이다.

그는 쾌락을 옹호했다는 이유로 온갖 모욕적 비난을 들어야 했는데, 티몬은 "자연학자들 가운데 가장 뒤처지고 창피함을 모르는 가장 개 같은 사내"라고 말했다. 에피쿠로스는 여인과 사랑을 나누는 데 적극적인 편이었다. 제자의 아내인 테미스타에게 보낸 편지에서 "만일 당신이 와주시지 않는다면 나는 가만히 있을 수 없으므로 당신이 불러주시는 곳에는 어디라도 달려갈 준비가 되어 있습니다"라며 간절한 구애를 한다. 매춘 여성 레온티온에게 보낸 편지에서는 "나의 구세주이고 주인이신 분이여. 사랑스러운 여인이여. 당신의 편지를 받아 보았을 때 나의 마음은 이루 말할 수 없는 찬양의 목소리로 채워졌습니다"라고 한다. 레온티온 이외에도 많은 창녀와 교제를 했다. 이와 관련하여 《삶의 목적에 대하여》에서 다음과 같이 쓰고 있다.

> 만일 먹거나 마시는 쾌락, 성애에 의한 쾌락이나 아름다운 모습이나 소리를 접하는 쾌락을 멀리한다면 나는 무엇을 선으로 생각해야 좋을지 모르겠다.

성애를 포함하여 육체가 주는 쾌락을 선에서 제외한다면 이 세상에 선에 포함될 수 있는 게 뭐가 있겠느냐는 의문이다. 하지만 이를 에피쿠로스의 핵심 주장으로 이해하는 것은 곤란하다. 정반대로 보이는 주장도 하기 때문이다. "즐거운 삶을 낳는 것은 음주와 끊임없는 연회, 성적 쾌락, 기름진 식탁에 차린 생선이나 맛난 음식을 즐기는 것이 아니다."(〈메노이케우스에게〉)

전체적으로 이해하지 않으면 서로 상반된 해석에 이르게 된다. 에피쿠로스가 말하는 쾌락을 오직 물질적 향락주의 정도로만 여기거나, 반대로 정신으로 한정해서 모든 육체적 쾌락을 부정하는 것으로 여기는 해석이다. 엉뚱한 두 해석에서 벗어나려면 에피쿠로스가 주장하는 쾌락과 고통의 관계를 잘 살펴야 한다. 에피쿠로스에 따르면 쾌락은 쾌락 자체로 얻어지는 것이 아니다. 고통은 인간을 불행하게 하고, 행복이란 고통이 없는 상태다. 인간이 불행한 것은 고통 때문이기에 고통을 제거함으로써 행복에 이를 수 있다.

그렇기 때문에 욕망에 대해 모순처럼 보이는 태도가 나타난다. 욕망의 인정이나 부정이 아니라, 고통을 주느냐 고통을 없애느냐에 따라 달라진다. 어떤 욕망이 고통을 안겨준다면 쾌락이 아니라 제거해야 할 대상이다. 반대로 고통을 줄이거나 없애는 욕망이라면 쾌락을 위해 바람직하다. 누군가가 육체적 욕망에만 집착한 결과 고통스러운 마음을 갖게 됐다면, 욕망이 커질수록 고통도 커진다. 반대로 누군가가 욕망의 충족으로 고통에서 벗어날 수 있다면 바람직한 행위가 된다.

방탕한 쾌락 때문에 마음이 천체 현상과 죽음, 고통과 관련된 두려움에서 벗어났다면, (……) 그러한 것을 비난할 이유가 전혀 없다.(《핵심 교설》)

천체 현상이란 홍수나 가뭄 같은 자연이 주는 고통, 혹은 질병으로 인한 고통을 의미한다. 죽음에 대한 두려움도 중요한 고통이다. 또한 고단한 노동과 삶에서 오는 고통도 포함된다. 만약 성적으로 방탕한 어떤 사람이 육체적 쾌락으로 고통에서 벗어났다면 우리는 그를 비난해서는 안 된다. 그러므로 "어떤 쾌락도 그 자체는 나쁘지 않다."

에피쿠로스가 정신적인 쾌락을 더 중요하게 여긴 것은 사실이다. 하지만 정신적 쾌락도 육체적 쾌락과 마찬가지로 고통의 증가와 축소를 기준으로 추구하거나 배제할 대상으로 나뉜다. 그에게 가장 이상적인 삶은 '고요한 삶'이었다. 번뇌가 없는 마음의 평정 상태인 아타락시아

ataraxia를 강조했다. 마음의 평정은 이성을 통해 도달할 수 있는 진정한 행복이다.

하지만 반대로 정신적 쾌락 추구가 큰 고통을 만들어낼 수도 있다. 지적 욕구가 여기에 해당한다. 고통은 충족되지 않는 욕구로부터 발생하는데, 지적 욕구도 욕구의 일종이기 때문에 고통스러운 결과를 낳게 된다. 또한 헛된 미신에 이끌려 마음이 흔들리는 것도 그릇된 정신적 욕구에 속한다.

결국 성적 욕망 자체를 쾌락과 고통으로, 혹은 선이나 악으로 구분하는 것은 의미가 없다. 판단 기준은 고통에서 벗어나거나 고통을 줄일 수 있느냐의 여부다. 사랑이라는 주제로 좁혀서 보자면, 정신적 사랑이 무조건 옳고, 육체적 사랑은 무조건 그르다고 볼 이유는 전혀 없다. "좋은 점과 나쁜 점을 계산해서 평가해야 옳다." 스스로 고통과 쾌락의 정도를 평가해야 한다. 평가를 위해 필요한 "출발점이자 가장 높은 선은 분별"이다. 발생하는 문제에 대해 분별 있게 판단한 다음, 선택 또는 거절을 해야 한다.

평가와 추론 결과 성적 욕망이 고통을 줄일 수 있다는 결론에 도달한다면 적극적으로 추구할 만하다. "우리는 감각에 따라서, 눈으로 직접 보고 모든 것을 관찰하도록 해야 한다. 마찬가지로 행위에 있어서는 우리에게 현실로 존재하는 쾌락, 고통의 감정에 따라서 하거나 또는 하지 말아야 한다."(《헤로도토스에게》) 적어도 성적 욕망 자체를 고통이나 악으로 규정하지 않는다는 점에서, 또한 사람에 따라 욕정이 바람직한 선택일 수 있음을 열어두고 있다.

키레네학파에 큰 영향을 준 아리스티포스는 인식에서 감각을 배제하고자 했던 플라톤과 달리 감각의 역할을 중시했으며, 쾌락을 통해 선과 행복에 도달할 수 있다고 보았다. 이 때문에 소크라테스의 제자인 크세노폰이나 플라톤으로부터 비판을 받았다. 하지만 아리스티포스가 이성을 공격하고 욕망을 추구하는 삶을 살아야 한다고 주장한 것은 아니다. 감각에서 출발하되 이성을 향하는 인식, 쾌락을 인정하되 이를 넘어서는 경지를 추구했다. 다음 사례에서 볼 수 있듯이 쾌락을 누리되 여기에 구속되지 않는 삶이 중요했다.

어느 날 술자리에서 모두 비단옷을 입고 춤을 추자는 제안이 나왔다. 플라톤은 "여자 옷을 걸칠 수는 없으리라"는 에우리피데스의 시구를 인용하여 거부했지만, 아리스티포스는 비단옷을 입고 당장에라도 춤을 추려 하면서 "디오니소스 축제라 해도, 진정 마음이 정숙한 이는 결코 타락하지 않으리라"는 에우리피데스의 시구로 재치 있게 응수했다. 쾌락을 즐기면서도 자기중심을 잃지 않는다면 걱정할 일이 없다는 말이다.

아리스티포스는 예술 분야의 기녀 아이스와 정을 통하고 있었다. 기녀와 사랑을 나눈다는 이유로 타락했다고 비난하는 사람이 많았다. 그는 자신을 비난하는 사람들에게 이렇게 대답했다.

내가 그녀를 붙잡고 있는 것이지, 그녀에게 붙들려 있는 것은 아니네. 가장 좋은 것은 쾌락을 극복하고 이것에 지지 않는 것이지, 쾌락을 삼가는 것은 아니거든.

쾌락은 기피해야 할 대상이 아니다. 오히려 쾌락은 행복한 삶에 꼭 필요한 요소다. 문제는 주도적으로 쾌락을 누리지 못하고 쾌락에 지배당하는 상태다. 마찬가지로 기녀와 사랑을 나눈다고 탓할 필요가 없다. 여기에 빠져 자신을 잃어버리는 잘못을 범하지 않으면 된다. 어느 날 매춘업소에 들어갔을 때 동행한 젊은이가 얼굴을 붉히자 그는 "위험한 것은 들어가는 것이 아니라 빠져나오지 못하는 것이야"라고 말했다.

아리스티포스의 제자들을 중심으로 키레네학파가 형성된다. 아레테, 아이티오푸스, 안티파트로스 등이 주로 활동했는데, 이들에 따르면 인간의 마음속에는 고통과 쾌락이 있다. 쾌락은 마음의 원활한 움직임이지만, 고통은 거친 움직임이다. 쾌락은 모든 살아 있는 생물체에게 바람직하지만, 고통은 반발을 일으킨다. 쾌락과 쾌락 사이에는 질적인 차이가 없으며, 어떤 쾌락이 다른 쾌락보다 더 낫다고 볼 수 없다. 흔히 쾌락의 필요성을 주장하는 사람들조차 에피쿠로스처럼 정신적 쾌락과 육체적 쾌락을 구분하고 정신적 쾌락이 더 우월하다고 주장한다. 우월한 쾌락과 열등한 쾌락으로 구분하지 말아야 한다는 말은 이에 대한 반박이다.

오히려 상대적이기는 하지만 고통이든 쾌락이든 육체적인 면에 더 초점을 맞춘다. 육체적 고통이 정신적 고통보다 더 괴롭고 나쁘다. 쾌락도 마찬가지다. 육체적 쾌락이 인간의 본성에 더 가깝기 때문에 정신적 쾌락보다 뛰어나다. 그래서 정신보다 몸에 더 주의를 기울였다. 특히 행복을 위해 여러 종류의 쾌락을 누리는 것을 목표로 삼아서는 안 된다. 마침내 얻은 단 하나의 쾌락이 즐거움을 준다면 그것으로 족하다. 그래서 키레네학파의 테오도로스는 성적 욕망의 추구를 적극적으로 인정한다.

여인 그리고 미소년이나 미청년도 그들이 아름답다는 점에서 쓸모가 있는 것이 아닐까? (……) 육체적 사랑이라는 점 때문에 그들은 쓸모가 있는 것이다. 따라서 만일 누군가가 육체적 사랑을 해도 상대가 쓸모가 있다면, 잘못된 행동이 아니다.

아름다운 여인이나 청년을 좋아하는 경향은 결국 성적 매력을 구하는 데 쓸모가 있기 때문이고, 그렇다면 성교 역시 쓸모가 있다는 점에서 부정적으로 볼 이유가 없다. 심지어 간음, 즉 배우자가 있는 사람의 육체적 사랑도 시기만 적절하다면 괜찮다고 본다. 간음을 비판하거나 단속하는 조치는 그 행위가 나쁘다는 통념에서 비롯한다. 통념을 걷어내고 보면 인간의 자연스러운 경향이어서 추하다고 볼 필요가 없다. 그러므로 현자는 전혀 망설임 없이 공공연하게 연인들과 성적으로 결합할 것이라고 한다.

키레네학파 철학자들은 목적과 행복을 구별한다. 왜냐하면 목적은 개개의 쾌락이지만, 행복은 부분적인 쾌락을 집합시킨 총체이고, 그 안에는 지나간 쾌락과 앞으로 일어날 쾌락도 포함되어 있기 때문이다. 또한 쾌락은 그 자체로 즐겁지만 행복은 그 자체로 성취되는 것이 아니라 쾌락의 결과로 나타난다.

설사 쾌락을 추구하는 과정에서 고통이나 미심쩍은 점이 나타난다 하더라도 마음 쓸 필요가 없다. 이성주의 도덕관을 중시하는 사람들은 쾌락을 추구하면 충족되지 않거나 덜 충족됐을 때 괴로움이 찾아오기 때문에 쾌락의 끝은 고통이요, 그러므로 쾌락을 대안으로 생각해서는 안 된다고 비판한다. 고통을 제거한다는 목표를 성취하기 위해서는 쾌락을 멀리해야 한다고 충고한다. 고대 그리스 비극을 보더라도 욕망을 좇았던 사람들은 결국 고통과 괴로움의 결말을 맞는다.

에피쿠로스는 이들과 다르긴 하다. 고통의 제거를 통해 쾌락을 부정하는 논의 방식은 아니기 때문이다. 반대로 고통의 제거로 '올바른' 쾌락을 추구함으로써 쾌락을 옹호하는 근거로 삼는다. 하지만 키레네학파에 따르면 '고통의 제거'를 목표로 삼는 사고방식은 번지수를 잘못 짚은 것이다.

고통의 제거가 곧 쾌락은 아니며, 또한 쾌락 없는 상태를 고통으로 여겨서도 안 된다. 왜냐하면 쾌락도 고통도 모두 운동 속에 있는 것인데, 고통이 없거나 쾌락이 없는 상태는 운동이 아니기 때문이다. 즉 고통이 없는 상태는 잠들어 있는 사람의 상태다.

고통의 제거에 초점을 맞추는 관점이 잘못이라고 말한다. 왜냐하면 고통은 쾌락과 함께 있는 것이기 때문이다. 인간의 삶 역시 하나의 운동이라는 점에서 동일한 상태가 그대로 유지되는 경우란 없다. 운동은 상승과 하락, 전진과 후퇴, 긴장과 이완을 모두 포함한다. 고통의 부재란 정지한 상태, 잠들어 있는 상태다. 고통에서 영원히 벗어나고자 한다면 죽음을 통해서만 실현 가능하다.

쾌락이 고통과 함께 나타나는 것은 자연스러운 현상이다. 고통을 제거할 때 쾌락도 실현되기 어렵다. 그렇다고 해서 고통도 쾌락도 없는 상태를 추구한다면 이는 운동이 완전히 정지된 상태, 생명력을 잃어버린 삶이 되고 만다. 그러므로 고통의 제거가 아니라 쾌락 추구에 초점을 맞춰야 한다. 쾌락을 누리는 과정에서 고통을 줄이고자 하겠지만 본질적으로 고통을 배제할 수는 없다. 고통과 쾌락을 상반된 관계로만 보고 고통의 제거에 초점을 맞출 경우 쾌락도 사라진다. 고통보다는 쾌락에 주목하는 사고가 필요하다.

| 　　　　　　욕망한다는 것, 국가 권력에 도전하는 것

《바카이》에서 테이레시아스는 빵의 원리와 관련하여 권력과 통치의 문제를 거론한다.

인간이 권력에 의해서만 통치되리라는 생각은 잘못이오. 하나의 확실한 것만으로 전체가 다스려지지는 않는 법이오. 그러한 생각은 병든 생각일 뿐 참된 지혜가 아니오.

또한 코러스의 노래를 통해 술의 원리가 부자와 가난한 사람 간의 차이를 없애준다고 강조한다.

잘사는 자, 가난한 자 구별 없이 슬픔을 덜어주는, 술이 주는 더없는 행복을 나누어주시건만, 밤낮으로 살아 있는 한 즐겁게 살아가기를 꺼려하거나, 마음이 비뚤어진 자를 피하여 마음이 건전하게 유지할 것을 게을리 하는 자는 이 신의 미움을 사리로다.

빵의 원리가 어떻게 사회적 차별이나 국가 권력의 문제와 연관되는

가. 또한 디오니소스로 상징되는 술의 원리가 어떻게 이를 극복하는 역할을 하는가.

먼저 빵의 원리를 뒷받침하는 농업은 인간을 한곳에 머물러 살게 했다. 구석기인은 계절이 바뀌면 새로운 목초지로 옮겨 다니는 동물을 따라 이동생활을 해야 했다. 그러다가 농사를 지으면서 정착생활을 하게 되었다.

농경과 정착생활은 공동 생산과 공동 분배에 기초한 원시 공동체를 붕괴시켰다. 해마다 땅을 개량하고 농사짓기를 반복하다 보면 해당 토지가 특정 가족의 소유라고 생각하게 된다. 이제 사람들은 농사로 자기 땅에서 얻은 작물, 목축으로 자기 울타리에서 기른 가축을 나누지 않고 자기 집으로 가져갔다. 이러한 개인적 소유가 확대되면서 공동 소유와 공동 분배를 바탕으로 한 원시 공동체 원리가 붕괴되었다.

사적 소유가 정착하면서 인간과 인간 사이에 불평등이 생겨났다. 사적 소유의식이 자리 잡게 되자 부는 더 많은 부를 낳기 시작했다. 더 많은 땅을 소유하려는 욕구를 넘어 다른 사람이 가진 것을 약탈해서라도 부를 확대하고 싶어했다. 사람들 사이에 평등한 관계가 깨지고, 부자와 가난한 자, 지배하는 자와 지배받는 자가 생기기 시작했다. 공동체 내의 불평등은 법이나 도덕 등의 규범을 통해 정당화됐다.

빵의 원리는 국가의 원리로 이어진다. 농사를 짓기 위해서는 치수가 가장 중요한데, 이를 관리할 수 있는 강력한 통치체제인 국가가 필요하다. 운하와 저수지를 파고 정기적으로 청소하고 손질하는 일은 개인이나 작은 공동체가 해낼 수 없는 작업이다. 농경이 일반화되면서 경작지에 물을 대는 운하망을 잘 유지하는 것이 중요한 과제가 되었다.

더군다나 운하나 저수지 물을 사용하는 권리를 공평하게 분배하고, 경계선을 확정하고, 물과 토지를 둘러싼 분쟁을 해결하기 위해서는 강제력을 지닌 권력이 필요했다. 이러한 조건에서 거대한 국가조직과 위계질서를 정당화하는 것은 그리 어려운 일이 아니었다. 이러한 필요를 모두 충족시키고 도시의 성장을 촉진하기 위해서는 체계적 행정기구가 있어야 했다. 초기의 세속적 행정기구는 몇 사람으로 구성되어 있었으나 점차 전문적 권한을 지닌 거대한 관료기구로 발전했다.

디오니소스의 욕망이 차별과 억압에서 벗어나게 해주었다는 것은 무슨 얘기인가. 디오니소스 신도나 추종자가 대부분 여성이나 노예였다는 점을 주의 깊게 볼 필요가 있다. 고대 그리스의 여성은 노예와 비슷한 대우를 받으며 억압된 삶을 살았다. 당시에 포도주는 값이 아주 쌌지만 여성은 포도주를 마음대로 마실 수가 없었다. 마살리아와 밀레투스를 비롯한 많은 지역에서 여성은 포도주를 마시는 것이 금지되어 있었다. 또한 여성은 노예와 더불어 정치·사회 활동이 금지되었다. 디오니소스 축제 때 집 안팎에서 고된 노동을 담당하는 여성이나 노예가 많이 참여했던 것은 이 축제가 그들에게 잠시나마 욕망을 분출하고 해방의 기쁨을 만끽하는 시간이 되었기 때문일 것이다.

고대국가는 씨족이나 부족 공동체를 힘으로 제압하고 만들어진 강제권력이었고 가부장적 체제였다. 국가 권력과 가부장제는 모두 자연발생적 감정이나 욕망을 거세해야만 성립할 수 있다. 국가 권력의 가장 큰 적은 기존의 혈연 공동체였을 것이다. 인류의 탄생 이래 오랜 세월 동안 자연적으로 형성되어온 공동체는 인위적 국가체제에 쉽사리 예속되지 않았다. 난혼에 기초한 모계 전통 역시 끈질긴 생명력을 지니고 있어서 폭력적 해체 과정을 거쳐야 했다. 혈연 공동체나 모계 전통은 자연적 감정과 관계에 기초한다. 따라서 국가를 수립하려는 지배세력 입장에서는 이성과 제도를 동원해 일체의 감성과 욕망 그리고 축제를 억압하지 않으면 안 되었다. 그 피해는 고스란히 여성과 노예에게 돌아 갔다.

디오니소스 의식은 억압된 삶을 살아가야 하는 여성과 노예에게 현실을 거부하는 탈출구였다. 마음껏 마시고 춤추며 억눌렸던 내면의 원시적 본능을 충족할 수 있었다. 그러한 의미에서 광기나 착란이 아니라, 구원과 해방에 대한 열망을 분출하는 장이었다. 여성과 노예에게 디오니소스는 '구원하러 오신 이'였다. 《바카이》에서 이들은 "어서 오소서, 그대 구원자여!"라거나 "우리는 구원받았도다! 우리는 모두 혼자였고 버림을 받았지만, 당신이 오셨으니 우리는 기쁘도다"라고 외쳤다.

그러므로 디오니소스 의식은 현실의 억압에 도전한다는 의미를 가진다. 집을 떠나 숲에 머물며 술과 춤, 성애의 향연을 벌이는 행위는 오랜 기간 인류에게 자연스러운 기쁨이었던 난혼의 기억을 불러낸다. 날짐승을 잡아먹는 행위는 과거 평등했던 수렵과 채취 사회에 대한 향수와 지향을 상징한다.

문화인류학자들의 연구에 따르면 원시부족은 밤이 되면 자주 축제를 벌였다. 난혼 상태든 아니면 이 단계에서 벗어나 있든 대체로 축제를 통해 자유롭게 성애를 즐겼다. 미국의 인류학자 루이스 모건은 북아메리카 원주민을 분석한 《고대사회》에서, 원시사회에서는 한 사회의 모든 남녀가 집단적으로 결혼하는 일종의 집단혼 단계를 거친다고 주장했다. 세대의 장벽 없이 공동체 내의 모든 남녀가 무차별적으로 성관계를 가지는 난교가 일반적으로 행해졌을 것이라고 추정한다.

클로드 레비스트로스도 《슬픈 열대》에서 원주민들이 누리는 자유로운 성애를 소개한다. 남성과 여성의 관계나 성에 대한 우리의 인식과는 상당히 다르다.

부인들은 공공연하게 남자들과 알고 지냈는데, 흔히 연인이기도 했다. 그러나 남편들은 결코 질투하지 않았으며, 만약 질투를 나타내는 남편이 있다면 체면을 잃는다.

부족에 따라 일부다처제나 일부일처제가 나타나지만, 일부일처제인 경우에도 남성이 여성을 배타적으로 소유하는 경우는 극히 드물다. 남녀 구별도 엄격하지 않아서 여인들은 무사들의 사냥에 따라가기를 좋아하며, 때에 따라 일을 거들거나 혹은 여주인 역할을 한다. 신체 노출도 거리낌이 없다. "완전히 벌거벗고 사는 사람들은 우리들이 수치라고 부르는 감정을 모른다. (……) 수치는 육체의 노출 정도가 아니라, 마음의 평정과 흥분 상태에 따른 것이다." 성에 대해서도 원주민의 생각은 "사랑하는 것은 즐겁다"라는 간결한 표현으로 요약된다.

원시부족의 난혼에 대해 부정적 견해를 보이는 브라니슬라브 말리노프스키조차 《미개사회의 성과 억압》에서 원주민의 자유분방한 성애 분위기를 전한다. 그에 따르면 원시부족은 축제를 자주 벌인다. 공동체 사람들은 술과 음식, 춤이 어우러지는 축제를 "성애를 추구해도 좋다는 신호"로 받아들인다.

축제 시기에는 많은 남녀가 함께 어울리고, 젊은 남자들은 가족이나 지역 집단의 테두리 밖에서 온 소녀들과 접촉한다. 일상적인 구속이 제거되고 젊은 남녀들은 아무런 방해와 통제를 받지 않고 서로 만날 수 있다. 흥분성 물질, 예술적 행사, 축제적 분위기 등에 의하여 자연스럽게 구애가 권장된다.

인도 카주라호에 있는 수십 개의 사원은 남녀의 성적 교합을 소재로 한 조각으로 장식되어 있다. 대부분의 조각이 다양한 성적 유희 장면을 담고 있다. 보통 사람들이 상식적으로 생각하는 일대일 성교만이 아니다. 세 사람 이상이 한데 엉켜서 환희에 빠진 모습도 있고 여러 쌍이 동시에 성교를 하는 모습도 자주 발견할 수 있다. 심지어 말과 성교하는 순간 장면도 등장한다. 사원 안에 남근의 상징이 모셔져 있기도 하다. 마하트마 간디가 "모두 부숴버리고 싶다"고 했을 정도로 노골적인 난교 장면이 많다. 성애는 식자나 무식자나, 부자나 가난한 사람이나 누구에게든 통용될 수 있으므로 모든 인간의 해탈 가능성을 제공한다고 여긴 탄트리즘의 영향을 짐작할 수 있다. 성적 자극과 육체적 욕망을 숨김없이 드러내고 나체를 즐겼던 원시사회의 난교 흔적이 종교를 통해 오랫동안 유지된 것이다.

제우스로 대표되는 힘과 권위 그리고 수직적 위계구조, 아폴론이나 플라톤으로 대표되는 균형, 조화, 절제, 질서, 이성, 지식 등은 고대 그리스 지배세력의 사유이자 이데올로기였다. 심지어 플라톤의 《향연》에서 파이드로스는 사랑조차 국가의 수단으로 여긴다. 남성과 남성 사이의 동성애가 국가의 기반을 튼튼하게 만들 것이라고 한다.

만일 사랑하는 자와 사랑받는 자들로 구성된 도시국가나 군대를 만들 수 있다면, 그보다 더 이상적인 조직은 없을걸세. 그렇게 되면 불명예스러운 일을 멀리하고 서로 명예를 다툴 테니까. (······) 에로스가 직접 용기를 불어넣어주면 용감한 사람이 되기 때문이지. 이것이 바로 에로스가 사랑에 빠진 사람들에게 주는 효과라네.

원시 공동체의 수렵·채취 생활에서 재산 축적은 별 의미가 없다. 그날의 수확물을 놓고 축제를 즐기는 생활이 곧 삶이자 행복이다. 디오니소스 축제는 그 연장선에 있다. 디오니소스는 해방을 열망하는 피지배 계급의 사유방식을 보여준다. 끊임없는 노동과 차별, 관료적 통제와 가부장제라는 국가의 속박에서 벗어나 축제와 향락을 통해 자유로움을 되살리려는 행위라는 점에서 적극성을 지닌다. 원시사회에서 이루어진 난교를 회복함으로써 국가체제에 의한 규제와 강제에 반발하는 의미를 가진다.

성적 욕망이 개인의 쾌락을 넘어서 사회적 의미를 가질 수 있음은 아리스토파네스의 희극 《아카르나이의 사람들》에서 색욕을 찬양하는 노래를 통해 확인할 수 있다. 아리스토파네스의 입장과는 다르지만 당시에 색욕을 강조하는 사람들이 갖고 있던, 디오니소스의 욕망이 개인의 기쁨을 넘어 사회적 역할을 한다는 문제의식이 엿보인다.

전진하라, 디오니소스의 동료여, 밤을 호령하는 사람과 색욕의 친구여, 그대를 소개받은 지 6년 만에 우리 마을의 기쁨이 되어 온갖 곤란과 싸움에서 해방되어 마음의 평화를 얻었도다.

니체도 디오니소스 욕망의 역할에 주목한다. "디오니소스 축제가 보여주는 방종의 물결은 모든 가족 제도와 그것의 신성한 법규를 휩쓸고 지나갔다."《비극의 탄생》 디오니소스의 자유로운 욕망은 분별과 절제를 중시하는 국가 질서를 위협한다. 특히 계급과 국가 질서 안에서 억압당하는 피지배 계급의 욕구가 반영된다. "이제 노예는 자유민이다. 이제 곤궁과 방자함 혹은 뻔뻔스러운 작태를 인간들 사이에 심어놓은 완강하고 적대적인 모든 제한이 파괴된다." 디오니소스적인 힘은 노예제와 가부장제 위에 구축된 수직적 사회질서를 위협한다. 바타유가 "에로티즘에서 무엇보다 뚜렷이 나타나는 현상은 팽창의 무질서가 인색한 현실, 닫힌 현실의 질서를 뒤엎는다는 점"《에로티즘》이라고 강조한 것도 같은 맥락이다.

바로 이러한 힘 때문에 고대국가 수립 이후 현재에 이르기까지 지배 세력은 자유로운 성애와 욕망의 해방적 성격을 철저히 부정하고, 오직 문명을 파괴하고 사회를 패망으로 몰고 가는 죄악으로 여겨왔다. 성경에 나오는 소돔과 고모라 이야기는 오랫동안 '상식'이었다. 소돔과 고모라는 성적 타락 때문에 심판받은 도시로 유명하다. 난교나 동성애는 물론이고 수간에 이르기까지 방종한 성행위가 난무한 도시를 신이 벌을 내려 이 세상에서 사라지게 했다는 이야기다.

로마의 멸망 원인을 술과 성적인 방탕이 난무한 사회 분위기에서 찾는 시각도 마찬가지다. 로마제국을 배경으로 한 문학이나 영화에는 문란한 성행위가 난무한 연회와 술자리, 오락에 빠진 로마인들이 자주 등장한다. 로마 멸망 원인을 퇴폐와 성적 방탕에서 찾는 견해는 특정 집단의 이해관계와 연관이 있다. 하나는 기독교를 중심으로 한 종교적 이해관계다. 현실의 삶에서는 욕구 충족을 멀리하고, 오직 종교적 피안의 세계에서 기쁨을 찾아야 한다는 교리를 역사를 통해 정당화하려는 시도다. 다른 하나는 현대 사회에서 부를 독점한 세력의 이해관계를 반영한다. 지배세력은 욕망 충족을 독차지하고는 사람들에게 욕망일랑 잊고 근면하고 성실하게 노동에 전념하라고 요구한다.

사랑의 본질은
욕망이다

《바카이》의 테이레시아스나 니체의 논리에서 우리는 이성의 원리와 욕망의 원리가 모두 필요하다는 점, 둘 사이의 조화가 필요하다는 점을 확인할 수 있다. 문제는 '조화'라는 편리한 표현으로 이성과 욕망의 실질적 관계를 숨겨버리는 순간 욕망의 의미는 다시 퇴색해버린다는 것이다. 특히 니체의 논리가 그러하다. 《비극의 탄생》 마지막 문장에서 "지금 나를 따라와 비극을 보고 나와 함께 두 신에게 제물을 바치세!" 라고 하듯이 아폴론적인 것과 디오니소스적인 것의 이중성과 조화를 강조한다.

하지만 과연 니체에게 두 신의 지위는 동등할까? 그에게 아폴론적인 것을 의미하는 그리스 이성의 화신은 소크라테스다. 아폴론적인 것으로 가득한 소크라테스의 독단적인 이성관은 서구의 사고방식을 절름발

이로 만들어왔다. 다행히 독일 철학에 이르러 그 오류가 드러나고 새로운 고민의 계기가 제공되었다.

칸트와 쇼펜하우어를 통해 학문적 소크라테스주의의 한계를 증명함으로써 그것의 자기만족적인 생존욕을 파괴할 수 있었고, 이러한 증명을 통해서 윤리적 문제와 예술에 대한 무한히 깊고 진지한 고찰이 시작되었다는 사실 말이다. 우리는 이러한 고찰이야말로 개념적으로 파악된 디오니소스적 지혜라고 부를 수 있을 것이다.

니체가 보기에 칸트는 소크라테스 이후 근대 합리주의 철학에 이르기까지 부정되었던 감각과 감정의 역할을 되살림으로써, 그리고 쇼펜하우어는 이성에 도달하지 못한 미숙한 단계나 기껏해야 이성의 하수인 취급을 받았던 직관과 의지의 중요성을 부각시킴으로써 소크라테스의 한계를 증명했다. 이들을 통해 이성주의를 넘어설 수 있는 성찰이 시작되었다.

그런데 니체는 이들의 고찰을 "개념적으로 파악된 디오니소스적 지혜"라고 규정한다. 칸트와 쇼펜하우어가 한정된 조건 안에서는 디오니소스적 지혜에 접근했다는 것이다. 디오니소스의 의미를 '개념적' 세계 안에서 다루었다는 의미다. 개념을 통한 이론적 범위 안에서 이루어진 작업이기 때문에 디오니소스의 생생함이 제대로 살아나지는 못했지만 디오니소스를 부활시키는 데 큰 역할을 했다는 생각이다.

칸트와 쇼펜하우어에서 단서를 발견하는 데서 알 수 있듯이 니체에게 '조화'의 무게중심은 육체가 아닌, 의식의 영역으로 기울어져 있다.

이를 "독일 음악과 독일 철학의 통일의 신비"로 표현한다. 당연히 독일 음악에 디오니소스를, 기존의 독일 철학에 아폴론을 연결한다. "작곡가는 그의 이성으로는 이해할 수 없는 말로 세계의 가장 내면적 본질을 구현하고 가장 깊은 지혜를 표출한다"는 쇼펜하우어의 생각은, 음악이 개념적 언어로는 설명할 수 없는 초월적 가치를 지닌다는 니체의 생각과 일맥상통하는 바가 있기도 하다.

디오니소스는 의식의 영역을 보완하는 의지의 역할로 이해된다. 정신의 근거인 감각이나 육체의 배후에 진정한 자기, 즉 의지가 있다. 의지를 통해 인간은 본능적 욕망에서 벗어나 초월적 존재가 될 수 있다. 의지를 매개로 하지만 여전히 정신에 있어서 의식적 요소를 중심에 둔다. 그래서 니체는 소크라테스를 다시 불러낸다.

이제 우리는 설레는 가슴으로 현재와 미래의 문을 두드려보자. 저 '전환'은 끊임없이 새롭게 천재가 형성하는 것을 가능하게 하고, 특히 음악을 하는 소크라테스가 형성되는 것을 가능하게 할 것인가? (……) 비극의 재탄생을 희망해도 좋을 것이다. 음악을 하는 소크라테스가 적합한 상징이 될 것이다.

그의 목적지는 '음악을 하는 소크라테스'다. 이성에 의해 죄악으로 규정되고 배제되었던 욕망을 부활시키는 데 관심이 있는 것이 아니다. 육체의 본능은 단서만 제공하고 결국 스스로 자기 목적을 이루려는 의지에게 자리를 양보한다. 그러한 의미에서 '음악을 하는 소크라테스'는 의지를 통해 인간의 본질이 자유에 있음을 깨닫고 목적의식적으로 미래를 창조하는 정신적 존재다. 디오니소스의 길들여지지 않은 원초적 욕망과 무질서는 동물적 충동으로 배제되고 목적의식적인 방향성 속에서 다시 정신적 질서로 향한다.

또한 니체가 디오니소스의 욕망을 추상적인 초월의 의미로 변질시키고 있는 점도 놓쳐서는 안 된다.

> 디오니소스적인 것의 마력 아래서는 (……) 인간에게 초자연적인 것이 울려 퍼진다. 인간은 자신을 신으로 느끼며, 그가 꿈속에서 신들이 거니는 것을 본 것처럼 이제는 그 자신이 황홀해지고 고양되어 거니는 것이다.

그가 보기에 디오니소스적인 것은 초자연성으로 연결된다. 자신을 신으로 느낀다는 의미에서 초자연성이고 초월이다. "인간은 초극되어야 할 존재다. (……) 여태까지 생을 가진 자는 자신을 뛰어넘기 위하여 무엇인가를 창출해왔다."《차라투스트라는 이렇게 말했다》 황홀과 고양을 말하지만 본능적 욕망에 근거한 것이 아니다. 오히려 자신을 뛰어넘기 위하여 무엇인가를 창출했다는 데서 드러나듯이 본능적 욕망을 떨치고 추상의 영역으로 들어가버린다. 결국 욕망이 초자연성으로 이해되는 순간 욕망의 생생한 현실성은 거부될 수밖에 없다. 술과 춤, 성애로 나타났던 디오니소스적 욕망이 거부되는 것이다.

바타유는 니체의 오류를 어느 정도 간파한 듯하다. 그도 디오니소스가 불러일으킨 황홀을 단순한 동물성으로의 회귀가 아닌 초월과 신성으로 설명한다는 점에서는 외형적으로 유사하다.

우리는 단지 자연으로 회귀하려는 인간의 모습에만 사로잡혀서는 안
된다. (……) 축제가 진행되는 동안 사람들은 평상시에는 거부하던
충동에 자신을 온통 맡긴다. 그 충동은 인간 세계의 틀 안에서 어떤
의미를 획득하며, 오직 그 틀 안에서만 의미를 가진다. 그러면서 그
충동은 다른 동물의 충동과는 혼동될 수 없다. (……) 축제가 해방시
켜주는 것은 단순한 동물성이 아니라 신성이다.(《에로티즘》)

디오니소스를 비롯한 고대 축제의 본질은 충동이다. 평상시에 도덕
률에 의해 금기로 규정된 충동까지 해방되는 시간이다. 하지만 그 충동
은 동물적 충동과는 구별된다. 물론 인간은 한편으로 자연으로부터 떨
어져 나오자마자 거기로 돌아가려는 경향이 있다. 하지만 다른 한편으
로 인간은 순수한 자연으로 온전히 돌아갈 수 없다는 것을 알고 있고
또한 자연성에서 벗어나려는 경향도 가진다.

자연성, 즉 육체적 본능을 부정함으로써 만들어진 인간 세계는 디오
니소스적 욕망을 통해 다시 한 번 스스로를 부정한다. 도덕에 의해 금
지된 원시적 동물성을 디오니소스적 욕망으로 다시 실현하지만 단순한
회귀는 아니다. 겉으로 드러나는 형식은 동물적일 수 있지만 내용에 변
화가 생긴다. 현실의 억압이 증폭시킨 충동적 힘은 삶을 더 풍요롭게
해준다. 하지만 니체가 강조하는 초월이나 신성과는 다른 차원이다.

애정 행위와 제사가 드러내는 것은 육신이다. 제사는 질서 잡힌 삶 대
신 기관들의 맹목적 충동을 들어서게 한다. 성적 발작도 마찬가지다.
성적 발작은 성기를 팽창시키며, 맹목적인 유희는 마침내 연인들의

의지를 초월한다. (⋯⋯) 의지가 자리를 비우면 육신의 충동은 한계를 넘는다.(《에로티즘》)

인간 세계에 의해 부정되었던 몸을 매개로 제2의 부정이 나타난다. 그러한 의미에서 육체적 욕망을 통해 부정이 가능하다. 정신을 매개로 몸 전체를 장악했던 질서는 성적 충동에 의해 성기를 비롯한 기관의 작용으로 대체된다. 성적 기관이 주도적으로 작용하면 이성적 도덕률은 물론이고 쇼펜하우어나 니체가 강조한 의지의 작용마저 초월한다. 이성이든 의지든 정신이 몸을 통제하는 상황이 중단된다.

이 초월이 어떻게 동물성, 자연성으로의 회귀와 다른가? 동물적, 자연적 충동은 번식을 위한 호르몬의 작용과 관계가 깊다. 제한 없는 성 행위가 나타나지만 일차적 관계에 머무는 경향이 있다. 하지만 축제를 통해 성은 '유희'가 된다. 유희로서의 성은 일차적 동물성을 넘어 성을 창조적인 행위와 기쁨으로 이끈다.

바타유의 초월은 니체의 추상화된 초월, 실체 없는 초월과는 다르다. 직접적, 구체적인 육체의 욕망을 매개로 초월이 이루어지고 초월로 도달한 신성도 이와 분리되지 않는다. 또한 니체가 이성 비판의 대안으로 끌어들인 의지가 다시 목적의식적인 질서의 세계로 향하는 경향이 강하다면, 바타유는 질서를 넘어선 삶의 희열을 지향한다는 점에서도 차이가 있다. 무게중심을 욕망 쪽으로 더 기울인다. 일차적인 욕망에서 출발하되 상상력과 창조적인 유희를 통해 더 고도화된 욕망으로 나아간다.

사랑이란 무엇일까. 테이레시아스가 주장한 빵의 원리와 술의 원리, 니체가 주장한 아폴론적인 것과 디오니소스적인 것의 조화는 인간 세계와 정신 원리에 대한 논의 과정에서 나온다.

　결혼이라는 '제도'를 전제로, 사랑이란 무엇인가를 묻는다면 두 원리의 결합 문제를 고민해야 한다. 결혼제도 안에 이미 국가의 원리가 들어 있고, 이를 전제로 삼을 경우 빵의 원리 혹은 아폴론적인 것이 계속 강력하게 작용할 수밖에 없다. 결혼제도는 고대국가의 성립과 함께 탄생했고, 국가를 유지하는 가장 중요한 수단인 법과 도덕이 발휘되는 핵심 영역이기 때문이다.

　하지만 결혼제도를 떼어내고, 사랑이란 무엇인가를 묻는다면 앞에서 줄곧 확인했듯이 온전히 술의 원리이고 디오니소스적인 것이다. 사랑의 본질은 욕망이고, 욕망에 뿌리를 내리고 있을 때만 생명력이 유지된다. 욕망을 매개로 유희이자 황홀을 경험할 때 사랑은 벅찬 기쁨을 안겨준다.

　당연히 그 기쁨이 지속성, 나아가서는 영원성을 저절로 보장해주지는 않는다. 이를 탓할 필요도 없다. 앞에서 키레네학파의 논의에서 보았듯이 "고통이 없는 상태는 잠들어 있는 사람의 상태"일 뿐이기 때문이다. 사랑도 유기적으로 변화하는 운동인 이상 상승과 하락, 전진과 후퇴, 긴장과 이완 등이 나타날 수밖에 없고, 그 과정에서 고통이 생기는 것은 당연하다. 만약 고통이 두려워 욕망을 기피하려 든다면 사랑이 아니라, 생명력을 잃어버린 형식적 관계로 전락한다.

사랑의 근본을 욕망에서 찾을 때 반드시 검토해야 할 오래된 편견이 있다. 욕망을 현재 자신이 갖고 있지 않은 것에 대한 욕구로 이해하는 관점이다. 앞서 보았던 플라톤이나 그리스 비극의 경향도 그러하다. 플라톤의 관점은 지금까지 가장 강력한 통념이 되었다. 플라톤은 《향연》에서 소크라테스를 앞세워 에로스를 두 개의 방향으로 검토한다. 첫째는 어떤 것의 에로스이고, 둘째는 현재 결여되어 있는 에로스다.

어떤 것의 에로스란 욕망의 주체를 의미한다. 사랑이나 욕망의 개념을 막연하게 접근하면 뜬구름 잡는 이야기가 될 수밖에 없다. 그러므로 구체적인 개인으로서, 누군가의 욕망이어야 한다. 구체적인 주체를 설정하면, 자신에게 없는 무언가를 얻으려 할 때 욕망이 생긴다. 그렇기에 에로스는 결여되어 있는 에로스다. 자연스럽게 욕망의 주체는 그 무언가가 결핍된 개인이 된다.

플라톤은 어느 누가 이미 큰 사람이면서 커지기를 원하고 이미 강한 사람이면서 강해지기를 원하겠느냐고 묻는다. 이미 소유한 것을 욕망한다는 것은 이치에 맞지 않다는 지적이다. 결국 누군가가 어떤 욕망을 느낄 때는 자신에게 결핍되어 있는 뭔가를 사랑하는 마음이 생기는 순간이다.

플라톤은 이 논리로부터 영원한 가치를 향한 정신적 사랑을 이끌어 냈다. 사랑의 대상이 연인의 육체라면 욕망이 오래 지속될 수 없다. 육체의 아름다움은 나이가 들면 시들해질 운명이기 때문이다. 아무리 정신과 결합되어 있다 하더라도 육체를 전제로 하는 아름다움은 퇴색할 수밖에 없다. 또한 인간은 생명이 유한한 존재이므로 언제 죽을지 알수 없다.

> 단 하루에도 원하는 것을 얻으면 갑자기 살아났다가 이내 죽어버립니다. (……) 그게 무엇이든 항상 흘러나가버리기 때문에 완전히 의지할 것 없이 살아가지도 않고 그렇다고 풍요로워지지도 않습니다.

유한한 존재인 인간의 아름다움을 사랑하는 순간 어쩔 수 없는 변질 때문에 곧 실망을 맛보게 된다. 그렇다고 욕망이 멈추지는 않기 때문에 다시 새롭게 원하고 또다시 실망하는 과정이 되풀이된다. 욕망을 향한 의지가 없어지지도 않고, 충족되지도 않는 고통의 나날을 보내야 한다.

그러므로 진정한 사랑은 유한한 대상을 넘어서야 한다. 연인의 얼굴이나 몸은 물론이고 성격에 이르기까지 결국 변할 수밖에 없는 일체의 인간적 요소를 넘어서야 한다. "사랑이란 좋은 것을 영원히 소유하고자 하는 욕망"이기 때문이다. 시간이 지나도 변하지 않는, 불멸성을 띤 아름다움이나 좋은 것을 추구할 때만 실망하지 않고 충족을 누릴 수 있다. 생성과 소멸이 없고, 증가와 축소가 없는 '아름다움 그 자체', 즉 이데아를 향한 사랑이어야 한다.

욕망을 자신에게 결여된 것을 충족하는 것으로 보는 플라톤의 관점이 몇 단계 논리를 거쳐 현재의 욕망과 쾌락을 부정하고 미래의 영원한 이상을 정당화하는 근거로 사용된 것이다. 연인과의 육체적 사랑은 물론이고 마음도 영원하다고 장담할 수 없다. 지금은 하루라도 못 보면 못 살 것처럼 굴다가도 시간이 흐르면 시들해지는 경우가 많다. 혹은 영원히 당신만을 사랑하겠노라고 열정적으로 고백해놓고 어느 순간 다른 사람에게 마음을 뺏기기도 한다. 이를 근거로 욕망하는 사랑은 결국 상실의 고통으로 끝나게 되니 부질없다고 치부한다.

남녀의 사랑은 번식을 위한 행위로 한정되고, 사랑은 욕정을 배제한 정신적 충족감으로 가두어진다. 현실의 욕망을 누르고 아름다움이나 정의 같은 추상적, 절대적 진리만이 추구해야 할 가치로 남는다. 그 결과 연인과의 열정적 사랑에서 느끼는 설렘과 기쁨, 인생에서 즐길 수 있는 쾌락은 헛된 감정의 낭비로 배척당한다. 개인의 쾌락보다는 국가의 규범, 사회 전체의 이해를 우선해야 한다는 논리가 등장한다.

이에 저항하는 관점조차 동일한 논리로 자기 발목을 묶어버리곤 한다. 쾌락주의자의 대명사라 할 수 있는 에피쿠로스는 "우리가 쾌락을 필요로 하는 것은 쾌락이 현실로 가까이에 없기 때문에 괴로움을 느끼고 있을 때"《메노이케우스에게》라고 한다. 쾌락을 필요로 하는 마음, 즉 욕망은 원하는 것이 가까이 없어서 괴로울 때 생겨난다. 플라톤과 마찬가지로 욕망의 주체는 그 무언가가 결핍된 개인이다.

욕망이란 자신에게 결핍된 무언가를 충족하고자 하는 마음 상태라고 파악할 때, 아무리 쾌락을 중시하는 입장이라 하더라도 결핍된 주체라는 논리에 갇힐 수밖에 없다. 특히 욕망을 강조하면서도 정작 가장 중요한 영역인 육체적 욕망에 대해 매우 소극적인 태도를 보일 수밖에 없다.

몸은 쾌락의 한도를 한없이 증대하거나 오래 지속하려 한다. 그와 같은 쾌락은 무한한 시간이 걸린다. 그러나 정신은 몸의 한계를 잘 참작함으로써, 또한 사후의 삶에 관한 두려움을 몰아냄으로써 우리에게

완전한 삶을 가져다준다.(《핵심교설》)

에피쿠로스에 따르면 육체가 결여된 것을 끊임없이 얻으려고 할 때 실망이나 고통에 빠진다. 갈구하던 연인을 얻게 된 순간 방금 전까지 결여되었던 것은 이미 가진 것이 된다. 욕망이 결여된 것을 추구하는 마음이라면 이미 얻은 사랑은 더 이상 욕망의 대상이 아니기 때문에 새로운 관계를 찾아 헤매게 된다. 새로운 대상을 찾는 욕구가 또다시 새로운 실망을 낳는다.

에피쿠로스가 최종적으로 "혼魂의 평정함이야말로 지복한 삶의 목적"이라는 결론에 도달하는 이유도 여기에 있다. 육체는 관계가 맺어지는 순간 더 이상 욕망의 대상이 아니게 되고, 또한 육체는 나이가 들면서 변하게 마련이다. 이 때문에 무언가 더 지속적인 것을 추구하게 된다. 그래서 에피쿠로스 역시 플라톤처럼 불멸성까지는 아니더라도 지속적인 평정함을 유지할 수 있는 혼으로 향하게 된다.

니체 역시 자신에게 없는 것을 향한 동경으로 욕망을 이해한다는 점에서 에피쿠로스와 비슷한 논리적 함정에 빠진다.

우리는 듣기를 원하면서도 동시에 듣는 것을 넘어서 동경한다. 명료하게 지각된 현실에서 최고의 쾌감을 느끼면서도 무한한 것으로 진입하려는 노력, 즉 동경의 날갯짓은 우리가 두 가지 상태에서 어떤 디오니소스적 현상을 인식해야만 한다는 사실을 상기시킨다.(《비극의 탄생》)

니체가 '듣기'라고 말한 것은 음악을 의미한다. 음악은 디오니소스적인 것, 즉 욕망을 상징한다. 음악은 듣는 것으로 욕망이 충족되지 않는다. 원하는 음악을 들으면 당장은 쾌감을 느낀다. 하지만 듣고 싶었던 음악을 듣는다고 해서 욕망이 충족되는 것은 아니다. "동시에 듣는 것을 넘어서 동경"하는 단계로 나아간다. 아직 자신이 갖지 못한 더 높고 큰 무언가로 욕망이 향한다. 결국 욕망은 다시 결핍으로 이어지고, 자신에게 부족하거나 없는 쪽을 향해 날갯짓을 한다.

니체는 소크라테스를 비판하면서도, 논리적으로는 소크라테스에 밀착해 있다. 그는 "음악은 의지로서 나타난다"라고 한다. 의지는 당연히 구체적인 주체를 전제로 한다. 즉 막연하고 추상적인 의지가 아니라 누군가의 의지다. 이 의지는 "순수하게 관조적이며 욕구 없는 기분과는 반대의 것"을 의미한다. 다시 말해서 무엇엔가 적극적으로 개입하고 욕구를 느끼는 주체다.

그런데 니체에 따르면 이 의지는 욕구는 있지만 내용은 결여하고 있다. 이를 정확히 이해하기 위해서는 "본질이라는 개념을 현상이라는 개념으로부터 가능한 한 첨예하게 구별"해야 한다. 결핍된 주체가 추구하는 욕망은 그 자체로서는 본질이 아닌 현상에 해당한다. "의지는 그 자체로는 비미적非美的인 것이기 때문이다." 의지 자체는 욕구가 있을 뿐 아름다움을 갖춘 상태가 아니다. 그러므로 음악은 의지로서 나타나지만, 음악이 곧 의지이거나 의지가 곧 음악일 수는 없다. "음악은 그것의 본질상 의지일 수 없다."

결론적으로 의지는 자신에게 결여된 아름다움을 음악, 즉 욕망을 통해 채우려는 속성을 가진다. 문제는 음악이 아름다움과 관계하지만 아름다움의 완성태를 본래 지니고 있지는 않다는 점이다. "음악 자체는 자신의 완전한 무제약성 때문에 형상이나 개념을 필요로 하지 않고 오히려 그것이 옆에 있는 것을 단지 참고 있을 뿐"이다. 형상을 결여하고 있기 때문에 이를 충족시키기 위해 욕망은 본질적 내용을 향한다. 그렇기 때문에 우리는 듣기를 원하면서도 동시에 듣는 것을 넘어서 동경하게 된다. 음악이라는 형식이 주는 쾌감을 느끼면서도 형상에 해당하는 아름다움의 본질, 즉 무한한 것으로 진입하려는 노력을 하게 된다는 주장이다.

디오니소스적 욕망을 본질과의 관계에서 인식할 때 '음악을 하는 소크라테스'는 실현 가능하다. 사랑에 적용해도 마찬가지 결론에 이른다. 사랑에 있어서 처음에 욕망을 인정하지만, 쾌감을 느끼면서도 동시에 여기에 머물지 않는다. 욕망의 속성상 본질을 결여하고 있기 때문에 더 높은 곳을 동경한다. 본질적인 내용을 충족시키기 위해 초월의 단계를 필요로 한다. 사랑이 육체를 매개로 한 자연적 의지를 넘어서는 초월적 의지로 나아갈 때만 진정한 충족이 가능하다는 결론에 이른다.

에피쿠로스나 니체는 소크라테스를 비판하고 넘어서고자 했으나, 근본적으로는 다시 소크라테스로 돌아간다. 싸우면서 닮아간다고 했던가. 이들은 소크라테스의 무기, 즉 소크라테스의 논리적 틀 안에서 그를 넘어서고자 했기에, 본래 의도와는 무관하게 다시 소크라테스로 돌아가는 우를 범하고 말았다.

욕망의 문제, 특히 사랑은 소크라테스의 인식 틀을 넘어설 때 비로소 새로운 지평이 열린다. 그래야 욕망의 진정한 모습을 발견하고 사랑을 왜곡과 변질에서 구할 수 있다. 소크라테스의 논리를 구성하는 몇 가지 영역을 중심으로 근본적인 재검토가 필요하다.

첫째, "어떤 것의 에로스", 즉 욕망의 주체 문제부터 살펴보자. 소크라테스의 전제처럼 에로스는 특정한 누군가의 에로스일 수밖에 없는가. 소크라테스는 물론이고, 이에 반발했던 에피쿠로스나 니체, 그리고 대부분의 철학자나 문학가들은 욕망의 주체를 개인으로만 한정했다. 이 전제만큼은 절대 변하지 않는 영원한 진리로 보았다. 그 확고한 전제에서 논리적 근거를 모색했다. 여기에서 나오는 문제의식은 끊임없이 소크라테스의 주변을 서성거리게 했다.

정말 욕망의 주체는 특정한 개인일 수밖에 없는가. 욕망의 주체가 특정한 개인을 넘어선 집단이나 상호성을 향할 가능성은 없는가. 욕망의 주체를 개인 이외의 영역에서도 찾으려 한다면 대부분 정신 나간 짓이라고 여길 것이다. 하지만 엄밀하게 검토하자면 우리가 갖고 있는 상식은 고대국가 이후 지극히 제한된 시기에만 적용될 뿐이다. 우리의 상식이야말로 오히려 지독한 편견에서 나온 것이다.

디오니소스 축제나 현대 사회의 원시부족에서 그 흔적을 발견할 수 있듯이, 고대국가 이전 원시 공동체에서 인류는 난교를 즐겼고, 집단혼이 일반적으로 이루어졌다. 함께 노래 부르고 춤을 추며, 집단적인 욕망의 공감대가 같은 시간과 공간 안에서 형성되었다. 축제의 절정에서 감정의 교감은 육체의 교감을 통해 집단 전체로 확산되고 난교가 이루어졌다.

이를 예외적 사건이나 일시적 경향으로 한정할 수 없다. 인류 전체의 역사에서 고대국가가 형성되고 오늘에 이르는 3000년은 '순간'에 해당한다. 오늘날 인류는 매우 예외적으로 일부일처제라는 가족제도, 사랑의 주체를 개인으로 한정하는 시대를 살고 있다.

집단적 욕망 안에서도 개인 간에 더 친밀한 관계는 있었을 것이다. 감정 교류나 성적 취향에서 자신과 더 잘 맞는 사람이 있을 수 있으니 말이다. 때로는 이러한 친밀성이 집단성과 갈등을 빚는 경우도 있었을 것이다. 하지만 개인적 친밀성과 집단적 욕망이 대립하거나 충돌하는 일이 심각하게 발생하지는 않았다고 봐야 한다. 만약 그러한 갈등이 일반적인 양상으로 나타나고 충돌의 정도가 심각했다면 그토록 오랜 기간 집단혼이나 난교가 지속될 리 없기 때문이다.

또한 오직 고대국가 형성 이전에만 있었던 일로 치부할 수도 없다. 앞으로 중세와 근대를 거쳐 현대에 이르는 전 과정을 통해 살펴보겠지만 온갖 축제의 형식 안에서, 혹은 일부 집단에 의해서 여전히 행해지고 있다는 점을 부정할 수 없기 때문이다. 사회 전체적으로는 욕망이 개인 차원의 문제로 보이지만, 집단적인 욕망을 실현하려는 사람들이 늘 있어왔다.

또한 욕망의 주체를 개인으로 한정할 때 주체와 대상으로 분리될 수밖에 없다. 욕망의 주체가 특정한 누군가라면 욕망의 대상도 특정한 누군가로 한정된다. 분리된 주체와 대상의 관계로 설정될 때 그 관계는 분리를 전제로 한 형식적 상호성에 머문다. 개별성에서 출발하여 형식적인 상호성을 향하는 방식이다. 이러한 방식에서는 상호성이 지녀야 할 수평적 본질은 훼손되고 수직적, 일방적 관계가 나타난다. 가부장제 가족제도에서 주체는 언제나 남성이었다. 여성은 욕망의 대상으로서 자신의 운명을 남성에게 의존해야 했다.

몇 가지 점에서 살펴보았듯이 욕망의 주체를 개인으로만 한정하는 관점은 지독한 편견이다. 개인을 포함하여 집단도 주체가 될 수 있다. 만약 집단도 욕망의 주체가 될 수 있다면 소크라테스의 전제는 무너지고 이어지는 논리도 설득력을 잃는다. 《향연》에서 소크라테스는 "어떤 것의 에로스"에 대해서는 별도의 논증 과정이 필요 없다는 듯이, 너무나 당연한 것으로 단정해놓고 얼렁뚱땅 다음 논의로 넘어간다. 이후 모든 논의가 "현재 결여되어 있는 에로스"에 할애된다.

플라톤의 관점에 동의하건 반박하건 대부분 그 전제를 받아들인 상태에서 논의가 진행되었다. 심지어 플라톤의 그림자 아래 있던 이성 중심주의를 비판하면서 근대 철학의 새 장을 열었던 각종 견해에서도 그러하다. 다른 영역에서는 완결적이고 고립된 주체라는 발상을 비판하거나 거부하면서도 사랑이라는 주제에서는 욕망의 주체를 개인으로 한정하는 논리에 대해 신기할 정도로 문제 제기가 없었다.

쇼펜하우어에서 니체에 이르는 생철학 경향은 물론이고, 20세기를 풍미한 실존주의 철학, 욕망의 재발견으로 명성을 얻은 프로이트의 정신분석학에서조차 욕망의 주체는 개인이었다. 그 결과 소크라테스의 논리적 틀에서 벗어나지 못하고, 비록 다른 방향을 모색하더라도 욕망 이외의 다른 영역에 매달렸다. 정신성의 충족, 지속적인 승화 작용에서 대안을 찾으려는 소크라테스의 그림자에서 자유로울 수 없었다.

둘째, "현재 결여되어 있는 에로스" 문제를 살펴보자. 정말 욕망은 자신에게 결핍된 것을 얻고자 하는 욕구이기만 할까. 자신에게 없는 것을 추구하는 욕구가 욕망임을 부정할 수는 없다. 사람은 자신에게는 없는, 기쁨을 줄 대상을 가지고 싶어한다. 소크라테스의 근거를 다시 활용하면, 현재 건강하지 않은 사람은 건강을 얻고자 한다. 마찬가지로 사랑하는 이가 없는 사람은 사랑의 기쁨을 선사할 연인을 찾는다. 결핍된 것은 쾌락을 주기 때문이다.

사랑에 대한 통념은 욕망의 이러한 속성 때문에 사랑을 신뢰할 수 없다는 결론에 이르렀다. 자신이 갖지 못한 것을 향하는 속성 때문에 욕망은 늘 불안정할 수밖에 없다는 식이다. 항상 결핍된 것을 갈망하기에 연인과의 관계가 일단 성사되고 나면 얼마 후 다시 새로운 연인을 찾게 된다. 그렇게 얻은 새로운 연인과도 이내 시들해져 실망과 고통이 반복될 수밖에 없다는 논리다. 그러므로 욕망은 믿을 게 못 된다는 결론에 이른다.

하지만 욕망은 결핍된 것만으로 한정되지 않는다. 이미 가진 것을 더욱 원하는 경우가 있다. 건강한 사람도 더 건강해지고 싶어한다. 강한 사람이 더 강해지기를 원하고, 빠른 사람이 더 빠르기를 원하는 경우가 얼마든지 있다. 마찬가지로 사랑하는 사람이 있지만 그 사람과 더 깊이 사랑하기를 원한다. 육체적 사랑도 마찬가지다. 성관계를 맺었다고 해서 흥미를 잃고 다른 대상을 찾게 된다고 단정하는 것은 섣부르다.

인간은 번식을 위한 성관계를 넘어서, 성적 만족을 창조적으로 고양시켜나가는 능력이 있다. 반드시 새로운 대상을 만나야만 새로운 쾌감을 누리는 것은 아니다. 성적 욕망은 그 자체에 육체적 요소와 정신적 요소가 맞물려 있어서, 상상을 통해 한 사람과 더 큰 만족을 찾아나갈 수 있다.

나아가서 있는 것을 그대로 유지하고 싶은 욕구도 욕망의 중요한 부분을 차지한다. 욕망은 새로운 대상은 물론이고 무조건 더 강한 곳으로만 향한다고 볼 수 없다. 욕망은 휘몰아치는 바람에 출렁이는 파도와 같은 격정만으로 한정되지 않는다. 현재 사랑하는 사람과 함께 늙어가고 싶은 마음도 욕망이다.

셋째, 욕망을 '충족'이라는 관점에서만 이해하는 사고도 검토해야 한다. '충족'은 빈 곳을 채운다는 의미가 있다. 욕망을 비판하는 사람들은 욕망을 '충족'의 과정으로만 좁혀버림으로써 욕망이 고통으로 귀결될 수밖에 없다고 역설해왔다. 일반적인 사물의 공간은 유한한 폭과 깊이를 가지고 있다. 하지만 인간의 마음속은 무한한 공간과 같아서 욕망은 끊임없이 이를 충족시키려 한다는 것이다.

현실은 유한하기에 끊임없이 충족시키고자 하는 욕망과 충돌하게 되고 결국 채울 수 없기 때문에 고통에 이르게 된다는 논리다. 확실히 현실은 두 가지 측면에서 유한하다. 하나는 대상의 유한성이다. 원하는 여성 또는 남성과의 관계가 무한정 맺어질 수 없다. 다른 하나는 당연히 존재의 유한성이다. 인간은 늙고 병들고 결국은 죽을 수밖에 없는 운명인 것이다. 어쩔 수 없이 충족 욕구와 실망 사이에서 고통을 겪어야 하니 유일한 탈출구는 욕망의 포기라고 점잖게 훈계한다.

하지만 우리는 욕망이 '충족'만이 아니라 '비움'이기도 하다는 것을 놓쳐서는 안 된다. 많은 사람이 사랑할 때 자신을 비우고 상대를 채워줌으로써 만족을 얻는다. 자신의 생각이나 행동을 바꿔서라도 상대를 기쁘게 해주려 애쓴다. 비움에서 행복을 구하는 경우가 분명히 있다. 성적 욕망에서도 상대를 통해 내 만족을 얻는 것보다 상대를 만족시키는 과정에서 희열을 느끼는 경우가 적지 않다.

소크라테스는 욕망을 개인의 영역으로 한정하고, 가급적 협소한 범위 안에서 일어나는 충동으로 제한함으로써 욕망을 불구로 만들어놓았다. 상대방을 부당하게 우스꽝스러운 모습으로 변형시켜놓고 마음껏 비난을 퍼부었다. 자신에게 유리한 논리의 틀을 이용해 자연이 인류에게 선사한 인간적 사랑을 부질없는 놀음, 심지어 고통의 원인이라고 주장했다. 소크라테스에서 벗어나 욕망의 본질적 의미를 이해하기 위해서는 부당하게 축소된 논리적 덫에서 벗어나야 한다. 디오니소스는 욕망에서 벗어난 초월이나 신성이 아니라, 욕망의 너른 품으로, 욕망의 한가운데로 자신을 자유롭게 놓아줄 때 만날 수 있다.

2장
보카치오, 종교적
위선을 야유하다

중세, 신이 지배하는 세상에서
인간을 이야기하다

서양 중세는 욕망의 암흑기라 할 만큼 인간의 육체와 욕구를 죄악의 근원으로 여겼다. 교회가 무려 1000년 가까이 사회를 지배하면서 제도적 규제만이 아니라 사람들의 의식과 행동에도 큰 영향을 미쳤다. 기독교 교리는, 인간은 본질적으로 죄인이라는 '원죄론'에서 출발한다. 그리고 죄의 근원이 육체적 욕구에 있다고 보았기에 육체적 사랑을 사탄의 책동이요, 멀리해야 할 대상으로 지목했다.

조반니 보카치오의 《데카메론》은 오랜 세대에 걸쳐 쌓아올린 완고한 중세의 장벽에 균열을 냈다. 죄인이자 구원의 대상이었던 인간이 여기서는 자연의 본성에 따르는 주체로 등장한다. 단테가 가능성을 제시했던 인간을 향한 길을 더 대담하게 열어젖힌다. 영적인 것으로 삶을 제한했던 중세적 시각에서 벗어나 남성과 여성 모두 욕망을 지닌 존재로 다시 태어난다.

'데카메론decameron'은 그리스어로 '10일 동안의 이야기'라는 뜻이다. 보카치오는 이 책에 대해 "100편의 이야기를 소개하려고 합니다. (······) 무서운 페스트가 온 거리에 퍼졌을 때 기품 있는 7명의 부인과 3명의 젊은 남성이 모여 열흘 동안 이야기한 내용입니다"라고 말한다. 페스트가 퍼지자 남녀 10명이 피렌체 교외의 별장으로 피신해와서 열흘 동안 머물게 된다. 이들은 무료함을 달래기 위해 한 사람이 한 편씩, 하루에 열 편의 이야기를 하기로 한다.

100편의 글은 풍자와 직설을 넘나들며, 기발하면서도 지극히 현실적인 인간 이야기를 담아낸다. 등장인물도 왕족·장관·지주와 같은 권력자, 신부·수녀와 같은 성직자 등 지배층은 물론이고 군인, 의사, 법관, 교사, 농부, 화가, 상인, 학생, 심부름꾼, 농부, 하인, 범죄자, 주정꾼, 연인 등 다양하다.

페스트를 피해 교외의 별장에서 이야기와 노래를 즐긴다는 형식 자체가 중세의 가치관에서 벗어난다. 중세에 교회는 페스트를 신이 내린 재앙으로 규정했다. 이 무서운 병에서 벗어나는 유일한 길은 신과 교회에 의지하는 것이었다. 하지만 보카치오는 신에 의지하는 대신 교외로 나가 전염병을 피하는 설정을 한다. 페스트를 신이 내린 재앙으로, 혹은 알 수 없는 신의 섭리로 보지 않은 것이다. 또한 재앙에서 벗어나는 길을 신이 아닌 인간에게서 찾고자 했다.

소설의 내용도 종교적으로 덧씌워진 허구적 인간상에서 벗어난다. 있는 그대로의 인간을 적극적으로 긍정한다. 가장 많은 비중을 차지하는 소재는 단연 성이다. 교훈적인 성이 아니라 외설적 애욕의 기쁨을 대담하게 표현한다. 여기에 성직자의 부패, 지배계급에 대한 불만 등이 맞물린다.

중세 기독교의 거룩함을 상징하는 신부조차 욕망의 주체로 나온다. 예를 들어 여덟째 날 이야기에서는 신부가 귀족 미망인에게 "신부인 내가 그대를 사랑하는 데 기뻐하고, 나처럼 그대도 나를 사랑해야 한다"라면서 성관계를 요구한다. 신의 권위로 민중에게 금욕을 강요하면서 욕망에 도취되어 있던 교회와 성직자의 타락과 위선을 폭로하는 한편, 육체적 욕망은 지옥에 떨어져야 할 죄가 아니라 자연스러운 것이라는 메시지를 동시에 담고 있다.

보카치오가 머리말에서 고뇌와 우울증에 사로잡힌 사람들, 특히 여성을 위로하고자 책을 썼다고 밝힌 점을 보더라도 육체적 욕망을 솔직하게 드러내고자 했던 의도를 읽을 수 있다.《데카메론》에 나오는 수많은 등장인물은 대부분 본질적으로 욕망에서 벗어날 수 없는 존재, 현실적 인간이다. 성직자도 예외가 아니어서 육체와 욕망을 지닌 인간일 뿐이다.

《데카메론》은 중세 세계관의 폐쇄적인 인간 이해에서 벗어나 전통적 가치와 규범에 도전하고, 인간의 본성을 해방하고자 하는 의미를 지닌다. 이성과 감성이라는 인간의 정신, 더 나아가서는 육체를 적극적으로 인정하고자 한 것이다.《데카메론》은 인간과 자연의 재발견을 향한 부드러운 혁명이라 할 르네상스를 촉발하는 역할도 했다.

르네상스renaissance는 재생 또는 부활을 의미한다. 14~16세기에 이탈리아를 중심으로 유럽 여러 나라에서 봇물처럼 터져나온 새로운 문화운동을 르네상스라고 일컫는다. 재생이라는 의미를 부여한 것은 고대 그리스·로마 문화를 이상으로 여겨 이를 부흥시키고자 했기 때문이다. 그 출발점에 육체적 사랑을 매개로 인간의 욕망을 날것 그대로 드러낸 보카치오가 있다.

이브의 '몸매'를 보라

중세 기독교가 사랑을 정신적, 영적인 차원으로 제한했다면,《데카메론》에 나오는 사랑은 육체적이다. 첫째 날 이야기부터 육체의 아름다움을 찬양하는 내용으로 가득하다. 무엇보다 자신의 아름다움을 신앙심이 아닌 자신의 몸에서 찾는다. 첫째 날 이야기를 끝내며 한 여인이 달콤한 가락으로 노래를 부른다.

> 나는 아름다워.
> 이 기쁨에 야릇한 감정의 유혹에는 끌리지도 않는다.
> 거울에 비춰볼 때마다 신도 기리실 이 아름다움,
> 이 기쁨은 꺼지지 않는다. (……)
> 그래서 거울을 들여다보면 나의 아름다움이 불처럼 타서
> 신이 주신 기쁨 맛보고 그 곁에 다가갈 기쁨 바라며
> 신에게 바치리라, 나의 모든 것.

한 여인이 거울에 비친 자기 모습을 바라보며 아름다움에 도취되어 있다. 지금 그녀를 사로잡는 것은 자신의 아름다운 외모 외에 아무것도

없다. 아름다운 신체는 신이 준 선물 가운데 가장 값지다. 신조차 그녀의 외모를 인정하리라 믿는다. 신이 주신 신체의 아름다움은 자신의 전부이고, 이를 다시 신에게 바칠 가장 소중한 자산으로 여긴다. 신체를 하찮게 여기던 기존의 기독교적 사고에서는 도저히 나올 수 없는 말이다.

보카치오는《유명한 여자들》에서 최초의 어머니라 할 수 있는 이브를 소개하면서도 먼저 그녀의 아름다운 몸매를 꼽는다. 이브의 가장 중요한 특징을 아름다운 외모에서 찾는 것은 불경스러운 일일 수 있다. 이브 이후 신이 모든 여성에게 준 가장 값진 선물도 신체의 아름다움이다.

우리는 이브의 몸매가 눈부실 정도로 아름다웠으리라는 것을 상상할 수 있다. (……) 여자들은 자기에게 주어진 선물과 성취 중에서 아름다움을 최고로 꼽는다. 여성에게 최우선의 명성이야말로 현란한 아름다움이라 해도 결코 지나친 말이 아닐 것이다.

육체의 아름다움은 곧바로 성적 욕망과 연결된다. 젊은 사람은 물론이고 흔히 성적 욕구가 소멸됐다고 여기는 노인조차 육체의 아름다움을 보면 욕망을 느낀다. 첫째 날 열 번째 이야기에는 볼로냐에 사는 유명한 의사 이야기가 나온다. 일흔이 다 된 나이여서 육체의 정열은 거의 사라졌지만, 마음만큼은 아직 젊음을 잃지 않았으므로 사랑의 불길도 이따금 타오르곤 했다. 어느 날 빼어난 미모를 지닌 과부를 만났는데, 첫눈에 그만 마음을 빼앗기고 만다. 아름다운 부인의 우아하고 사랑스러운 얼굴을 보지 못하는 날에는 잠을 이룰 수 없을 만큼 사랑에 빠진 노인은 이렇게 고백한다.

부인, 총명한 분이라면 내 사랑에 대해 별로 놀라지 않을 것이오. 물론 늙은이에게는 사랑을 완수할 체력은 없지만, 그렇다고 사랑하는 마음을 눌러버려야 한다거나, 사랑받을 가치가 있는 것을 몰라보는 법은 없소.

아름다운 여인의 몸이 일흔 살 노인의 마음을 콩닥거리게 한다. 우리는 50대가 되면 설레는 감정이 다 말라버려 더 이상 생동감 넘치는 사랑을 하지 못하리라 여긴다. 70세에 이르면 설렘은 둘째치고 아예 사랑이라는 감정 자체가 사라져서 버석대는 가슴만 남는다고 생각한다. 홀로된 부모가 누군가를 사랑하게 되었다고 하면 주책이니 노망이니 하면서 핀잔을 주기도 한다.

한국 사회에만 이런 편견이 있는 것은 아니다. 서양 중세처럼 육체를 죄악시하는 사회는 물론이고, 상대적으로 육체적 사랑을 인정하던 시대에도 이러한 편견이 상당히 넓게 퍼져 있었다. 동서양을 막론하고 대부분의 사회에서 성적 욕망은 청년기에 정점에 올라 일정 기간에만 지속된다고 여겼다. 하지만 보카치오의 소설 속에서 육체적 사랑은 전 생애를 두고 살아 있음을 느끼게 해주는 원동력이다.

신을 섬기는 성직자도 예외가 아니다. 중세 가톨릭교회는 성직자의 결혼을 금지하고, 성에 대한 욕구를 느끼지 못하도록 계율로 강제했다. 《데카메론》에서 이 계율은 여지없이 무너진다. 첫째 날 네 번째 이야기에서 한 수도원장이 아름다운 농부의 딸을 보고 한눈에 반한다. 머리부터 발끝까지 싱싱하고 아름다운 처녀였으므로, 아무리 나이가 먹었어도 육체의 욱신거림을 느끼지 않을 수 없었다. 그래서 저도 모르게 혼잣말로 중얼거린다.

아, 눈앞에 즐거운 상이 차려져 있는데 어째서 먹으려 하지 않는가? 불쾌하고 성가신 일만 일어나는 생활인데. 참으로 아름다운 처녀로 군. (……) 알려지지 않은 죄는 절반은 용서받은 거나 마찬가지지. 이런 절호의 기회는 또 없을 텐데, 신이 행운을 내려주실 때 고맙게 받는 것도 지혜로운 일이야.

《데카메론》이후 르네상스 시대의 시와 소설, 그림에서 육체의 아름다움에 대한 예찬이 울려 퍼졌다. 자연이 인간에게 준 육체는 모든 아름다움의 기준이 된다. 중세의 기독교 세계관에서 육체는 고귀한 영혼을 둘러싸고 있는 천박한 껍질이었다.

여전히 공식적으로는 교회의 금욕주의가 강요되고 있었으나 사회 한편에서는 예술을 중심으로 신체에 대한 찬양이 그칠 줄 몰랐다. 가장 빈번하게 찬양된 것은 단연 여성의 몸이었다. 특히 여성의 유방을 칭송하는 노래가 많았다. 16세기 독일 시인 한스 작스는 유방의 아름다움을 다음과 같이 노래했다.

하얀 목덜미와 하얀 목.
그 아래에 있는 두 개의 유방을 나는 찬양하오.
여기저기로 가지가 뻗은
푸른 혈관으로 장식된 유방을.

남성의 몸도 관심을 받았는데, 특히 미술에서 두드러지게 나타났다. 르네상스 미술을 대표하는 화가인 미켈란젤로는 남자의 몸에 매료되었다. 중세 화가들이 인체를 부정하고 혐오했다면 르네상스 화가들은 인체의 아름다움을 드러내고자 했다. 그들은 고대 그리스·로마의 조각이 보여주는 인체의 역동적 아름다움에 매료되어 작품으로 표현했다. 인간의 벗은 몸을 미켈란젤로만큼 아름답게 창조한 르네상스인은 없을 것이다. 그 결정판이 유명한 조각상 〈다비드〉다. 〈다비드〉는 젊은 남성의 아름다운 육체와 힘을 상징하는 르네상스의 대표적인 조각 작품이다.

미켈란젤로는 인체만이 묘사할 가치가 있다고 여겼다. 특히 남성의 터질 것 같은 근육과 단단한 골격에 매료되었다. 인체가 빚어내는 확고한 형식미야말로 미술이 추구해야 할 가장 중요한 요소라고 생각했다. 그에게 사물의 묘사는 그다지 중요하지 않았다. 특히 〈최후의 심판〉은 기독교의 상징인 바티칸의 시스티나 성당을 장식하는 그림임에도 불구하고 거대한 인체의 향연을 방불케 한다.

그림이 공개되자 성직자와 교황청 관료들, 예술가와 인문학자들이 모두 한편이 되어 미켈란젤로를 공격했다. 무엇보다도 예수를 비롯하여 성자와 성녀들을 실오라기 하나 걸치지 않은 알몸으로 그린 것에 분노했다. 당시 미술 비평가로 이름을 날리던 아레티노는 "순교자와 성스러운 처녀들이 창피한 줄 모르고 넋 빠진 자세로 저마다 성기를 드러내고 있으니, 설령 유곽에서 벌어지는 일이라 쳐도 도저히 눈 뜨고 못 볼 희한한 볼거리가 되겠군요. 이 그림은 교황의 성스러운 예배소보다 고급 목욕탕에 갖다 두면 어울리겠습니다"라며 비난을 했다.

일상생활에서도 과감하게 육체를 드러내기 시작했다. 에두아르트 폭스는《풍속의 역사 Ⅱ》에서 르네상스 시대에 유럽인들이 나체에 대해 어느 정도까지 구애받지 않았는지를 상세하게 묘사하고 있다.

남편은 친구들에게 자기 아내가 목욕탕에 들어가거나 화장하는 모습을 몰래 들여다볼 기회를 일부러 만들어주었다. 또한 아내에게 알리지 않은 채, 아름다운 나체를 숨김없이 노출한 상태로 자고 있는 침실로 친구들을 기꺼이 안내했다. 이 경우 남편은 호기심으로 가득 찬 친구들에게 아름다움을 남김없이 보여주려고 이불까지 걷어 올렸다.

이불을 걷어 올리는 순간 실오라기 하나 걸치지 않은 여인의 몸이 그대로 드러났다. 16세기 사람들은 남녀노소를 불문하고 알몸으로 자는 습관이 있었기 때문이다. 남편, 아내, 자식이 하인과 함께 이렇다 할 칸막이도 없는 공동의 공간에서 잠을 잤다. 농민계급이나 그 외의 하층계급도 마찬가지였다. 여주인은 손님이 있어도 개의치 않고 알몸으로 자신의 침대로 들어갔다. 손님도 같은 침실에서 자는데, 이때 옷 벗기를 주저하면 오히려 이상하게 여겼다고 한다.

| 성적 충동, 그것은 우리 모두의 문제

육체에 대한 관심은 자연스럽게 성적 욕망으로 이어진다.《데카메론》의 둘째 날 이야기에 노골적으로 성적인 만족을 구하려는 남녀가 나온다. 예를 들어 프랑스 왕과 왕자가 전쟁을 하러 오랜 기간 성을 떠나자

외로움에 사무친 왕자비가 대신 나라 일을 맡은 백작을 유혹한다.

> 남편이 없어서 사랑의 힘에 저항하지 못할 만큼 참을 수 없는 욕망을
> 느끼고 있어요. 사랑의 힘은 너무나 강렬해서 연약한 여자는 말할 것
> 도 없이 옛날부터 굳건한 남자라 해도, 그 사랑에 무릎을 꿇지 않는
> 경우가 거의 없지요. (……) 남에게 알려지지만 않는다면 부정한 여
> 자라는 소리를 들을 까닭이 없지 않겠어요?

상대를 유혹하는 일이 이제 남성의 전유물이 아니다. 여성도 적극적
으로 자신의 감정을 표현하고 은밀한 만남을 원한다. 본래 육체를 설레
게 하는 사랑의 충동은 너무 강력해서 남성이든 여성이든 이길 수 없다
고 설득한다.

성경험이 전혀 없는 미혼자라 하더라도 일단 그 기쁨을 맛보고 나면
유혹에서 벗어나기 어렵다. 바빌로니아의 아름다운 공주 알라티엘리
이야기는 이를 잘 보여준다. 가르보 왕과 결혼하기 위해 배를 타고 먼
길을 가던 도중 강풍을 만나 배가 좌초한다. 다행히 페리콘이라는 귀족
일행에게 구조되는데 귀족 남자가 공주의 미모에 반한다. 연회를 베풀
어 술을 마시게 한 후 성관계를 시도한다.

> 그녀는 술 탓이라고는 하나 정숙함을 잊고 그의 눈앞에서 옷을 훌훌
> 벗고 침대에 들어갔습니다. 그는 아무런 저항도 받지 않고 사랑의 즐
> 거움에 잠겼습니다. 그때까지 공주는 남자가 어떤 뿔로 여자를 찌른다
> 는 것을 전혀 몰랐지만 한 번 즐거움을 맛보니, 이렇게 달콤한 유혹인

줄 몰랐던 것이 후회되어, 자진하여 적극적인 몸짓으로 응했습니다.

한동안 귀족과 뜨거운 시간을 보내던 중, 그 귀족의 동생이 공주를 보자마자 사랑의 포로가 된다. 어느 날 잠자던 형을 죽이고 공주를 배로 납치해간다. 그의 설득에 공주도 차츰 마음이 동해 몸을 허락한다. 이번에는 배의 주인이 홀딱 반해 동생을 바다에 던져버리고 공주를 차지한다. 마을에 도착했는데, 그곳에 머물던 영주가 공주에게 반한 것을 안 선주의 친척들이 그녀를 영주에게 갖다 바친다. 영주와 달콤한 나날을 보내던 중 공주에게 마음을 빼앗긴 아테네 공이 침실에 숨어들어 단도로 영주를 찔러 죽이고 그녀를 해변의 별장으로 데려간다.

공주의 우여곡절은 여기에서 끝나지 않는다. 우연히 만난 동로마제국의 왕자 콘스탄티누스가 그녀를 빼앗아 몇 달 동안 함께 지낸다. 전쟁 중 왕자가 죽자 적군의 신하와 사귀다가 다시 어떤 상인과 살게 된다. 그러던 중 아버지의 신하였던 사람을 만나 고향으로 돌아간다. 애초에 결혼 상대였던 가르보 왕은 사신을 보내어 공주를 맞이하고, 그녀는 숫처녀 행세를 하며 첫날밤을 보낸다. 둘은 서로 사랑하며 오래오래 행복하게 산다.

줄거리를 종합해보면 공주는 4년 동안 곳곳에서 무려 8명의 남자와 육체적 관계를 맺는다. 처음에는 자신에게 닥친 불행을 원망하지만, 나중에는 적극적으로 임한다. 사랑하는 남자가 거듭 살해되고, 생면부지의 남자에게 납치를 당했을 때 처음에는 분노하거나 슬픔에 잠기지만 시간이 흐르자 쾌락에 몸을 맡긴다. 수많은 남자와 즐긴 뒤에 원래의 혼인 상대자와 만나 아무 일 없었다는 듯이 행복하게 산다.

보카치오는 이에 대해 어떠한 부정적 평가도 덧붙이지 않는다. 중세 기독교 관점에서는 욕망을 죄악으로 규정하고 권선징악으로 끝을 맺어야 당연하다. 그런데 부정적 평가는 찾아볼 수 없고, 오히려 행복하게 잘살았다고 끝을 맺음으로써 독자가 자유롭게 평가하도록 열어둔다. 이 정도만 해도 기독교의 영향력이 아직 무섭게 살아 있는 시대적 조건을 고려할 때 혁명적 변화라고 할 만하다.

보카치오의 소설은 기사도 문학을 비롯해 중세 말기, 르네상스 시대 문학에 큰 영향을 미쳤다. 요한 하위징아의 《중세의 가을》에 따르면 이 시기 기사도 문학은 육체적 사랑을 바탕에 깔고 있었다. "여기서 눈에 띄는 주제는, 처녀를 구하는 젊은 영웅이라는 기사도 애욕이었다. 덫을 놓은 것이 아무리 악의 없는 용이라 해도, 그곳에는 언제나 성적 동기가 숨겨져 있었다." 〈왜가리의 맹세〉라는 시에서 전투 맹세를 요청받은 기사는 다음과 같이 노래한다.

주점에서 독한 술을 들이켜자니
소녀가 우리를 찬찬히 바라보며 지나가고,
윤이 나는 저 피부와 미소, 다람쥐 같은 눈,
아아, 본능이 우리에게 욕망을 가지라고 권하누나.

문학만이 아니라 연극에서도 육체적 사랑은 인기 있는 소재였다. 특히 유럽 여러 지역에서 열린 사육제에서 공연된 연극은 상당히 노골적으로 성적 주제를 다루었다. 뉘른베르크 사육제의 연극인 〈과부와 딸의 사육제〉는 그 특징을 단적으로 보여준다.

과부와 딸이 재판소에서 누가 먼저 결혼할 권리가 있는지를 놓고 다툰다. 어머니는 "나는 아직 젊고 처녀티가 나는 과부입니다. '남자고기'에 이미 맛을 들였기 때문에 남자 없이는 살 수가 없습니다"라며 우선권을 주장한다. 그러자 딸은 남자 하인에게 안겨 키스를 당했을 때에 온몸을 감싸는 뜨거운 감정을 느꼈다고 하면서 자신의 권리를 강조한다.

> 우리 집 하인이 나를 꼭 껴안고 키스할 때
> 내 온몸은 터질 듯했어요.
> 내 온몸은 날개가 펼쳐져서 날아가는 듯했어요.
> 내 살갗은 아직 어리지만 아주 찰지답니다.

10명의 배심원들은 "밤의 공복은 처녀에게나 과부에게나 모두 해롭기" 때문에 어머니와 딸에게 동등한 권리를 주는 쪽으로 결정을 내린다. 《데카메론》과 마찬가지로 욕정에 휩싸인 사람을 비난하고 단죄하는 중세의 식상한 교훈은 찾아볼 수 없다. 오히려 나이가 많건 적건 성적 만족을 구하는 일은 모두의 권리라고 선언한다.

| 경건한 남편과 사는 유부녀의 경우

《데카메론》에는 제도적, 도덕적으로 금지된 사랑을 다룬 내용이 수두룩하다. 특히 배우자가 있는 사람의 '불륜'이 단골 메뉴로 등장한다. 하지만 죄책감이나 부끄러움을 느끼기는커녕 오히려 당당하다.

둘째 날 아홉 번째 이야기에서는 파리의 어느 여관에서 몇몇 남자 여행객이 모여 대화를 나누는 장면이 나온다. 집에 남겨두고 온 아내 이야기에 이르자 한 사람이 말한다. "이것만은 확실히 알고 있어. 마음에 드는 젊은 여자가 내게 다가온다면, 아내에게 품고 있는 애정 따위는 제쳐놓고 그 여자와 즐길 거라는 사실 말이야." 다른 사람이 맞장구를 친다. "우리 집사람은 정사의 모험을 하고 있을 거라고 생각하면 틀림없이 하고 있거든. 그러니 피장파장이지 뭐야."

그 자리에 있는 사람들이 모두 동의하는데, 제노바에서 온 여행객이 혼자 반대 의견을 내놓는다. 자기 아내만큼 정숙한 여자는 이 세상에 절대로 없다고 장담한다. 그러자 사람들은 "그런 특권을 자네만 갖고 있느냐"며 비웃고, 어떤 사람은 다음과 같이 반박한다.

당신은 사물의 본질을 조금도 알지 못하네요. 우리는 인간의 본질을 말하는 거요. (……) 욕망은 한 달에 한 번이 아니라 하루에 천 번이나 일어난단 말이오. (……) 당신 부인도 다른 여자와 마찬가지로 뼈와 살로 되어 있지 않소? 그러니 다른 여자들과 마찬가지로 욕망을 느낄 테고, 자연의 욕정에 저항할 만한 힘도 다른 여자와 다를 바 없을 것이오.

자신의 아내가 정숙하다고 생각할 근거가 없다는 것이다. 개인마다 차이는 있겠지만 신체를 가진 인간인 이상 인간의 본성에서 자유로울 수는 없다. 인간에게 어떤 생각과 행위의 출발은 욕망이기 때문이다. 인간이기 때문에 동물적 충동이 걸러지지 않은 채 그대로 드러나지는 않는다. 따라서 개인마다 차이가 있다. 하지만 근본적인 뿌리가 욕망이라는 것은 틀림없다.

특히 첫 번째 남자의 근거는 의미심장하다. 만약 아내와 오래 떨어져 있는 상황에서 젊고 아름다운 여인이 유혹해온다면 참을 수 있겠느냐는 것이다. 멀리 있는 아내를 생각하며 유혹을 단호하게 뿌리칠 수 있는 사람이 과연 있을까? 개인마다 정도의 차이는 있지만 결국 욕망에 따른다. 유혹에 넘어가는 것이 어찌 남성만의 본성이나 권리일 수 있겠느냐는 지적이다. 그러므로 자기 아내만 다르다고 생각한다면 큰 착각이다.

배우자와 멀리 떨어진 경우에만 생기는 일이 아니다. 일단 욕정에 휩싸이면 남편이나 아내가 옆에 있어도 연인의 품으로 달려간다. 셋째 날네 번째 이야기에는 엄격한 신앙생활로 주위 사람들에게 광신자로 불리는 사람이 나온다. 아내가 잠자리를 원할 때도 남편은 그리스도의 생애니 막달라 마리아가 겪은 슬픔이니 하는 얘기나 들려주었다. 그 무렵 파리에서 돌아온 수도사가 아내의 마음을 활활 타오르게 했다. 두 사람은 남편 몰래 즐길 수 있는 방법을 찾는다. 수도사는 남편에게 고행으로 신의 구원을 얻으라고 권한다.

당신의 희망이 성인이 되는 것임을 잘 알았습니다. (……) 40일 동안 엄격하게 단식하고 금욕 기간 동안 부인과 접촉하지 말아야 합니다. 밤에는 하늘을 쳐다볼 수 있는 장소에 가 있어야 합니다. (……) 아침 기도 때까지 하늘을 쳐다보고 가만히 서 있어야 합니다.

남편이 고행을 하는 동안 아내는 수도사와 욕정을 불태운다. 남편이 고행하는 장소는 침실 바로 옆이었고, 얇은 벽 하나로 가려져 있을 뿐이어서 아슬아슬한 스릴을 맛보며 사랑을 나누었다. 뿐만 아니라 다른 방에도 침대를 마련해놓고 이곳저곳을 오가며 조금도 거리낌 없이 사랑을 나누었다.

르네상스 시대에 접어들어 간통이 사회 문제로 대두할 정도로 급속히 확산되었다. 푹스는《풍속의 역사Ⅱ》에서 당시의 경향을 다음과 같이 설명한다.

간통을 다루는 많은 문학적 표현에서 간통을 죄악시하는 대신에 이를 극구 찬양했다. 뿐만 아니라 항상 부정한 부인을 찬양했던 반면에 부정한 남편에 대해서는 전혀 그렇지 않았다는 점에서나 늙은이나 무기력한 남편에게 예속되어 있는 젊은 부인에게 동정적이었다는 데서도 시대의 건강한 감각이 여실히 드러난다.

그동안 가부장제의 속박에 갇혀 고통 받았던 여성의 욕망에 우호적이었다는 점에서 푹스는 건강한 감각이라고 평한다. 보카치오의《데카메론》은 물론이고 당시의 많은 소설에서 유부녀가 다른 남성에게서 사랑을 찾는 행위를 옹호했다. 부인이 지혜를 발휘해 의심 많은 남편을 감쪽같이 속이고 외간남자 품에 안기는 데 성공했을 때 대중으로부터 아낌없는 찬사를 받았다. 열정적 사랑에 빠진 연인의 승리란 남편을 속이고 쾌락을 얻는 것이었다.

남편의 아이를 임신한 기간에는 다른 남자에게 몸을 맡기지 않는 것이 정숙한 여인의 기준으로 제시될 정도였다. 최소한 다른 남자의 아기를 기르게 하지는 않기 때문이었다. 그 시대에 유행한 속담을 보면 분위기를 잘 알 수 있다. "임신한 아내는 불의를 저지를 수 없다." 불의의 기준이 외간남자의 아이를 갖지 않는 데 있었다.

중세를 풍미한 사랑인 '민네 봉사'도 변화의 과정을 겪는다. '민네 minne'는 '사랑'이라는 뜻이지만, 중세의 독특한 사랑을 표현하는 데 쓰였다. 이 말은 연모의 대상에 대한 사회적 의무와 존경을 담고 있다. 민네 봉사는 주로 기사의 사랑이라는 형태로 나타났는데, 봉건 문화의 핵심적 요소였고 궁정문학의 특징을 반영한다. 숙녀의 총애를 얻기 위해 일신의 안정을 버리면서까지 충성에 가까운 사랑을 바치는 기사의 모습을 보여준다.

하지만 중세 중기와 르네상스 시대의 민네 봉사는 차이가 있다. 원래는 그 대상이 주로 영주나 귀족의 딸이었으나 르네상스 시대에 와서는 점차 기사와 귀부인의 사랑으로 확대되었다. 하위징아에 따르면 다음과 같은 문제가 논란이 될 정도였다.

어떤 귀부인이 다른 연인을 사귀면 사랑의 맹세가 깨지는 것인가? 사모하던 귀부인을 질투심 많은 남편이 집에 가두면, 기사는 새로운 사랑을 찾아 나서야 하는가? 연인을 버리고 지체 높은 집안 여성에게 마음을 주었다가 거절당한 후 옛 연인의 다정함이 그리워 돌아온 기사를 용서하는 것이 그녀의 명예에 걸맞을까?《중세의 가을》

기사는 이른바 '불륜'을 계획하고 실행에 옮기며 이를 정당화하는 역할을 맡았다. 아내가 남편이 아닌 다른 남자에게 최고의 사랑을 요구하는 것이 아무렇지도 않았다.

| 성직자도 사람인데

기독교 계율을 정면으로 부정하는 욕망의 진수는 성직자의 사랑으로 나타난다. 《데카메론》에서 성직자의 욕정은 자책과 회개의 대상이 아니다. 성직자도 육체를 지닌 인간이라는 점에서 자연스러운 욕구이자 행동이다.

《데카메론》에는 수녀원에서 벌어지는 이야기가 많이 나온다. 아홉째 날 두 번째 이야기도 수녀원이 배경이다. 계율이 엄하고 신앙심도 독실하기로 유명한 수녀원에 귀족 출신으로 미모가 뛰어난 이자베타라는 수녀가 있었다. 그녀는 어느 날 친척이 면회 올 때 함께 따라온 청년에게 한눈에 반해버렸다. 청년은 여러 차례 숨어 들어와 그녀와 사랑을 나누곤 했다. 그러던 어느 날 밤 다른 수녀들에게 들키고 말았다. 수녀들은 원장에게 알리러 갔다. "원장님 빨리 일어나세요. 이자베타가 젊은 사내를 방에 끌어들였어요."

그런데 그날 밤 원장 수녀도 한 사제와 함께 자고 있었다. 원장 수녀는 다급하게 옷을 챙겨 입었는데, 접어둔 두건을 집어든다는 것이 당황하여 그만 사제의 팬티를 손에 쥐었다. 원장 수녀는 두건 대신 사제의 팬티를 머리에 쓰고 밖으로 나왔다. 수녀들도 경황이 없어서 원장 수녀가 무엇을 쓰고 있는지 몰랐다. 이자베타의 방으로 몰려갔을 때 두 연인은 침대 위에서 꼭 끌어안고 있었다. 이자베타는 집회소로 불려갔다. 이자베타가 용기를 내어 얼굴을 드니 원장 수녀가 머리에 쓰고 있는 팬티가 눈에 들어왔다. "원장님, 제발 두건 끈 매신 다음에 하실 말씀을 계속해주세요."

다른 수녀들도 고개를 들어 원장 수녀의 머리를 바라보았다. 그제야 자신이 남자 팬티를 쓰고 있음을 깨달은 원장 수녀는 인간이 육신의 자극으로부터 몸을 지키기는 어렵다는 결론을 내렸다. 그러니 지금까지 그랬던 것처럼 각자 적당히 몰래 해도 상관없다고 말했다. 이렇게 해서 원장 수녀는 젊은 수녀를 용서하고는 사제가 기다리는 방으로 돌아갔다. 이자베타도 자기 방으로 돌아가 애인과 마저 사랑을 나누었다. 그후 이자베타는 보란듯이 청년을 자주 끌어들였다. 그러자 다른 수녀들도 기다렸다는 듯 애인을 구하기 시작했다.

이야기에 등장하는 인물들은 종교적 의무감의 속박도, 남녀 간의 정절이라는 굴레도 갖고 있지 않다. 한편으로 교회나 성직자의 타락과 위선을 폭로하면서, 다른 한편으로 육체적 욕망을 인간의 자연스러운 본성으로 여긴다. 기독교적 교의에 대한 반항은 보카치오의 소설에서처럼 인간의 자연스러운 본능과 욕망을 긍정하는 것으로 나타난다.

당시 유럽에서 유행한 속담을 보면 수도원이나 수녀원이 관능의 상징 역할을 했다는 점을 어렵지 않게 알 수 있다.

"수녀들은 신앙에 정진한 덕분으로 모두 배가 불룩해졌다."
"분만대 없는 수녀원은 마구간 없는 농가와 다름없다."
"수도원 담장 안에서는 찬송가 소리보다 갓난아이의 울음소리가 더 크게 들린다."

"자기가 낳은 아이가 거무튀튀한 베네딕트 수도사의 자식이 아닌 것을 알고 깜짝 놀란 수녀는 검은 암탉도 흰 병아리를 낳는다고 말했다."

수도사와 수녀가 모두 욕정에 몸을 맡기지는 않았겠지만, 그런 일이 공공연히 이루어졌음을 짐작할 수 있다. 급기야 파리 종교회의에서 수도사와 수녀의 욕망을 규제하기 위한 특별 조치를 취할 정도였다. "사제의 침실이나 밀실로 통하는 수상한 출입구는 철저히 잠가야 한다"라는 조항에서 보듯이 매우 구체적인 조항을 두었다.

하지만 아무리 엄한 단속이나 형벌도 별 소용이 없었다. 이성 간 성행위를 강력하게 처벌하자 이번에는 동성애가 확산되었다. 동성애 금지가 공적인 문제로 부각되어 "수도사와 수도회원은 동침하면서 남색을 범해서는 안 된다"라든가 "수녀들은 동침해서는 안 된다"라는 조항이 마련되었다.

르네상스 시대에 성직자도 자연스러운 욕망을 충족할 수 있어야 한다는 목소리가 높아졌다. 많은 사제들이 맹렬한 기세로 결혼 허가를 요구하기 시작했다. 하지만 로마 교황청에서 이를 받아들일 리가 없었다. 사제의 결혼이 물 건너가자 독신생활을 유지하되 일정한 범위 내에서 성을 인정하라는 요구가 제기되었다. 프랑스의 유명한 학자이자 수도사였던 제르송은 수도사의 성을 다음과 같이 합리화하려 했다.

사제가 음란을 범했다면, 진정 순결 서약을 파기한 행위인가? 아니다. 순결 서약이란 처자를 거느리지 않겠다는 것을 의미할 뿐이다. 따라서 아무리 간음을 저질렀다고 하더라도 독신생활을 계속했다면 순결 서약을 파기한 행위라고 볼 수 없다.

푹스의 《풍속의 역사 II》에 소개된 기록에 따르면, 르네상스가 한창이던 15~16세기 유럽 수도원에서는 사제의 아이들이 함께 거주하는 것이 일반적인 현상이었다. 1563년 오스트리아 남부에 있는 수도원 다섯 곳을 사찰했을 때, 관리는 다섯 곳 모두에서 사제들이 본처, 자식, 첩들과 함께 거주하고 있는 사실을 확인했다. 예를 들면 베네딕트파 소속 쇼텐 수도원에서는 9명의 수도사가 2명의 본처, 7명의 첩, 8명의 자식을 데리고 있었다. 다르스텐 수도원에서는 18명의 수도사가 12명의 본처, 12명의 첩, 19명의 자식을 데리고 있었다. 또한 글로스터노이부르크 수도원에서는 7명의 성직자가 3명의 본처, 7명의 첩, 14명의 자식을 데리고 있었으며, 아글라르 수녀원에서는 40명의 수녀가 19명의 자식을 키우고 있었다.

| 공중목욕탕에서 은밀하게

르네상스 시대에 접어들어 성을 일상적으로 즐기려는 경향이 빠르게 확대되었다. 공중목욕탕이나 온천이 사교생활의 일부가 되었다. 연인과 사랑을 즐길 수 있는 장소가 필요한 사람들에게 공중목욕탕은 부모나 남편의 눈을 피해 은밀하게 욕정을 불사를 수 있는 공간이었다.

당시 공중목욕탕에서는 남자건 여자건 거의 옷을 입지 않았다. 남자는 허리에 작은 천을 두르거나 손으로 성기를 가리면 그만이었다. 여자들도 가운으로 앞을 약간 가릴 뿐이었다. 남성과 여성 모두 은근히 나체를 과시하거나 은밀하게 사랑을 즐기는 장소였다. 그래서 당시 "아이가 없는 여자는 온천에 가는 것이 가장 좋다. 온천이 고쳐주지 못한다면 손님이라도 고쳐주기 때문이다"라거나 "온천욕은 모든 사람을 건강하게 만들어준다. 어머니, 딸, 하인, 심지어 따라간 개까지도 임신시키기 때문이다"라는 말이 나올 정도였다. 남녀의 혼욕과 여자들의 나체 풍습이 확대되자 각 지방에서는 혼욕을 금지하는 조치가 내려졌다. 공중목욕탕을 남탕과 여탕으로 분리하거나 남녀 입욕 시간을 따로 정하도록 했다. 그러나 사람들은 규칙을 자주 무시하곤 했다.

르네상스 시대에 유럽 대부분 지역에서 즐기던 사육제도 성적 욕망의 장이 되었다. 사육제는 디오니소스 축제와 매우 유사하다. 이집트의 오시리스나 고대 그리스의 디오니소스 축제가 계절의 순환과 풍요를 비는 계절 축제였듯이 사육제도 농민들이 계절에 맞추어 농사를 짓고 풍요를 기원하는, 오래전부터 내려오던 의식과 결합되어 있었다.

디오니소스 축제가 그러하듯이 사육제를 이끄는 상징은 거대한 남근이었다. 지방마다 차이는 있지만 대체로 기다란 막대기 끝에 남근을 달고 축제 행렬을 이끌었다. 적어도 이 축제 기간만큼은 남근이 사람들의 마음을 지배했고, 모두 남근에 복종했다. 축제 기간 어디에서나 볼 수 있는 남근, 남녀의 뜨거운 열정과 성애를 담은 연극 공연, 소란한 외침과 사람을 물에 빠뜨리는 격한 장난 등은 일시에 중세의 엄숙한 분위기를 깨뜨리는 역할을 했다. 처녀 총각은 물론이고 결혼한 남녀 사이에서도 기독교적 엄숙주의를 뚫고 감추어진 본능을 마음껏 분출했다.

또한 디오니소스 집회와 마찬가지로 남녀 모두 가면을 쓰고 사육제 축제에 참가했다. 가면으로 얼굴을 가려 누구인지 알 수 없는 상태에서 도덕적 금기나 통제에서 벗어날 수 있는 분위기가 만들어졌다. 얼굴을 드러내고는 도저히 할 수 없는 말이나 행동도 가면 뒤에서는 대담하게 할 수 있었다. 기독교가 지배하는 중세 사회에서 민간 차원으로 되살아난 디오니소스 축제였던 것이다. 그래서 11월에 낳은 아이를 '사육제 아이'라고 부르거나 "11월에 태어난 아이는 아비가 둘이다"라는 속담이 나오기도 했다.

중세 신학이 드리운 그림자

| 성관계의 목적은 오직 하나

서양에서 관능적 사랑이 가장 억압된 시기는 당연히 중세였다. 중세 미술에서는 아예 인간의 벗은 몸을 그리는 일이 터부시되었다. 여성을 그려도 성적인 느낌은 완전히 배제했다. 중세 그림이나 조각에 가장 많이 등장하는 여인은 예수의 어머니 마리아였다. '동정녀 마리아'를 여성으로 표현하는 것 자체가 불경스러운 시도였기 때문에 다분히 중성적 이미지였다. 르네상스 시대에 이르러서야 마리아를 여성으로 묘사하기 시작했다.

서양 철학이나 문화의 역사에서 중세는 기독교가 로마에서 공인된 이후부터 르네상스 이전까지를 포괄한다. 대략 1000년에 이르는 중세를 대표하는 철학은 기독교 신학을 정립한 교부철학과 이를 체계화, 합리화한 스콜라 철학이다. 아우구스티누스를 정점으로 하는 교부철학의 영향력은 9~10세기까지 지속된다. 사랑과 욕망의 문제에 대한 기본적인 기독교 교리도 그에 의해 확립된다.

아우구스티누스는 금욕주의 위에 기독교 교리를 세운다. 그 이론적 기반을 제공하는 것이 바로 원죄설이다. 성경에 따르면 신이 창조한 아담과 이브가 죄를 범하여 인간은 원죄를 받게 된다. 신은 인간에게 불사의 몸을 주고 온갖 축복을 내린다. 하지만 사탄의 유혹에 빠진 아담과 이브는 신의 명령을 어기고 선악과를 먹은 후 부끄러움을 알게 된다. 신은 노여워하며 아담과 이브를 에덴동산에서 쫓아냈고, 인간은 고통스러운 삶을 살게 된다. 사람들은 이제 임신과 출산, 질병, 노동의 고통과 죽음을 겪는다.

선악과를 먹은 후 아담과 이브는 제일 먼저 벌거벗은 몸을 부끄러워한다. 즉 육체를 의식하게 되었다는 의미다. 인간이 신의 명령을 어기고 자신의 의지로 선악과를 따 먹었다는 점에서 의지는 죄의 근원이 된다. 또한 그 죄를 통해 육체를 알게 되었다는 점에서 육체의 즐거움을 찾는 행위도 악에 해당한다. 그래서 아우구스티누스는 의지가 성적 욕망을 낳는다고 말한다.

> 나의 타락한 의지는 육욕을 낳고 또 육욕은 습관이 되고, 습관은 빠져나올 수 없는 필연적인 유혹이 되었습니다. 《고백록》

모든 죄는 아담과 이브가 그러했듯이 신의 명령대로 살지 않고 자유의지를 남용 또는 오용했기 때문에 생겨난다. "자유의지야말로 우리로 하여금 죄를 짓게 하는 근본 원인이며, 자유의지로 말미암아 우리는 신의 심판을 받게 된다." 인간의 육체가 원래 악한 것은 아니다. 피조물의 자유의지로 인해 육체가 타락한 것이다. "타락한 의지는 육욕을 낳고"라고 말한 점에 주목해야 한다. 육체는 죄의 가능성을 제공할 뿐이다. 인간의 의지가 이를 제어하지 못하고 육욕을 추구하여 타락에 빠져 죄를 범하는 것이기 때문에 죄의 원인은 자유의지에 있다.

그러므로 인간이 죄에서 벗어나기 위해 제일 먼저 해야 하는 것은 의지를 통해 육체적 욕망을 억누르는 일이다. "마음을 신에게로 돌려 너의 육체의 정욕을 억눌러야 한다. 네가 육체에 의해 느끼는 것은 결국 부분에 지나지 않는 것이다." 의지가 육체적 욕망으로 향하는 것을 제어하고, 정신을 통해 신으로 향할 때 죄악에서 벗어날 수 있다. 그렇다고 해서 남녀 간의 모든 사랑과 성을 부정하지는 않는다.

자식을 낳기 위해서 결합되는 혼인 약속의 속박과, 정욕적인 사랑 약속과의 사이에 어떠한 차이가 있는가를 뼈저리게 느꼈습니다. 후자의 경우, 일단 자식이 태어나면 애정이 생긴다고 하지만 그 아이는 남녀의 의사에 반해서 생겨난 것입니다.

결혼한 남성과 여성 사이의 성교는 죄가 아니다. 이를 제외한 모든 성교는 욕구 충족이므로 부정된다. 또한 결혼한 사이라 하더라도 자녀를 두기 위한 성관계만 정당하다. 덕은 영혼이 육체를 완전히 지배하고 신에게로 향할 때 이루어진다. 성적 욕망은 영혼과 신에게서 멀어지는 것이므로 덕을 쌓는 생활을 방해한다.

결혼이나 출산과 상관없는 남녀의 성행위가 죄에 해당할 정도니 동성애는 더욱 큰 죄다. 아우구스티누스의 고백에 따르면, 그는 청년 시절에 동성애에 깊게 빠져 있었다. "나는 불행의 근본이 육욕의 쾌락에 있는 줄 모르고 단순히 친구들 없이는 행복할 수 없다고 생각했습니다. 그래서 나는 친구들만을 위해 사랑하고 또한 그들은 나만을 위해 사랑해야 한다고 생각했습니다." 동성애를 즐기다 보니 결혼하고 자녀를 낳아 기르는 존엄한 의무에 대한 관념이 아주 희박해졌다. 식을 줄 모르는 정욕을 채우기에 급급했기 때문이었다고 말한다.

쾌락의 노예로 전락하는 일을 막기 위해서는 무엇보다 신에 의지하여 신의 뜻을 깨달아야 한다. 현실적으로는 신의 뜻에 맞도록 의지를 사용해야 한다. 인간의 의지 영역에서는 무엇보다도 절제가 필요하다.

> 절제는 육체적 정욕을 제어함으로써 정욕이 지성을 끌어당겨 추행에 동의하게 만드는 일을 막는다. (……) 현명함은 악에 동의하지 말라고 가르치고, 절제는 악에 동의하지 않게 만든다. 하지만 현명함도 절제도 생활에서 악을 없애지는 못한다.《신국론》

신의 뜻을 깨닫고 현실의 삶에서 절제하는 노력만으로 악을 없애지는 못한다. 하지만 신의 뜻을 깨닫게 되면 살면서 악을 기피할 수 있다. 또한 이를 실천할 의지가 인간의 내부에서 함께 작동할 때 악을 기피할 수 있다. 가장 먼저 절제해야 할 것은 성적 욕망이다. 인간의 정신적 타락은 정욕에서 오기 때문에 절제를 통한 통제가 중요하다.

중세 후기의 스콜라 철학을 대표하는 토마스 아퀴나스도 성적 욕망을 죄악과 연결시킨다. 그는 아우구스티누스만큼이나 성적 쾌락을 극도로 혐오한다.

색욕의 대상인 육체적 쾌락은 대단히 유혹이 많으며, 그것 때문에 인간은 많은 죄를 범한다. (……) 색욕 안에서는 하위의 힘이 상위의 힘을 거슬러 매우 거세게 투쟁하기 때문에 이성과 의지를 제압하여 커다란 혼란을 초래한다. 정신의 실종, 무분별, 조급함과 경솔함, 자신에 대한 사랑, 신에 대한 증오, 현세적 삶에 대한 애착, 미래에 대한 두려움과 같은 색욕의 자녀들을 추종하게 된다.(《신학대전》)

정신을 훼손하고 신앙심을 약하게 하는 모든 것이 색욕에서 비롯한다. 성적 욕구로 인해 방탕해진다는 점에서 죄에 해당한다. "색욕은 쾌락을 통한 방탕을 말하며, 무엇보다도 방탕을 야기하는 불순한 쾌락이기 때문에, 이는 불순한 쾌락과 관련된 악습이다."

아퀴나스는 금욕을 덕에 연결시킨다. 성적인 쾌락을 제거할 때 순결함에 이르기 때문에 덕이거니와, 더 나아가서는 금욕이 육체적 욕망만이 아닌 인간의 온갖 부적절한 물질적, 정신적 열정을 억제한다는 점에서 중요한 덕이다. "완전한 금욕, 즉 어떤 육체적 쾌락에 대한 극기는 순결과도 동일하며, 좁은 의미에서 볼 때 덕이다." 그렇다고 해서 일체의 성행위를 부정하는 것은 아니다. 정식으로 결혼하여 자손을 낳기 위한 성행위만이 정당화된다.

부부행위는 자손을 지향하거나 또는 부부 상호 간에 당연히 지녀야 하는 성실성을 지향한다면 죄가 아니다. 그렇지 못한 경우에 죄다.

(……) 부부행위를 단순히 만족을 위해 추구할 때, 그것이 죽을죄는 아니다. 그러나 항상 혼인의 한계 안에서만 그렇다.

아퀴나스가 보기에 성적 쾌락은 물론이고 순간적, 일시적인 기쁨은 인간에게 행복을 줄 수 없다. "보다 지속적인 어떤 것이 보다 행복한 것이다. 왜냐하면 누구나 행복한 것을 지속적으로 가지고자 하기 때문이다."《대이교도 대전》) 지속적인 것은 육체와 물질에서 구할 수 없다. 육체적, 물질적인 것은 사멸하기 때문이다. 심지어 자연조차 계절에 따라 수시로 변한다. 오직 신적인 것, 정신적인 것만이 영원히 지속된다는 점에서 행복의 전제 조건이 된다.

| 교회가 제시한 성생활 지침

아우구스티누스나 아퀴나스 등 신학자에 의해 정립된 기독교 교리에 따라 교회는 육체적 사랑에 대한 온갖 금기와 규제, 처벌 조항을 두고 있었다. 8~9세기에 프랑크 왕국을 세운 샤를마뉴 대제의 딸 베르타가 기록으로 남겨놓은 이야기에서 당시의 교회 윤리를 엿볼 수 있다.

교회 윤리 목록을 좀 더 소개해볼게요. 남자들이 혼자 수음하면 10일 간 속죄를, 둘이 수음하면 30일간 속죄를, 아이가 목적이 아닌 즐기는 목적으로 부부 간에 성애를 하면 10일간 속죄를 해야만 하지요.

결혼하기 전에 여자의 몸을 만지거나 남편이 있는 여자와 성관계를 가질 경우에는 처벌이 훨씬 강해졌다. 독일에서 가장 오래된 법전인 《작센슈피겔》에 따르면, 남자가 여자의 가슴을 더듬으면 벌금 5실링을 내야 했다. 남자가 수녀나 처녀의 가슴을 만지면 소 10마리 값인 10실링을 물어야 했다. 결혼한 여자를 만졌을 경우는 30실링을 지불해야 했다. 당시 다른 사람의 코나 귀를 잘랐을 때 벌금이 15실링임을 고려하면 상당한 중형이었다.

결혼한 부부라 하더라도 성을 제한함으로써 덕을 실현할 수 있다. 당시의 성 지침서였던 《신체 관리법》은 성도덕의 한 단면을 보여준다. 이 지침서는 아이를 만들기에 가장 적당한 시간과 적절한 남성 체위를 설명한다. 출산을 위한 내용일 뿐 쾌락과는 거리가 멀다. 오히려 성교에 탐닉하는 사람은 아이를 생산하지 못한다고 경고한다. 성교에서 느낄 수 있는 즐거움은 전혀 언급하지 않는다.

교회에서는 성애를 해서는 안 되는 날을 정해주었다. 크리스마스 전 20~40일간, 부활절 전 40일간, 성신강림일 2주 전과 일주일 후, 금요일부터 일요일까지 금지했고, 축제일 전후, 심지어 교회에서 영성체를 받아 먹기 3일 전부터는 성애를 하지 말라고 했다. 결혼식 당일 밤과 그 이후 3일간 성관계를 하지 말라는 지침도 있다. 당시 부부가 교회 지침을 따른다면 1년에 3분의 2는 성관계를 하지 말아야 했다. 이를 지키지 못할 경우 상응하는 벌을 받아야 한다는 책자도 등장했다. 주일에 성교하는 사람은 3일간 빵과 물만 마시는 속죄를 해야 했고, 부활절 전 40일 동안 성애를 하지 말라는 지침을 어기면 1년간 속죄하거나 자선비 명목으로 벌금을 내놓아야 했다.

하지만 교회 윤리와 법적 처벌이 있었다고 해도 현실에서 일어나는 일을 모두 막을 수는 없었다. 베르타가 남긴 이야기를 봐도 규범과 제도를 넘어서 사랑하는 사람들 사이에 은밀한 성관계가 이루어졌다.

성애는 결혼한 사람끼리만 할 수 있고, 자식을 낳기 위한 수단임을 알 수 있어요. 안질베르토 수도원장은 그런 법을 당연히 알고 있음에도 나와 천연덕스럽게 사랑을 즐긴 거예요. (……) 결혼도 하지 않은 나와 성애를 즐기는 것을 죄가 아니라고 간주하더군요. (……) 교회 윤리와는 상관없이 나는 수도원장과의 사이에서 두 아이까지 낳아서 길렀답니다.

샤를마뉴의 딸과 사랑에 빠진 안질베르토 수도원장은 교회가 성인품에 올릴 정도로 높이 평가받는 인물이었다. 교회사전에도 그는 "샤를마뉴의 딸과 결혼하지 않고 두 아들을 낳았다"고 기록되어 있다. 부부 간 외에 이루어지는 성애를 엄격히 처벌하는 내용을 담아 법전을 반포한 샤를마뉴 대제 자신도 법망을 교묘히 빠져나가 성적 쾌락을 즐기는 삶을 살았다.

| 구원의 여인 베아트리체의 한계

중세 후기 사랑을 새롭게 인식한 대표적인 사람으로 단테를 꼽을 수 있다. 단테는 기독교를 중심으로 한 중세 정신을 종합하면서도 다른 한편

으로 르네상스를 향한 새로운 돌파구를 연다. 그러한 의미에서 최후의 중세인이자 최초의 근대인으로 평가받는다. 단테는 《신곡》으로 중세의 기독교적 세계관을 집대성하고, 인간의 감정과 자유의지를 지고의 사랑으로 구현해 인식의 새로운 지평을 열었다.

《신곡》은 주인공으로 등장하는 단테 자신이 내세의 영혼 세계인 지옥, 연옥, 천국을 차례로 겪으면서 구원을 향한 길을 모색하는 내용이다. 지옥과 연옥에서는 로마의 시인 베르길리우스가 나타나 길을 인도한다. 지옥과 연옥에서 심판을 받거나 정죄의 시간을 보내고 있는 명사名士들의 모습을 상세히 묘사한다. 연옥의 꼭대기에서 지고의 연인 베아트리체를 만나 그녀의 인도로 천국에 이르러 삼위일체의 신비를 맛본다.

중세 신학에서 구원은 오직 신을 통해서만 이루어졌다. 하지만 《신곡》에서 구원을 향한 길의 시작과 과정에서 베아트리체라는 여인, 즉 인간과 인간의 감정인 사랑이 적극적인 역할을 한다. 도입에 해당하는 지옥편 앞부분에서 베아트리체는 베르길리우스에게 단테를 안내해달라고 요청한다. "나의 벗이되 행운이 없기에 황량한 산허리에서 헤매다 길이 막혀 두려운 나머지 바른 길을 벗어난 자가 있습니다. (……) 어서 가시어 귀한 말씀과 그이를 구원할 모든 수단을 쓰시어 나에게 위안을 베풀어주세요." 구원을 향한 여정의 첫 단추가 여인의 사랑이다. 지옥의 참혹한 모습을 보고 여행을 포기하려 할 때도 그녀에 대한 사랑이 견디게 해준다. 인간의 감정이 중요한 역할을 하는 셈이다.

하지만 사랑과 욕망의 관계에 대해서는 엄격하게 분리한다. 사랑이라는 감정이 인간을 구원한다면, 육체적 욕망은 인간을 타락과 죄의 나락으로 떨어뜨린다. 〈지옥편〉에서 생전에 지은 죄 때문에 고통을 당하는 영혼들은 대부분 욕망대로 살았던 사람들이다. 성애를 상징하는 사람들이 줄줄이 지옥에서 죄의 대가를 치른다.

죽어도 쉬지 않는 지옥의 태풍이 영혼들을 억세게 몰아세우고 회오리치며 후려쳐 괴롭게 하는구나. (……) 나는 알았노라, 욕망에 사로잡혀 이성을 잃고 간음한 죄인들이 그런 벌을 받게 되어 있는 것을. (……) 첫 번째 사람은 여러 백성의 황후 세미라미스였다. 애욕의 죄를 지어 저리 망하였으니 자기가 걸려든 악명을 없애고자 자기의 율법에 음탕함을 정당하게 했다. (……) 그 뒤에 음탕한 클레오파트라가 있도다. 보라, 헬레네를! 그녀 때문에 지긋지긋한 시절이 지났도다.

욕정의 대명사로 나오는 첫째 인물, 세미라미스는 고대 아시리아의 여왕이다. 그녀는 수많은 도시를 새로 건설하며 강력한 통치자로 이름을 날렸다. 매우 강한 성욕의 소유자로서 많은 남자와 잠자리를 했다고 전해진다. 그녀는 영리함으로 음탕함이 남긴 오점을 줄일 수 있다고 생각했다. 그래서 신하들에게도 원하는 대로 성을 즐겨도 좋다고 허락했다. 성적 매력을 이용해 남성의 육체적 욕망을 부채질함으로써 세상을 움직였던 클레오파트라, 성애의 굴레 때문에 무려 10년에 걸친 트로이 전쟁의 원인을 제공한 헬레네도 지옥에서 한탄과 통곡의 세월을 보내고 있다.

성적 욕망 때문에 죄를 범해 지옥에 떨어진 영혼 중에는 파울로와 프란체스카도 있다. 단테가 베르길리우스에게 "시인이여, 바라건대 바람

결에 날리듯 저리도 가볍게 나란히 가는 두 영혼과 이야기를 나누게 해 주십시오"라고 요청한다. 두 영혼이 단테에게 다가오고, 프란체스카가 자신의 비극적 사랑을 전한다.

파울로와 프란체스카는 12세기 말에 살았던 비운의 연인이다. 절름 발이 지안치오토는 잘생긴 동생 파울로를 맞선 장소에 대신 보내 아름 다운 프란체스카와 결혼하도록 한다. 프란체스카는 파울로에게 호감을 느끼고 결혼을 승낙한다. 하지만 첫날밤 침대에서 만난 남편은 흉한 외 모와 잔인한 성품을 가진 지안치오토였다. 시간이 지날수록 그녀는 첫 눈에 반한 파울로에게 마음을 빼앗기고, 파울로도 형수의 처지를 동정 하면서 비극적 사랑으로 치닫기 시작한다.

두 사람은 어느 날 소설 속의 키스 장면을 함께 읽던 중 욕망에 휩싸 여 금기의 선을 넘어서고 만다.

상냥한 마음엔 재빨리 타오르는 사랑이, 아름다운 육체로 그를 사 로잡았으니 난 몸을 앗겼고, 아직도 그 일이 날 괴롭히고 있답니다. (……) 어느 날 우리는 사랑이 란첼로토를 어떻게 옭아매었는지 읽고 있었습니다. (……) 그녀의 갈구하는 듯한 입술이 연인의 입술에 닿 는 부분을 읽었을 때 이 사람은 내게서 조금도 떨어지지 않고 부들부 들 떨면서 나의 입술에 입맞추었소. 우리는 그날 더 이상 책을 읽어나 가지 못했소.

시종의 밀고로 둘의 관계가 드러나고 지안치오토는 두 연인을 처참 하게 살해한다. 중세의 엄격한 법률에 의해 장례는 치러지지 않았으며 교회의 사면도 받지 못했다. 당시 교회의 율법에 따르면 간음을 한 파울로와 프란체스카의 영혼은 지옥 말고는 갈 곳이 없었다.

신에 의한 구원만을 인정하던 중세의 아집에서 벗어나 남녀의 사랑을 통한 구원이라는 새로운 방향을 제시한《신곡》조차 성적 욕망과 쾌락을 부정하기는 마찬가지였다. 단테는 앞의 세미라미스나 클레오파트라와는 달리, 이들의 사랑에 안타까움을 느끼기는 한다. "하나의 영혼이 말하는 동안 다른 자는 울고 있으니, 나는 가여워서 마치 죽은 사람처럼 정신을 잃고 쓰러졌다." 이들을 가여워하다 탄식과 함께 정신을 잃고 쓰러진다. 순식간에 타오른 감정으로서의 사랑, 육체적 열망으로서의 사랑이 겪는 비극을 보여준다. 단테는 쾌락을 거부하고 도덕적이고 지고지순한 사랑을 강조하지만 지옥에서도 멈추지 않는 서로를 향한 갈망에 연민의 정을 보인다. 하지만 순간의 연민일 뿐, 곧 정신을 차리고 단테는 이성에 일치하는 사랑의 감정을 향해 나아간다.

단테와 베르길리우스는 연옥에 다다른다. 연옥에는 죄를 용서받기는 했으나 천국에 오르기 전에 그 죄를 깨끗이 씻어내야 하는 영혼들이 있다. 그러므로 연옥은 벌의 세계가 아니라 정죄의 세계다. 〈연옥편〉에서 단테는 베르길리우스와 대화를 나누며 사랑이란 무엇인가를 찾는다. 베르길리우스는 자연적인 사랑의 감정이 갖는 중요성을 논한다.

자연의 사랑은 언제나 그릇됨이 없지만, 다른 사랑은 나쁜 목적으로 인해서 혹은 그 힘이 지나치거나 적어서 그릇될 수 있다. 사랑이 제일의 행복으로 향하게 되고 세속적인 것들 안에서 자신을 가눈다면 죄스런 쾌락의 원인일 리가 없다. 그러나 사랑이 악으로 기울거나 혹은 너무 지나치거나 모자라게 선을 좇는다면, 창조주를 거스르는 것이다.

그는 자연의 사랑과 세속적인 사랑을 구분한다. 자연의 사랑이란 신이 인간에게 보장해준 순수한 본능적인 감정을 의미한다. 자연의 사랑은 인간에게 내재된 원초적 욕구다. "꿀벌이 꿀을 만드는 본능을 갖고 있듯이 그것들이 너희 안에 있으니 이 본래의 의욕은 칭찬이나 비난의 대상이 아니다." 본능적 욕구인 사랑은 그 자체로 선이나 악이 없는 순수한 상태다.

문제는 세속의 쾌락으로 향하는 육체적, 성적 욕망으로서의 사랑이다. 자연의 사랑이 곧 쾌락은 아니다. 연인을 사랑하되 정신적 감정이 위주가 되어야지, 육체적 욕망에 빠져서는 안 된다. 불이 높이 솟아오르려는 것처럼 욕망으로 기울어져 갈망할 때 상대를 소유하려 하거나 육체적 쾌락에 치중하게 된다. 쾌락주의자들이 어떤 사랑이든 칭찬할 만한 것이라고 주장하는 것은 잘못이다. 그러므로 제일의 행복, 즉 신에 의한 최고선을 향하고, 세속의 욕망에 휩싸이지 않도록 자신을 잘 절제한다면 영혼은 기쁨에 도달할 수 있다.

연옥을 지나 단테를 천국으로 인도하는 역할은 베아트리체가 담당한다. 연옥의 마지막 단계에서 단테는 베아트리체를 만난다. 그녀는 단테를 신의 사랑과 완전한 평화로 인도하기 위해 온다. 단테는 그녀에게 "당신의 얼굴이 사라지자마자 그릇된 즐거움이 현세적인 것들로 나의 발걸음을 돌려놨다오"라고 말한다. 베아트리체가 죽고 나자 속세의 헛된 욕망이 그릇된 즐거움을 앞세워 자신에게서 선의 길을 앗아갔다고 고백한 것이다. 그가 속세적인 죄의 길로 들어선 계기는 기존의 신학에서 강조한 원죄가 아니라, 그녀의 죽음이라는 사랑의 상실이었다. 이에 대해 베아트리체가 질책한다.

어떤 다른 여인이 그대를 욕망으로 끌어당겼나요? 헛되고 그릇된 것들의 첫째 화살에 그대는 벌떡 일어나, 보다 나은 세계를 향해 나의 뒤를 잘 따랐어야 했습니다. 하찮은 계집애나 곧 사라질 헛된 것 때문에 두 번째 화살을 기다리며 그대 다시 날개를 떨어뜨리지 말았어야 했습니다.

베아트리체가 죽은 후에 헛된 욕망에 빠져 산 단테를 비난하는 내용이다. 〈천국편〉에서도 그에게 "이 욕망 저 욕망이 그대를 어떻게 끌어당기는지 내가 보고 있는데, 그대의 수고가 스스로 묶여 숨을 내쉬지 못할 정도군요"라며 질책한다. 그녀는 단테를 인도하는 영원한 안내자다. 마무리에 해당하는 〈천국편〉 후반부에서 단테는 베아트리체를 찬양하는 시구를 읊조린다. "오 여인이시여, 그대 안에 내 희망이 힘을 얻고 그대 나의 구원을 위해 저 지옥 속에 발자취를 남기는 괴로움을 겪으셨습니다. (……) 그대의 너그러움을 내 안에 간직하여 나의 영혼이 그대의 뜻을 따라 육체에서 풀려나게 하소서."

신을 향한 믿음과 신의 질서만을 찬양하던 중세에 인간을 향한 사랑의 감정으로, 자신의 내면으로 눈을 돌린 단테의 시도는 조용한 혁명이었다. 인간의 사랑은 부끄러움이 아니라 중요한 사건이 된다. 인간적 사랑이 영혼을 병들게 하는 충동적 감정이 아니라 구원을 향한 중요한 역할을 담당한다. 사랑이 인간을 혼란스럽게 만드는 일시적 감정이 아니라 인간의 현존과 영원을 실현하는 요소로 자리 잡는다. 단테는 신으로만 향하던 중세의 인식이 인간을 향한 열망으로, 자신의 내면에 대한 천착으로 방향을 트는 데 적극적인 역할을 한다.

하지만 여전히 성적 욕망을 죄악으로 규정한다는 점에서 단테는 중세의 세계관에 한쪽 발을 걸치고 있다. 이를 위한 논리적 근거를 찾기 위해 욕망과 감정을 분리한다. 본래 육체로부터 욕망이나 감정이 생겨난다. 육체의 느낌이나 욕구를 일차적으로 반영하는 것은 욕망이다. 그러한 의미에서 욕망은 자연이 인간에게 제공한 가장 근원적인 힘이다. 감정은 욕망에 기초하여 의식의 영역과 연결되는 고리 역할을 한다. 단테는 감정을 욕망과 분리함으로써 감정의 근거를 육체에 두기보다는 정신으로 향하게 만드는, 억지스러운 논리를 동원한다.

욕망일랑 평생 십자가에 못 박아 두라

마르틴 루터는 인간이 육체를 지닌 존재인 이상 욕망에서 벗어날 수 없다고 주장한다. 그렇다고 해서 욕망을 전면적으로 인정하지는 않는다. 욕망에서 완전히 벗어날 수 없다는 점을 인정하는 정도이다. 그러하기에 끊임없이 욕망을 경계하고 대항해야 한다. 루터는 이를 자신의 사명으로 밝히기도 했다.

육체를 가지고 사는 한 누구도 욕망 없이 살 수는 없기에 시험에서 자유로운 사람은 아무도 없다. (……) 바울은 성령 안에서 살고 육체에 대항하라고 요구한다. (……) 그리스도에 속한 사람은 육체와 함께 욕정을 십자가에 못 박기 때문이다.《갈라디아서 주석》

어쩔 수 없이 욕정이 생겨나지만, 기독교 신자라면 성령에 따라 욕망을 십자가에 못 박아야 한다. 정욕은 살아 있는 동안 계속 정신을 괴롭힌다. 일반 사람만이 아니라 수도사라 하더라도 욕망에서 완전히 벗어나기는 어렵다. "존경받는 수도사들조차 결코 육체의 정욕을 느끼지 못하는 경지까지 갈 수 없었다. 그들은 육체의 정욕을 느꼈고 그것도 아주 강하게 느꼈다." 명성 높은 사제들도 불가능했던 욕망 제거를 일반 사람에게 요구하는 것은 무리다. 육체의 정욕을 피할 수는 없으나 자기 안에서 준동하지 못하도록 전 생애에 걸쳐 끊임없이 십자가에 못을 박는 노력을 멈추어서는 안 된다.

루터 역시 공식적인 결혼의 중요성을 강조한다. 남자와 여자의 결혼은 신의 법에 따른 것으로 사람이 만든 법보다 위에 있다. "만약 교황이나 주교나 교회 판사가 이러한 사람에 의해 만들어진 법령 중 하나에 저촉되어 이루어진 결혼을 해소시킨다면, 그는 적그리스도다. 그는 자연에 폭력을 행하고 신을 경멸한 죄를 범하고 있는 것이다."《교회의 바벨론 포로》

하지만 남편이 성적으로 무력하여 아이를 가질 수 없을 때는 다른 관계를 허용해야 한다는 입장이다. 이 경우에 남편의 성적 무력이 결혼생활을 방해하기 때문이다. 신의 법률에 따르면 이 여자는 자유다. 그러므로 참고 살라고 강요해서는 안 된다. 하지만 이혼에는 여전히 부정적이다. "이혼이 허용되어야 하느냐 마느냐는 여전히 논란이 되고 있는 주제다. 나라면 차라리 이혼보다는 중혼을 택하겠다." 그는 남편의 동의를 얻어서 남편의 형제나 다른 사람과 성관계를 갖고 거기서 태어난 아이들을 추정상의 아버지 앞으로 입적시키라고 충고한다.

사제도 욕망을 지닌 인간이므로 독신을 강요해서는 안 된다. 사제의 길을 걷고자 하는 사람들에게 결코 독신으로 남을 것을 서약하지 말라고 충고한다. 주교는 사제에게 독신 서약을 요구할 권리가 없는데도 그러한 요구를 하는 것은 불경건한 횡포라고 지적한다.

내가 의미하는 것은 지금 자기들의 아내가 '사제의 창부'라고 불리고 자녀들이 '사제의 새끼들'이라고 불려 수치를 당하고 양심의 고뇌를 당하고 있는 사람들이다. 자신의 연약함으로 인하여 여자와의 불미스러운 관계에 빠진 것 외에는 아무것도 흠잡을 데 없는 충실한 사제가 많다.

기존 가톨릭교회처럼 사제에게 인간의 자연적 욕망을 원천적으로 부정하도록 요구할 때 끊임없이 부정한 행위가 양산될 수밖에 없다. 아무리 금지하고 규제를 해도 신부와 수녀가 낳은 아이들이 늘 많았다. 그 아이들이 모욕받는 현실을 더 이상 방치해서는 안 된다. 사제라 해도 인간은 본래 연약한 존재여서 욕망에서 완전히 벗어날 수 없는데, 결혼까지 금지한다면 충실한 사제들을 고통스럽게 할 뿐이다. "사제와 여자가 마음속 깊이 서로를 사랑하기 때문에 좋은 양심으로 가능하기만 하다면 정상적인 부부로 결합하여 신실하게 영원히 함께 살기를 바랄 것이다."

성적 욕망에 대해 장 칼뱅은 루터보다 훨씬 더 완고한 편이다. 어떤 면에서는 중세 교부신학에 비해서도 더 근본주의적이고 보수적인 입장을 취한다. 《기독교 강요》에서 자신과 아우구스티누스의 차이를 다음과 같이 밝힌다.

육체 속에 있는 동안 무질서한 정욕에 매여 무질서하게 욕심을 품지 않을 수 없다는 사실은 아우구스티누스도 인정한다. 그러나 그는 이러한 질병을 '죄'라고 부르지는 않고, 다만 '연약함'이라 칭하는 데 만족한다. 그는 정욕을 느끼는 것이 행동이나 동의로 이어질 때에, 즉 강한 충동에 의지가 굴복할 때, 그것이 죄가 된다고 가르친다. 그러나 우리는 신의 율법에 반하는 어떤 정욕에 충동을 느끼기만 해도 '죄'로 간주한다. (……) 우리는 성도가 육체를 벗을 때까지 언제나 죄가 있다고 가르친다.

루터도 인간은 본래 연약하기에 사제라 하더라도 정욕에서 자유로울 수 없다고 했다. 그러므로 전 생애에 걸쳐 끊임없이 노력하여 죄를 짓지 않도록 주의를 게을리 하지 말아야 한다고 권했다. 하지만 칼뱅에 따르면 정욕은 죄의 가능성 정도가 아니라, 육체적 정욕에 지배당할 수밖에 없는 인간 존재 자체가 죄다. "우리는 육신이 온갖 구실을 다 찾아 자신의 악에 대한 책임을 어떤 방법으로든 다른 데에 전가하려 한다는 것을 알고 있다." 부패하고 오염된 인간의 본성에서는 순결하거나 순수한 것이 절대로 나올 수 없기 때문이다.

그가 "믿음을 따라 하지 아니 하는 것은 다 죄라는 말씀이 과연 아무런 의미도 없단 말인가? 나쁜 나무에서도 좋은 열매가 날 수 있단 말인가?"라고 물은 데서 알 수 있듯이 죄 덩어리인 인간에게서는 스스로 선한 결과가 나올 수 없다. 그러므로 기독교는 인간이 죽을 때까지 언제나 죄 가운데 있음을 가르쳐야 한다고 강조한다. 인간의 모든 육체적 욕망이 악하며 죄를 짓게 됨을 가르쳐야 한다. 다른 많은 부분에서 그러하듯이 칼뱅은 근본주의, 심지어 아우구스티누스 이전의 시각으로 되돌아간다.

칼뱅 역시 성관계는 오직 부부 사이에서만 허용되어야 한다고 주장한다.

결혼 이외의 어떠한 결합도 하느님 보시기에 저주를 받아 마땅하다. 결혼 자체도 우리가 억제할 수 없는 정욕에 빠져들지 않게 하는 필요한 대책으로서 제정되었다. 결혼 이외에 남성과 여성이 동거하게 되면 반드시 하느님의 저주를 받게 된다.

칼뱅에 따르면 결혼제도는 욕정을 억제하기 위한 대책으로서 신에 의해 만들어진 것이다. 결혼은 정욕을 충족하는 공간이 아니라 정욕을 혐오하게 만든다. "고귀한 혼인이 무절제의 추함을 덮는다 해도, 그것이 무절제를 자극해서는 안 되기 때문이다. 그러므로 결혼한 사람들은 모든 것이 허용되어 있다고 생각해서는 안 된다." 신의 허용 안에서 맺어진 부부관계라 하더라도 절제하여 음란에 빠져들지 않도록 해야 한다. 결혼생활에서 신중함과 절제를 지키지 않는다면 "자기 부인을 간음하는 자"로 규정된다. 음란한 옷이나 몸짓, 음란한 말로 유혹해서도 안 된다. 이 모든 행위는 정조를 더럽히는 오점이 되기 때문이다.

숭고한 사랑의 감정을 통해 구원에 이를 수 있다는 단테의 생각도 칼 뱅에게는 터무니없는 생각이다. 칼뱅은 "우리는 예정을 하느님의 영원한 신의라고 부르며, 예정에 따라서 하느님께서는 각 사람에게 장차 이루어질 것을 스스로 결정하셨다"라고 정의한다. 구원은 신의 예정에 의해서만 이루어진다. 신은 인간을 구원할 자와 멸할 자로 미리 예정하고 있기 때문에 인간은 자기 힘으로는 이 운명에서 벗어날 수 없다. 오직 신의 선택에 의해서만 구원이 이루어진다는 점에서 다시 한 번 인간의 감정이나 정신에 의해 선하게 될 수 있는 가능성조차 부정된다.

실제로 종교개혁에 의해 신교가 자리 잡은 지역에서는 사육제처럼 성적 욕망을 표출하는 것조차 금지되었다. 성적인 상징과 농담이 오가는 축제 행렬과 연극이 신교 지역을 중심으로 사라졌다. 축제 기간 동안이나마 현실의 규범에서 벗어날 수 있는 해방 공간이 사라진 것이다. 새로운 규정과 규율이 확립되면서 성경에 나오는 이야기로 채워진 교화적 연극으로 대체되었다. 기존의 지역 축제는 죄악으로 인식되었고, 모든 행동은 성경에 따른 도덕과 규율에서 벗어나지 않아야 했다.

신교 지역에서는 사육제만이 아니라 중세 후기 마을에서 유행하던 '찾아가는 밤'의 풍습도 금지되었다. '찾아가는 밤'은 한밤중에 총각이 기발한 방법으로 처녀의 방에 들어가는 풍습을 말한다. 일요일과 축제일 그리고 축제일의 전날 밤 등에 허용되었다. 여성이 마음에 들어하면 하룻밤 잘 수 있었다. 다음 단계는 결혼으로 이어졌다. 이 풍습은 결혼 이전에 성적 욕망을 충족하는 통로 역할을 했다. 중세 후기나 르네상스 시대에 가톨릭교회는 밤에 방문하는 것을 규제하지 않고 사육제처럼 마을 풍속으로 인정했다. 하지만 종교개혁 이후 신교가 자리 잡은 지역에서는 강력하게 규제하여 이 풍습이 사라졌다.

르네상스와
욕망의 부활

| 성적 욕망은 선하지도 악하지도 않다

보카치오의《데카메론》이 우리에게 준 첫 번째 메시지는 욕망을 선악에서 떼어내라는 것이다. 중세와 종교개혁 시기의 신학은 여러모로 다르지만 욕망을 선악의 문제로 접근했다는 점에서 공통적이다. 단테 역시 욕망에 선악의 잣대를 가져다댄다. 단테에게 구원이란 악의 상태에서 선의 상태로 향하는 기나긴 도정이다. 인간과 감성에 의한 구원으로 중세의 사고에서 벗어나는 길을 제시했지만, 선악의 이분법에 기초한 세계관에 머물러 중세의 통념, 나아가서는 고대 그리스 사유 전통에서 자유롭지 못했다. 악에서 선으로 가는 길은 사랑을 욕망에서 떼어내 절제된 정신으로 향할 때 가능하다고 보았다.

보카치오도《데카메론》곳곳에서 선과 악의 문제를 다루기는 한다. 하지만 단테와 달리 성적 쾌락을 선악의 굴레에서 떼어낸다.

여자를 좋아하는 나의 타고난 본성을 어떻게 하겠습니까. (……) 나는 대체 그것이 무엇이 나쁘냐고 묻고 싶습니다. 여성 여러분이 때때로 허락해주는 사랑이 넘치는 입맞춤, 달콤한 포옹, 그리고 이 세상에 둘도 없는 관능의 쾌락은 고사하고라도 여러분의 고귀한 모습, 황홀한 아름다움, 형언하기 어려운 우아함과 정숙함에 조금이라도 도취될 줄 아는 사람이라면 나쁘다는 말을 하지 못할 것입니다.

아름다움에 끌리는 마음이 자연스럽듯이 관능적 쾌락에 도취하는 것은 인간의 타고난 성향이다. 본능이므로 나쁘다거나 절제하라고 비난해서는 안 된다. 오히려 절제가 인간에게 고통을 안겨주어 더 나쁜 상태로 이끄는 경우가 비일비재하다.

둘째 날 열 번째 이야기에는 육체적 힘보다 정신적 힘을 더 중시하는 재판관이 등장한다. 재판관은 학문을 하는 자세로 결혼생활에 임했다. 아름다운 여인을 아내로 맞아 첫날밤을 치른 후 달력을 꺼내 아내를 가르치기 시작했다. 부부관계를 금지하라고 교회가 정한 날들을 표시했다. 제삿날, 각 계절 초마다 있는 단식일, 사도들과 주요 성인이 죽은 기일 전야, 금요일과 토요일, 주일, 사순절, 달이 차고 기우는 날 등등을 다 제하다 보니 한 달에 한 번 관계를 갖는 정도였다. 아내는 울적하고 재미가 없어 병자처럼 시들시들해졌다.

그러던 어느 날 아내는 해적 파가니노에게 납치되었다. 그날 이후 아내는 파가니노에게 만족하여 마치 꿈과 같은 즐거운 나날을 보냈다. 남편은 해적을 찾아와 몸값은 얼마든지 낼 테니 아내를 돌려달라고 애원했다. 파가니노는 돌아가고 말고는 아내가 결정할 일이라고 답했다. 하

지만 아내는 남편과 집으로 돌아가지 않고 해적 두목과 함께 살겠다고
했다.

당신은 내가 젊고 싱싱하고 정력이 넘쳐흐른다는 것을, 좋은 옷과 맛
난 음식보다 부끄러워서 입 밖에 낼 수 없는 행위를 더 바란다는 것을
알았어야 해요. (……) 신은 제 젊음을 아깝게 보시고, 적합한 사람을
보내주셨어요. 저는 그 사람과 함께 지내면서, 오늘이 무슨 축제일인
지 알 필요도 없이 (……) 밤이고 낮이고 몸을 섞어 사랑을 나눈답니
다. (……) 여기서는 그의 아내라는 기분이 들지만, 집에서는 당신의
매춘부 같은 기분이 들었어요. (……) 그가 밤새도록 저를 얼마나 껴
안아 애무하는지, 얼마나 미치도록 즐겁게 해주는지 하느님, 저 대신
말씀 좀 해주세요.

남편은 자신이나 친척의 명예는 생각하지 않느냐고, 해적 두목의 매
춘부로 살고 싶으냐며 아내를 비난한다. 하지만 아내는 남편이 매일같
이 운운하는 정신의 행복이 자신을 괴롭게 했을 뿐이라고 말한다. 비록
처음에 납치되기는 했지만 자신이 원할 때면 언제나 성적인 만족을 주
는 사람에게 사랑을 느낀다. 그녀는 오히려 남편이 원할 때만 성관계를
갖는 생활에서 매춘부가 된 듯한 모욕을 느꼈다고 말한다.

보카치오는 "교회가 정한 축제일이나 추모일 전야의 금기도 아랑곳
없이, 사순절 따위도 걷어차버리고, 허리의 힘이 계속될 때까지 서로 사
랑을 나누며 행복하게 살았다"라고 이야기를 마무리한다. 이 여인의 타
락을 지적하는 대목은 전혀 찾아볼 수 없다. 오히려 비로소 행복한 삶

을 살게 되었다는 마무리를 통해 선악의 구분을 넘어선다.

보카치오는 《데카메론》을 끝맺는 말에서도 비슷한 문제의식을 드러냈다.

술이 건강한 이에게는 근사한 음료지만 몸에 열이 있는 이에게는 해롭다는 것을 모르는 사람이 있을까요? 술이 열 있는 이에게 해롭다고 해서, 술 자체를 욕하겠습니까? (……) 모든 사물은 그 자체로는 어떤 일에든 유익합니다. 그러나 나쁘게 쓰이면 많은 일에 해로워지는 수가 있습니다. 내 글도 그렇다고 말할 수 있습니다.

술이든 무엇이든 그 자체로 좋고 나쁘다는 판단을 내려서는 안 된다. 예를 들어 불이 아주 쓸모 있는 것, 인간에게 필요 불가결한 것임을 모르는 사람은 없다. 하지만 불을 잘못 사용하면 집을 태우고 마을을 사르고 거리를 쓸어버리기도 한다. 그렇다고 해서 불을 악하다며 기피하지는 않는다. 성적 욕망도 마찬가지다. 욕망이 본질적으로 악하기 때문에 멀리해야 한다는 논리도 성립할 수 없다. 다만 잘못 사용할 경우 문제가 생길 뿐이다. 《데카메론》을 쓰게 된 동기도 여기에 있다는 것이다.

르네상스를 대표하는 철학자 에라스무스도 비슷한 생각을 가졌다. 그는 《우신예찬》에서 이성을 넘어선 광기와 육체적 욕망을 옹호한다. "나는 사람들이 더 많이 미칠수록 더욱 행복해진다고 생각한다. 물론 그 광기가 내 영역에 속해 있기만 하다면 말이다." 그에게 우신은 분별 있는 사고와 절제를 넘어선 본능적, 육체적 욕망을 상징한다. 욕망이나 광기를 악하다고 볼 이유가 전혀 없다. 오히려 더 많은 욕망이 인간을 더 행복하게 한다. 다만 '내 영역에 속해 있기만 하다면'이라고 한정한다. 보카치오와 마찬가지로 잘못 사용할 경우 문제가 생긴다는 지적이다. 에라스무스의 생각을 좀 더 구체적으로 살펴보자.

디오니소스는 왜 늘 아름다운 머릿결을 가진 젊은이일까? 축제와 춤, 노래와 놀이를 즐기고 팔라스와는 조금도 교류하지 않기 때문이다. 현자가 되기를 바라지 않으며, 익살과 농담으로 가득 차 있다. (⋯⋯) 두려움을 갖게 하는 제우스나 도처에 혼란의 씨앗을 흩뿌려놓는 늙은 판, 대장간에서 일하느라 늘 더러운 재를 뒤집어쓰고 있는 헤파이스토스, 고르곤과 창으로 계속 위협을 가하는 무서운 눈초리의 팔라스가 되기보다는 항상 즐겁고 젊음을 유지하는 미치광이, 바보가 되기를 누가 좋아하지 않겠는가.

본능적 욕망의 화신인 디오니소스는 팔라스와 교류하지 않기 때문에 늘 젊고 아름답다. 팔라스는 지혜와 정의의 여신이자 전쟁의 여신인 아테나의 다른 이름이다. 팔라스의 지혜는 이성적 분별을 중요시하기에 생동하는 감성과 거리가 멀고 늘 심각하다. 또한 정의는 힘에 의한 국가의 정의이기에 고르곤과 창으로 위협하는 무서운 눈초리를 지닌다. 고르곤은 머리카락이 온통 뱀인 메두사를 말한다. 그녀의 모습을 직접 본 사람은 모두 돌로 변하기 때문에 병사들은 메두사 머리를 방패에 새겨 적에게 공포감을 주었다. 결국 팔라스의 이성과 정의는 방패와 창을 앞세운, 힘에 의한 통치와 전쟁으로 나타나 사람들을 고통으로 몰아넣는다.

대장간에서 일하느라 늘 더러운 재를 뒤집어쓰는 헤파이스토스도 인간의 즐거움과 행복을 방해하는 존재다. 그는 불의 신이자 대장간의 신으로 근면한 노동을 상징한다. 고대 그리스 사회는 노예와 여성에게, 중세 사회는 농노에게 근면한 노동만이 가장 중요한 의무라고 거듭 강조했다. 노동이 인간에게 필요하다는 점은 누구도 부정할 수 없다. 하지만 노동이 헤파이스토스처럼 자기 존재를 규정짓는 핵심 요소가 될 때 인간은 고단한 인생을 살아야 한다.

혼란의 씨앗을 뿌리는 판도 경계해야 할 대상이다. 고대 그리스 신화에서 판은 잠든 사람에게 악몽을 불어넣고 나그네에게 공포를 주기도 한다. 현실에서는 세상의 걱정, 미래에 대한 두려움을 상징한다. 사람들은 불투명한 미래에 대한 두려움 때문에 오늘을 불안과 걱정 속에서 산다. 오늘의 쾌락을 뒤로한 채 내일을 준비하며 산다. 내일을 위해 희생하는 삶이 행복할 리 만무하다.

에라스무스는 행복해지려면 이 모든 장애에서 벗어나라고 말한다. 디오니소스가 항상 젊고 즐거운 이유는 이성과 사회적 규범, 내일에 대한 두려움에서 벗어나 있고 노동에 집착하지 않기 때문이다. 사회가 요구하는 현자의 기준에서 벗어나야 한다. "스토아 학자들은 지혜는 이성에 의해 인도되고, 광기는 정열의 움직임을 따른다고 말한다." 사회는 욕망에서 벗어나 이성에 따르는 현자를 지향해야 한다고 요구한다. 하지만 이는 "인간 자체를 제거하고, 어디에도 없고 앞으로도 결코 존재하지 않을 조물주, 즉 새로운 신을 만드는 것이나 다름없다." 반대로 이성에 기초한 도덕 규범에서 벗어나 오늘의 쾌락을 추구할 때, 사회적으로 어리석거나 미쳤다고 규정하는 열정적 욕망에 우리를 맡길 때 행복한 삶으로 다가서게 된다.

토머스 모어도 《유토피아》에서 욕망을 선악의 이분법에서 건져낸 르네상스의 대열에 합류한다. 쾌락에 있어서 선악에 기초한 가치 판단의 유보, 자연주의적 도덕관을 제시한다.

유토피아 사람들은 덕 자체에 행복이 있다고 하는 철학을 믿지 않습니다. 자연에 따라 사는 것이 덕이며, 또 신은 그렇게 살도록 인간을 창조했다고 생각합니다. (……) 사람의 자연적 성향을 쾌락의 정의에 포함시켜 이해한다는 점에서, 그들의 생각은 옳습니다.

덕이 곧 행복일 수는 없다. 선하고 정직한 쾌락에서 덕이 나온다. 기준은 자연에 따라 사는 것, 인간의 자연적 성향에 따른 쾌락의 인정이다. 정신적 쾌락과 육체적 쾌락 모두 행복의 필수 조건이다. 새로운 발상은 성행위가 정신적 쾌락에도 속한다는 것이다. "체내에 과다하게 집적된 것을 배설함에서 오는 것"도 인지할 수 있는 기쁨만큼이나 중요한 정신적 쾌락인데, 성행위도 그중 하나다. 육체적 쾌락은 질병에 걸리지 않고, 조화로운 신체 상태를 유지하는 것을 의미한다. 행복의 조건으로 성행위를 포함한 쾌락도 중요하다고 함으로써 성을 더 이상 어둠 속에 두지 않는다. 오히려 성을 즐기지 못하는 사람들을 어둠 속에 배치한다. 성은 부끄러움이 아니라 기쁨이고 축복으로서 환한 빛을 받는다.

몽테뉴의 생각은 좀 더 신중하고 복잡하다. 《수상록》에서 사랑의 기쁨과 쾌락을 즐기되 도덕을 희생시키지 않을 방법을 찾는다. 선악의 문제에 연연하지 않는다고 해서 도덕이 사라지는 것은 아니다. 도덕의 새로운 기준으로 쾌락을 제시한다. 세상의 모든 의견은 쾌락이 우리의 목적이라는 점에 일치하므로 이제는 "쾌락이라는 이름으로 도덕을 말해야 할 것"이다.

나는 정신의 힘을 대단히 중시했다. 그러나 육체에 아무런 결함이 없다는 것을 조건으로 하는 말이었다. 왜냐하면 양심적으로 대답해보면, 이 두 가지 아름다움 중에 어느 하나가 필연적으로 빠져야 한다면, 나는 차라리 정신적인 면을 선택했을 것이기 때문이다. (……) 사랑의 문제는 주로 시각과 촉각에 관련된다.

하지만 무조건적인 육체의 쾌락을 강조하지는 않는다. "절제 없는 행복감은 그 자체를 파괴"하기 때문이다. 절제라는 기준을 내놓았다고 해서 정신적 쾌락으로 한정하지는 않는다. "정신적 쾌락은 결코 홀로 독점하지 않는다. 그것은 다만 우선한다. 그에게 절제는 쾌락에 적대하는 것이 아니라 조절해주는 것이다." 정신적 쾌락이 먼저지만 육체적 쾌락과 조화를 이루어야 한다는 점에서 에피쿠로스학파의 쾌락주의와 겹치는 부분이 있다.

사랑이라는 영역으로 좁혀서 볼 때는 육체적 쾌락을 더 강조한다. 남성이든 여성이든 마찬가지다. "여자들이 본성으로 타고난 정욕을 지나치게 억제하려는 것은 미친 수작"이다. 여성에게 정조를 요구하는 것도 반대한다. "어떤 여자는 찾아보다가 잃었고, 어떤 여자는 희롱하다가 잃었다. 우리가 여자들에게 금지 사항을 정확하게 규정해주려 해서는 안 된다." 호기심으로 만지거나 자위를 하다가도 처녀막은 얼마든지 사라질 수 있기 때문이다.

심지어 성적 방종을 누렸다 하더라도 그 사람을 부정하거나 악하다고 비난해서도 안 된다. "어떤 여자는 몸가짐은 방종하지만, 외양으로 절도 있게 살아가는 다른 여자들보다 더 맑은 의지를 가지고 있다." 사랑에 있어서 선한 의지는 성적 쾌락을 즐기는가 아니면 금욕하는가에 있지 않다. 겉으로 보기에는 절도 있게 살아가는 사람이지만 실제로는 더 타락한 사람일 수 있다. 반대로 겉으로 보기에는 성적 방종에 빠져 있는 듯 보이지만 실제로는 순수할 수 있다.

몽테뉴가 사랑에서 제일 중요하게 여기는 가치, 즉 맑은 의지는 진실성과 진정성이다. 만약 어떤 사람이 상대를 진정으로 사랑하지 않으면서도 재산이나 배경을 보고 결혼하고, 배우자 이외의 사람과 성관계를 갖지 않는 절도 있는 생활을 한다고 하더라도 오히려 도덕적으로 타락한 사람일 수 있다. 거짓말은 가장 심각한 도덕적 타락에 속하기 때문이다. 하지만 어떤 사람이 살아가면서 여러 명과 성적인 관계를 맺었다 하더라도, 각각의 상대에게 진실되고 진정한 사랑으로 대했다면 더 맑은 의지를 가진 사람이라 할 수 있다.

| 방탕한 여자가 오래오래 행복하게 잘살았다

성적 욕망은 필연적으로 고통으로 귀결되기 때문에 행복한 사랑이 될 수 없다는 전통적인 논리도 《데카메론》의 여러 이야기에서는 설득력이 없다. 몇 년 동안 8명의 남자와 관계를 가진 후 원래의 청혼자인 가르보

왕과 결혼한 바빌로니아 공주 이야기의 결말을 다시 보자.

공주는 8명의 남자들과 아마 만 번은 관계를 가졌을 텐데도, 숫처녀처럼 왕과 잠자리를 같이하고 또 그것을 믿게 했습니다. 왕비로서 오래오래 즐겁게 살았습니다. 그러니 세상에서는 '키스를 받은 입술은 빛이 바래지기는커녕 달처럼 더욱더 윤기가 난다'고 말합니다.

4년 동안 만 번이나 관계를 가졌다는 것은 당연히 과장이다. 그만큼 많은 관계를 가졌다는 의미다. 하지만 가르보 왕에게 과거를 숨기고 행복하게 살았다고 한다. 세상에 떠도는 지혜도 인상적이다. 성행위를 즐긴 몸일수록 더 아름답다고 한다.

이 이야기가 파국이 아닌 해피엔딩이라는 점을 고려하면서 해석해보자. 일반적인 시각으로 볼 때 이 공주는 애초에 의도하지는 않았지만 곧 적극적으로 남자를 받아들이고 즐겼다는 점에서 매우 방탕한 여인이다. 기존의 통념에 따르면 여인은 '양심'의 가책을 느끼며 내내 괴로워하다가 결국 과거가 드러나 버림 받는 이야기로 끝나야 마땅하다. 하지만 이러한 결말은 세상의 도덕 기준이나 통념일 뿐이다.

만약 공주가 그러했듯이 도덕에 얽매이지 않고 자유분방한 정신을 가지고 있다면 어떨까? 엄밀히 말하자면 새로운 연인이나 결혼한 사람에게 과거를 모두 털어놓아야 하는 것은 아니다. 전통적인 도덕관에서 자유로울 수 있다면 내적으로 고통 받을 이유가 전혀 없다. 또한 결혼한 사람과 끝까지 살아야 한다는 도덕률을 갖고 있지 않다면, 설사 과거가 알려져서 헤어지게 되었다 한들 불행하다고 볼 이유도 없다. 공주가 이미 여러 차례 경험했듯이 전혀 생각지 못했던 새로운 관계에서 다시 행복을 찾을 가능성이 얼마든지 열려 있기 때문이다.

결국 전통적인 도덕관이 강조해온, 성적 욕망에 뒤따르는 고통은 상당 부분 그 도덕관이 설정해놓은 논리에 의해 '만들어진' 고통이다. 말 그대로 인위적으로 가공된 고통이기에 그 도덕관에서 벗어난다면 더 이상 우리를 옭아맬 수 없다. 여러 사람과 성적인 만족을 누렸다고 해서 불행하거나 고통스러운 결과로 끝나는 것은 아니다. 각각의 사랑 관계에서 몽테뉴가 기준으로 제시했던 진실성과 진정성이 있다면 양심이나 불안에서 오는 고통도 허구에 불과하다.

거꾸로 배우자와 절도 있는 생활을 하면서 고통의 나날을 보낼 수 있다. 보카치오는 《단테의 일생》에서 사랑과 결혼의 가치를 안정된 생활에서 찾는 사람들이 겪게 되는 고통을 다음과 같이 경고한다.

아, 이토록 의심 많은 사람과 늙어 죽기까지 살아야 하고 이야기를 해야 하는 일은 얼마나 터무니없고 지치는 일인가! (……) 온갖 호화롭고 사치스러운 장신구와 옷으로 가득한 방, 하인과 간호사, 시중드는 하녀, 화려한 선물과 만찬을 제공해야만 남편이 아내를 사랑한다고 생각하는 사람들이었다.

어쩌면 사랑과 결혼을 대하는 우리들 대다수의 자화상이 아닐까. 여자는 남자의 연봉이 얼마인지, 대도시에 아파트는 마련해놓았는지, 좋은 자동차를 타고 다니는지, 집안 관계는 복잡하지 않은지 등 조건을 꼼꼼하게 살핀다. 남자는 남자대로 여자의 외모, 경제적 능력 등을 따진다.

다행히 괜찮은 조건과 사랑이 일치한다면 별문제 없겠지만 현실은 어긋나는 경우가 많다. 조건을 중시하는 생각 자체가 이미 사랑이 부차적 지위로 떨어져 있음을 보여준다. 게다가 사랑하면 서로를 배타적으로 소유해야 한다고 믿는 현실에서 상대의 외도를 의심하며 괴로워한다.

보카치오는 이런 관계가 늙어 죽을 때까지 이어져야 한다면 이보다 더 고통스러운 일이 어디 있겠느냐고 묻는다. 우리의 현실을 보면 이러한 상황에서 아내는 사랑을 포기하고 결혼생활을 생계의 방편으로 여긴다. 자식의 성적이나 진학으로 대리만족을 구한다. 남편도 승진 경쟁이나 사회적 지위, 잘못된 음주 문화나 매춘 등을 통해 다른 출구를 찾는다. 수십 년 넘게 이런 식으로 살아야 한다면 보카치오의 탄식대로 이 얼마나 무력하고 지치는 일인가.

에라스무스도 《우신예찬》에서 욕망이 추함이나 고통을 초래한다는 것은 잘못된 생각이라고 말한다. 노인의 성적 욕망을 예로 들어 욕망의 추함이나 고통이 허구적 논리에 지나지 않음을 지적한다.

저승에서 막 튀어나온 듯한 늙은 할머니가 '인생은 아름다워!'라고 외친다. 이런 할머니들은 암캐처럼 열정적이고 그리스인이 흔히 말하는 냄새를 풍긴다. 끊임없이 단장하며, 손에는 항상 거울을 들고, 비밀스러운 곳의 털을 뽑고, 물렁하게 쪼그라들어버린 젖가슴을 드러내고, 떨리는 목소리로 탄식을 내뱉으며 쇠약해진 욕망을 일깨우려 애쓴다.

사람들은 욕망에 들뜬 할머니를 추하다고 손가락질한다. 노인이 사랑 운운하면 주책이라는 타박을 듣기 일쑤다. 한술 더 떠 주름 가득한 얼굴을 꾸미고, 마른 젖가슴과 균형 잃은 몸을 드러내며, 털을 뽑아 음부를 꾸민다면 다들 이상한 눈으로 쳐다볼 것이다.

하지만 에라스무스의 우신은 "할머니들은 스스로 만족해하고 무수한 쾌락에 빠져 온갖 달콤함을 맛보면서 나로 인해 행복함을 누린다"라고 한다. 그는 할머니들이 지독한 외로움 속에서 죽을 날만 기다리며 살기보다 남이 뭐라 하건 말건 생기 있는 삶을 사는 것이 더 낫지 않느냐고 한다. 일단 욕망에 충실해지면 수치심을 느끼지 못할 뿐 아니라 남의 시선을 의식하지 않게 된다.

머리에 돌이 떨어져 느끼는 아픔은 실제의 고통이지만, 부끄러움이나 불명예, 수치, 모욕 등은 그렇다고 느껴야만 아픔이지 않은가? 그렇게 느끼지 않는다면 아픔이란 없다. 사람들이 모두 당신에게 야유를 퍼붓는다 해도 스스로 만족한다면 아무런 문제도 없다. 오로지 당신 자신만이 자기에게 이것을 가능케 해준다.

몸으로 느껴지는 물리적 고통과 달리 욕망에서 오는 고통은 주관적이다. 마음의 고통이란 본인이 그렇게 느껴져야만 아픔으로 다가온다. 부끄러움, 불명예, 수치, 모욕 등은 사회적 기준에 어긋났을 때 느끼게 되는 감정이다. 예를 들어 더운 지방에 사는 원시부족은 실오라기 하나 걸치지 않은 몸을 드러내도 부끄러워하지 않는다. 또한 혼전 성관계나 동거, 재혼 등이 어떤 시대나 사회에서는 부끄러운 일이지만 다른 시대나 사회에서는 전혀 아무렇지 않은 일이다.

따라서 그 사회가 강제한 도덕관에서 벗어나 다른 생각을 가진다면 고통으로 느낄 이유가 없다. 특히 사랑에 연관된 욕망은 추함이나 고통을 넘어서게 해준다. "추한 것조차 아름답게 보는 에로스는 당신들 각자가 자신의 것을 아름답다 여기고 어린아이가 제 인형을 애지중지하는 것처럼 할아버지가 늙은 아내를 몹시 아끼도록 만들지 않는가."

또한 불행과 고통은 육체나 욕망보다는 지혜와 이성에서 비롯한다. 중세 도덕관에 따르면 감각적 욕망은 고통으로 귀결되므로 철저히 거부하고 계시와 이성을 좇을 때 행복에 도달할 수 있다. 하지만 에라스무스는 육체적 쾌락이 정신 못지않게 중요하고, 오히려 이성이 불행의 원인이 되는 경우가 많다고 말한다.

학문은 인류의 나머지 재앙과 더불어 인류 안에 침투해 들어왔다. 학문이라는 말은 '모든 악행을 만들어낸 사람', 즉 '악마'라는 단어에서 나왔다. 말하자면 그리스어로 악마라는 말은 학자를 의미한다. 황금의 시대를 산 순박한 인류에게는 어떠한 학문도 없었다. 오로지 자연 본성이 그들을 이끌었다.

이성과 절제가 행복을 보장해주기는커녕 도덕을 비롯한 온갖 인위적 강제를 통해 인류에게 재앙을 안겨주기도 한다. 특히 분별과 절제의 화신이라 할 수 있는 종교적 의무는 더욱 그러하다. "밤샘과 단식, 눈물, 기도와 설교, 연구와 금욕 그리고 헤아릴 수 없이 많은 불편하고 힘든 일을 해야 할 것"이기 때문이다. 종교적 계율과 도덕적 준칙을 엄격하게 지키는 삶은 고통스럽다. 즐겁고 행복하게 살기 위해서는 자연적 감정과 본성에 따를 필요가 있다. 그래서 "에로스가 늘 어린아이의 모습인 이유는 천성이 가벼워 아무것도 근심하지 않으며 어느 것 하나 분별 있게 생각하지 않기 때문"이라고 한다.

인류가 이성적 분별과 절제 없이, 자연의 본성대로 육체에 순응하여 순박하게 살았던 황금시대가 오히려 고통이 적고 더 많은 행복을 누렸다는 생각은 보카치오와 통하는 바가 있다. 황금의 시대란 네 개의 시대, 즉 황금, 은, 동, 철 시대 중 가장 오래된 시대를 의미한다. 마지막 철의 시대는 고대국가가 형성된 그리스 이후 중세까지를 일컫는다. 동의 시대는 대략 부족국가 연합 단계로 나타나는 청동기 시대라고 보면 된다. 황금의 시대는 일체의 법과 제도 없이 서로 평등한 관계를 맺고, 자유롭게 모두가 모두의 사랑일 수 있었던 원시 공동체에 해당한다.

보카치오도 《유명한 여자들》에서 황금의 시대를 행복했던 시대로 꼽는다. "나는 황금의 시대가 비록 미개하고 거친 시대였다 하더라도, 우리가 살고 있는 세련된 철의 시대보다 오히려 훨씬 더 좋았다고 생각한다." 황금의 시대에 공동 소유였던 들판이 철의 시대에는 도랑을 경계로 나누어지게 되면서 '내 것', '우리 것'이 생기고 그 결과 가난과 굴종, 질투심과 싸움 등 온갖 악덕이 생겨났다고 한다. 디오니소스 신화가 그러하듯이 인간의 자연적, 육체적 욕망을 옹호하는 관점은 대체로 공동 생산, 공동 분배와 평등하고 자유로운 성애를 누렸던 원시 공동체의 삶을 긍정적으로 보는 경향이 있다.

토머스 모어도 《유토피아》에서 쾌락과 고통의 관계를 언급한다. 하지만 그 고통은 성적 욕망을 추구해서 겪게 된 결과가 아니다.

본연적인 쾌락이라는 것은 비행으로 얻으려 하거나, 또는 보다 즐거운 무엇의 상실을 가져오거나, 또는 고통을 수반하는 그 모든 것을 제외한 것을 뜻한다.

문제는 무엇이 비행이고, 상실과 고통을 가져오는가 하는 것이다. 성적인 유혹이나 쾌락에 해당하는 사항은 아예 언급도 하지 않는다. 그가 강조한 행위는 남보다 옷을 잘 입는 것, 아무짝에도 쓸모없는 명예를 중요하게 생각하는 것, 쓰지도 않고 보고만 있으려고 막대한 재산을 모으는 것 등이다. 부와 명예를 좇는 것, 화려한 옷치장에 몰두하는 것은 오늘날 대부분의 사람들이 행복의 조건으로 여기는 요소다. 이는 오히려 상실과 고통을 수반하기에 쾌락에 저해된다.

우리는 흔히 육체적 쾌락과 물질적 쾌락을 한 묶음으로 이해하는 경향이 있다. 그리고 뭉뚱그려 쾌락은 고통으로 귀착된다는 결론을 내린다. 하지만 이는 잘못된 분류법이다. 부와 권력에 몰두하다 보면 대체로 자신과 타인에게 고통을 안겨준다. 부와 권력은 극소수를 위해 대다수를 소외시키기에 수많은 사람에게 상실감과 고통을 안겨준다. 당연히 늘 불안하고, 진실한 인간관계를 맺지 못해 평생 외롭게 살아야 한다.

하지만 육체적 쾌락은 전혀 다르다. 상대를 배제하는 충족이 아니라 참여시켜야만 가능한 쾌락이다. 일방적 관계가 아닌 이상 서로의 즐거움을 배가시킨다. 마음은 육체와 따로 움직이는 게 아니므로 육체적 관계가 깊어질수록 마음의 교류도 긴밀해진다. 연인이나 부부 사이에서 자주 확인할 수 있듯이 마음의 갈등을 뜨거운 육체적 관계가 완화시켜주기도 한다. 육체적 쾌락과 물질적 쾌락을 한 묶음으로 분류하는 것은 육체적 쾌락을 비하하려는 의도라 볼 수 있다.

강제나 폭력이 아니라면, 그게 무엇이든

욕망하는 사랑은 결혼 관계를 넘어 다양한 관계의 가능성을 열어놓는
다. 《데카메론》은 욕망을 매개로 얼마나 다양한 관계가 맺어질 수 있는
지를 보여주는 전시장이기도 하다. 특히 다섯째 날 열 번째 이야기는
이를 압축하여 보여준다.

남편이 친구 집에 간 사이에 아내는 젊은 사내를 끌어들인다. 남편이
돌아오자 아내는 사내를 닭장 밑에 감춘다. 당나귀가 닭장 밑에 숨어
있는 사내의 손가락을 밟는 바람에 사내가 비명을 지른다. 남편이 달려
와 사내를 발견한다. 한바탕 소동이 벌어지는가 싶었지만 일이 엉뚱한
방향으로 흘러간다.

남편이 아내의 정부를 잡고 보니 바로 자신이 남색을 즐겨볼 요량으
로 오래전부터 공을 들이던 사내였다. 아내는 남편의 화가 누그러지는
듯하자 기운을 내어 강변한다. "나는 호사스럽게 대우받는 것보다 누더
기를 걸치고 맨발로 걷더라도 당신이 잠자리에서 잘해주는 게 훨씬 좋
아요. (……) 당신에게서 얻을 수 없는 것을 다른 데서 구했다고 해서 비
난받을 이유가 없다고 생각해요." 그러자 남편은 "셋이서 식사라도 하
자고. (……) 그리고 당신이 조금 전 말한 그 문제는 앞으로 불만이 생기
지 않게 신경 쓰겠소"라고 대답한다. 세 사람은 함께 들뜬 기분으로 식
사를 한다.

식사를 마치고 세 사람이 다 만족하도록 젊은 사내가 어떤 방법을 취했는지는 잊어버렸습니다. 내가 아는 것은 젊은이가 이튿날 아침 광장에 갈 때까지 여인과 남편 중 어느 쪽에 더 봉사를 했는지 그 자신도 알지 못했다는 것입니다.

남성과 여성 사이에 있을 수 있는 온갖 관계가 한자리에서 다 펼쳐진다. 결혼한 남녀의 관계, 혼외정사, 남성 간의 동성애, 세 명 사이의 양성애에 이르기까지 거칠 게 없다. 방법이야 어떠하든 중요한 것은 세 사람이 다 만족했다는 점이다. 또한 세 사람의 동의로 이루어진 관계라는 점이다. 당사자들이 서로 동의하여 사회적 통념과 도덕이 만든 고정된 틀을 벗어날 때 얼마나 다양한 쾌락이 가능한지를 보여주는 듯하다.

어느 한 가지 성적 취향만 정상이고, 나머지는 비정상이라거나 열등하다고 취급할 수는 없다. 에라스무스는 우신의 입을 통해 "사람들의 수만큼 나의 조각상을 갖고 있는 셈인데, 어찌됐든 인간들은 나의 살아 있는 이미지이기 때문"이라고 한다. 누구나 마음속에 우신을 하나씩 가지고 있다. 인간이 로봇이 아닌 이상 그 많은 사람의 성격이나 취향이 똑같을 수 없다. 사랑의 방식이나 성적 취향도 마찬가지다. 일방적 강제나 폭력이 아닌 이상, 서로 동의하여 이루어진 관계라면 사회적 통념이나 도덕률과 다르다고 해서 배제하거나 억압할 이유가 없다. 누구든 자유롭게 자신에게 가장 적합한 방식을 선택하면 될 일이다.

몽테뉴는《수상록》에서 먼저 결혼의 한계를 지적한다. "우리는 한 번 결혼하면 그것을 풀어볼 모든 방법을 없애고 있으니, 그 결속을 확고하게 만들었다고 생각한다." 하지만 현실은 그러한 결속이 얼마나 약하고 불안정한지를 잘 보여준다. 설사 결혼 관계가 지속된다 하더라도 공허한 시간을 보내야 하는 경우가 많다. 결혼을 하고 시간이 흐르면 대체로 건조한 관계로 변한다. 그 와중에 아내가 다른 사람을 사랑하고 있다는 사실을 눈치챘을 때 남편은 어찌해야 하는가?

로마 사람들은 여행에서 돌아오면 먼저 사람을 보내 아내에게 도착을 알려 갑자기 들이닥치지 않는 관습이 있다. 어떤 나라에서는 신랑이 첫날밤에 신부가 처녀인지 알아보려는 의문을 없애기 위해 결혼식 날에 제관이 먼저 신부와 관계한다. (……) 결혼생활의 단맛 쓴맛 모든 것을 현자들은 비밀에 부친다.

행여 실수로 아내가 애인과 함께 있는 장면을 보게 될까 걱정하여 먼 길을 갔다 오면 도착 소식을 미리 알린다. 아내에게 다른 애인이 있을 수 있음을 인정하고 관계를 유지한다. 사랑하는 사람의 과거에 대해서도 알려고 하지 말고 묻지도 말라고 한다. 원래 결혼제도라는 형식 자체가 많은 한계를 지니고 있으니 모든 것에 다 만족할 수는 없는 노릇이다. 서로의 욕망을 인정함으로써 다양한 쾌락의 가능성을 열어둔다.

| 인간의 본능을 인정하지 않고 인간을 사랑할 수 있을까

육체적 욕망은 인간의 본성이자 인간의 자유를 실현하는 통로이기도 하다. 먼저 《데카메론》의 셋째 날 첫 번째 이야기에 따르면 인간이 육

체적 욕망을 억누를 수 있다고 보는 생각은 옳지 않다.

세상에는 젊은 여자에게 흰 수건을 씌우고 검은 옷만 입히면 여자가 아니며 여자로서의 욕정도 느끼지 않게 된다고 생각하는 어리석은 사람이 많습니다. (……) 농부들은 괭이를 휘두르고, 가래를 잡고, 험하게 먹고, 자유로운 생활을 할 수 없기에 음란한 욕망을 잃어버렸으며, 지능이나 지혜마저 잃어버린다고 생각하는 어리석은 사람도 의외로 많습니다.

비록 수녀라 하더라도 성적 욕망을 막을 수 없다. 하물며 보통 사람이라면 어떤 종교적, 도덕적 강제를 동원한다 해도 욕정을 제어할 수 없다. 또한 허구한 날 노동에 찌들어 살아도 욕정을 잠재울 수 없다. 성적 욕망은 인간의 본능이자 본성이기 때문이다. 머릿속으로 그려낸 이상의 틀 안에 인간을 가두려는 집착에서 벗어나 자연 상태의 인간을 인정해야 한다.

욕정은 자연의 법칙에 속한다. "자연의 법칙에 반항하려면 너무나 큰 힘이 필요합니다. 그러한 일은 허사일뿐더러 커다란 타격을 받습니다." 자연의 법칙은 인간이 육체를 지니고 살아가는 존재인 이상 거스를 수 없는 것이다. 겉으로 보기에 도덕적이고 절제하는 사람도 "부드러운 가슴속에 은밀한 사랑의 불길을 태우고 있기 때문"에 어느 순간 드러나게 된다. 우리에게는 본성을 거스를 수 있는 힘이 없기에 억제할 때 당연히 큰 부작용이 따른다. 만약 사회적으로 통제한다면 사회 전체에 갈등의 골이 깊어진다.

여섯째 날 일곱 번째 이야기는 현실의 법과 제도가 성적 욕망을 인정하는 방향으로 바뀌어야 한다고 강조한다. 법이 가혹한 도시가 있었다. 정부와 간통하다가 현장에서 남편에게 들킨 여자는 불에 태워 죽인다는 법 조항이 있었다. 바람기 많은 미모의 여인이 자기 방에서 젊은 사내의 품에 안겨 있는 장면을 남편에게 들켜버렸다. 남편은 재판소에 고소하여 아내를 체포해가도록 했다. 아내는 재판정에서 조금도 당황하지 않고 당당하게 자신을 변론했다.

법은 평등해야 하는데 이 법은 그렇지 않습니다. 왜냐하면 여자는 남자보다 많은 사랑을 만족시킬 수 있음에도 불구하고 여자만 심하게 구속하고 있기 때문입니다. 뿐만 아니라 이 법을 만들 때 여자들은 동의하거나 의견을 피력하지 못했습니다. 악법임에도 불구하고 여성의 육체에 편견을 갖고, 당신 자신의 마음에 등을 돌리면서까지 이 법의 집행자가 되고 싶다면 서슴지 말고 그리 하십시오. 하지만 그전에 남편이 나를 원했을 때 내가 한 번이라도 몸을 맡기는 일을 마다한 적이 있었는지 그에게 물어봐주십시오.

남편은 자신이 요구할 때마다 아내가 충족시켜주었다고 대답한다. 아내는 곧 말을 이어간다. "남편이 쾌락으로 삼고 있는 것을 언제나 내게서 얻었다고 한다면, 그래도 내가 주체하지 못하는 욕정을 어떻게 처리해야 했을까요? 개에게라도 던져주어야 했을까요?" 재판을 보러 온 도시 주민들이 이구동성으로 아내의 말이 지당하다고 외쳤다. 법은 개정되었고, 남편은 멍하게 서 있다 법정을 떠났다.

우선 여자는 남자보다 많은 사랑을 만족시킬 수 있다는 주장이 흥미롭다. 적어도 신체적인 면에서 보면 일리 있는 주장이다. 남성은 대개 사정 후 당장은 성적인 욕구와 능력이 사그라지지만 여성은 남성에 비해 더 오랜 시간 흥분을 유지하고, 곧바로 다시 관계를 가질 수 있다. 남성에게 성행위는 짧은 시간에 사정하는 것이 거의 전부다. 법정에서 남편이 아내가 늘 자신을 충족시켜주었다고 답한 것도 이 때문이다. 하지만 여성의 오르가슴은 더 오랜 시간과 세심한 과정을 필요로 한다. 각종 성애 관련 조사에서 남성에 비해 여성의 성적 만족도가 현저히 떨어지는 것도 이와 연관된다.

남녀의 신체 차이를 고려할 때 채워지지 않는 여성의 성적 만족을 권리 차원에서 주장하는 것이 부당하다고 치부할 수만은 없다. 그런데 현실에서는 일부일처제 아니면 일부다처제만을 허용한다. 그러면 남편을 통해 충족되기 어려운 만족을 "개에게라도 던져주어야 하느냐"고 아내는 항의한다. 또한 아내의 말대로 남자에게 유리한 법과 제도를 만드는 데 여성은 동의한 적이 없다.

그러므로 자연의 본성에 따르면 여성의 성적 욕망이 더 강하다고 해서 전혀 이상할 게 없다. 오히려 여성이 적극적으로 성적인 욕망을 추구하는 것이 본성에 부합하는 일이다. 결론적으로 육체적 욕망에 충실할 때 인간의 본성을 자각하고, 나아가서 진정한 의미의 자유의지를 갖게 된다.

에라스무스도 《우신예찬》에서 육체적 욕망에 충실함으로써 인간이 진정한 자신을 찾고 타인과 좋은 관계를 맺을 수 있음을 강조한다.

자신을 증오하는 사람이 타인을 사랑할 수 있는지, 자신과 싸우는 사람이 타인과 조화를 이룰 수 있는지, 자신에게 부담을 지우는 사람이 타인에게 편안한 사람이 될 수 있는지, 한번 말해보라. 그렇다고 주장하려면 당신들은 나보다 더한 미치광이가 되어야 할 것이다.

인간의 타고난 본성인 욕망을 부정하는 것은 스스로를 부정하는 것과 다를 바 없다. 특히 중세 신학을 비롯해 대부분의 사회에서 육체적 욕망을 죄악의 근원으로 규정함으로써 욕망에 사로잡힌 자신을 죄인으로 여기도록 강제해왔다. 스스로 자신을 죄인으로, 하찮은 존재로 격하시키고 오로지 육체적 욕망을 절제하고 정신적 승화를 통해서만 참다운 행복에 도달할 수 있다고 믿게 했다. 그렇게 자신의 본성을 증오하거나 본성에 맞서 싸우는 사람이 어떻게 자신과 타인을 진정으로 사랑할 수 있느냐는 것이다.

욕망에 충실하다는 것은 자신을 존귀한 존재로 인식함을 뜻한다. 이를 통해 르네상스 철학자 대다수가 그러했던 것처럼 인식과 행위의 주체로서 인간 자신에 대한 믿음으로 나아간다. 그래서 에라스무스는 "누가 나보다 더 나를 진실하게 묘사할 수 있겠는가? 나는 나보다 나를 더 잘 아는 이를 알지 못한다"라고 했다. 결국 육체적 욕망의 자각과 순응은 자신을 찾고 타인과 건강한 관계를 맺기 위한 가장 중요한 길이다. 중세 신학에 의해 왜곡된 인간 존재의 허구적 정체성을 걷어내고, 자연이 부여한 진정한 자신을 정확히 이해하는 데서 출발해야 한다.

역사적으로 볼 때 르네상스 시대에 접어들어 육체적 욕망과 정신적 이성은 인간을 주체로 세우는 두 개의 기둥 역할을 했다. 욕망과 이성은 서양에서 중세 신학에 맞서 근대를 여는 동맹군이었다. 몸이나 성에 대한 폭발적 관심과 이성에 의한 세계의 재구성이 동시에 나타난 것이 이를 잘 보여준다. 하지만 공동의 적이 무력해지고 근대의 장이 열리자 인간의 재발견을 위한 동맹은 무너진다. 이성이 최후의 승자가 되어 옥좌를 차지하고 욕망과 감성은 다시 낮은 자리로 내려가 억압된다. 욕망과 감성을 거세한 이성이 스스로 신의 자리를 차지한다. 절대적 지위에 오른 이성은 중세를 지배했던 신의 모습과 점점 닮아가게 된다. 신의 자리를 합리성과 효율성으로 대체했을 뿐, 본능적 욕망을 배제한다는 점에서 둘은 비슷해 보인다. 그 결과 근대적 사고에서 욕망이 배제된 인간 존재는 반신불수로 전락하게 된다.

3장
사드를 위한 변명

미덕의 불행과
악덕의 행복

| 인간의 본능을 예리하게 파헤친 문제적 인간

프랑스 작가이자 사상가인 마르키 드 사드는 근대 유럽에서 사랑과 욕망에 관련한 사고와 행위를 둘러싸고 일대 파란을 불러일으킨 인물, 특히 기존 성도덕에 도발적으로 도전한 인물로 꼽힌다. 상대에게 고통을 줌으로써 성적 쾌감을 얻는 가학적 성애인 사디즘sadism의 어원이 된 인물이기도 하다. 사드의 대표적인 저서 《미덕의 불행》, 《악덕의 번영》, 《소돔의 120일》, 《규방철학》은 죄악과 금지의 상징이었다.

소설만이 아니라 사드의 삶, 나아가서는 그의 이름 자체가 금지 대상이었다. 소설로 욕망을 드러내는 데 머물지 않고 직접 실현하고자 했기 때문이다. 그는 명문 귀족 가문 출신으로 수많은 여성과 음란한 성적 유희에 몰두했다. 여인과 서로 채찍질을 하고, 최음제 섞인 사탕을 먹인 여자가 생명이 위독해지는 사건이 일어나 법정에 서기도 했다. 결혼하고 5개월 만에 투옥된 이후 '변태' 성행위와 악덕을 묘사한 소설로 27년 동안 감옥과 정신병원에 감금되었다.

사드는 종교와 도덕의 이름으로 덧씌워진 위선의 껍질을 벗고 성적 욕망을 제한 없이 드러내라고 말한다. 먼저 《악덕의 번영》에서 남성이든 여성이든 알몸을 드러내는 것을 부끄러워하지 말라고 권한다. "자연은 인간의 아름다움을 숨겨두기 위해 인간을 창조한 게 아니니까. 우리의 눈을 가리게 하는 것은 하나도 남기지 말고 악마에게나 줘버려." 몸은 인간이 가진 것 중에 가장 자연에 일치한다. 우리가 산이나 강, 꽃이나 나무를 보며 아름다움을 느끼듯이 몸 역시 그 자체로 아름답다. 하지만 인류가 인위적으로 만들어낸 종교나 도덕은 알몸을 부끄럽게 여기도록 강제했다.

"그래서 말인데 지금부터 숙녀 분들은 치마를 걷어 올리고 신사 분들은 바지를 벗으라고 청하는 바입니다. 성경에도 나와 있듯이 몸 위에 몸이 쉴 수 있도록 말이오!" 사드는 파티에 온 손님들에게 가장 은밀하고 부끄럽게 여기는 하반신을 드러내라고 청한다. 그 집에서 일하는 사람들도 모두 알몸 상태였다.

《규방철학》에서는 소년, 소녀 시절부터 성적 욕망에 적극적인 태도를 지니라고 권한다. "앳된 소녀라면 자신에게 은밀하게 쾌락을 맛보게 해줄 수 있는 자유분방한 거리의 여인을 훌륭한 여자 친구로 두려고 노력해야 한다." 현실에 적용하면 중학생이나 고등학생에게 적극적으로 성을 즐기라는 주문이다. 심지어 성적으로 자유분방한 여인을 친구로 두어서라도 쾌락을 배우라고 한다. 쾌락이 불행을 초래한다고 경고하는 어른과 사회의 인식에 대해서도 반박한다.

방탕한 삶의 결과로 불행이 닥친다는 부모의 잔소리는 황당한 것이야. 왜냐하면 가시밭길이 널려 있어도 악의 행로를 섭렵하다 보면 가시밭 위로 봉오리를 내밀고 있는 장미꽃과도 같은 행복을 찾을 수 있거든. 바로 그런 진창길에 미덕이 있는 것이란다.

성적 쾌락에 빠지면 불행해질 수밖에 없다는 결론도 의심스럽지만, 설사 불행을 겪는다 하더라도 이는 피할 일이 아니다. 행복과 불행은 별도의 공간에 무관하게 있는 게 아니다. 만약 불행을 전혀 모르는 사람이 있다면, 그 사람은 행복이 무엇인지도 모를 것이다. 불행과 행복이 교차하기 때문에 우리는 행복을 알고 느낀다. 시행착오와 고통을 겪으면서, 사드의 표현대로라면 가시밭길과 진창길을 걸어야 비로소 행복을 만날 수 있게 된다.

세상이 손가락질을 하더라도 크게 신경 쓸 필요가 없다. "재미있는 사실은 분별 있는 여인네라면 경멸조차 쾌락으로 묘하게 변화시킬 정도로 남들이 경멸하건 말건 전혀 개의치 않는다." 사회가 비도덕적이라고 지탄하거나 금지하는 행위를 통해 오히려 쾌락을 증진시킬 수도 있기 때문이다.

이를 위해 첫째, 결혼이라는 고정된 틀에서 벗어나야 한다. 결혼은 성적 욕망에 가장 튼튼한 자물쇠를 채운 것이다. 결혼이 행복을 가로막는 족쇄가 되어서는 안 된다고 한다.

결혼한 여자의 명예는 복종과 순종에 대한 맹세에 달렸지. 맹세를 어기면 명예는 실추된단다. (……) 여자들은 결혼에서 오는 터무니없는 속박에 대한 보상을 은밀하게 받아야 해. 이런 종류의 보상으로 확실한 것은 모종의 무절제에서 오는 난잡함이 있는데, 이는 자연을 모독하기는커녕 오히려 진심으로 자연에 경의를 표하는 것이 된단다.

사드에 따르면 결혼 관계의 맹신에서 벗어나야 한다. 여자들은 순종과 정숙의 맹세를 어길 때 평생 멍에를 지고 고통스럽게 살 것이라는 경고를 듣는다. 하지만 여성이 그런 터무니없는 규칙을 지키기 위해 이 세상에 태어난 것은 아니다. 이혼을 한다고 해서 해결되지도 않는다. 첫 번째 결혼으로 잃어버린 행복을 두 번째 결혼에서 찾을 수 있다고 장담할 수 없기 때문이다.

사드는 사회가 만들어놓은 규칙과 절제를 벗어던지고 은밀히 성을 즐기는 방법을 제안한다. 여성이 가정의 울타리를 넘어 적극적으로 성을 즐기는 일이 오히려 자연의 원리에 일치한다. 어떤 점에서 그러할까? 사드는 이를 여성의 성적 능력에서 찾는다. "여자의 몸은 음경 30여 개를 동시에 취할 수 있소. 먼저 자신에게 근접해 있는 음경들을 받아들이고, 순차적으로 다른 남자의 것을 받아들임으로써 만족에 도달할 수 있다오."

보카치오의 《데카메론》에서 "여자는 남자보다 많은 사랑을 만족시킬 수 있음에도 불구하고 여자만 심하게 구속하기 때문"에 현실의 법에 문제가 있다는 대화와 비슷한 맥락이다. 여성은 남성에 비해 성적 능력이 더 뛰어나다. 자연이 여성에게 그러한 성적 능력을 준 이상, 욕망에 따르는 것은 자연법칙에 순응하는 길이고, 욕망을 억제하는 것이야말로 자연을 거스르는 일이다. 대신 여성은 남편의 방종에 대해서도 인정해야 한다. "분별이 있는 사람이라면 남편의 방종에 대해 결코 고통스러워하지 않아. 나와 똑같이 남편도 방탕한 생활을 하면 가정에는 평화가 넘치거든."

둘째, 사회에서 비정상으로 규정하고 있는 성행위를 적극적으로 즐기겠다는 마음을 가져야 한다. 《악덕의 번영》에서 사드는 사회가 금기로 정한 성행위를 시도한다. 줄리엣은 정숙한 자매 쥐스틴에게 난교와 가학 성애를 포함한 성적 방탕과 범죄로 얼룩진 자신의 과거를 이야기한다. 단순히 한순간의 잘못된 판단에 의한 행위가 아니라 자유의지로 그렇게 행동하고 또한 스스로를 정당화한다. 당시의 성도덕 전체를 정면에서 공격하고 강간, 근친상간, 가학성애를 포함한 성행위를 통해 행복감을 느낀다. 《소돔의 120일》에서도 온갖 난교와 가학성애가 난무하는 가운데 사회적으로 공인된 종교, 도덕, 선을 증오하고 파괴하려 한다.

사드의 소설에 나오는 내용을 순전히 상상의 산물로만 치부할 수 없다. 또한 사드와 같은 돌연변이 괴물만이 시도한, 유례를 찾아볼 수 없는 희귀한 행위로 보기도 어렵다. 소설은 18~19세기 유럽 절대왕정 시대의 현실을 반영한다. 푹스의 《풍속의 역사Ⅲ》에는 이 시대 유럽의 성풍속이 상세하게 소개되어 있는데, 사드의 소설과 겹치는 내용이 적지 않다.

먼저 현대인의 관점에서 비정상이라고 여기는 소년과 소녀의 성행위가 상당히 일반적이었다. 열두 살짜리 연인도 사람들 입에 오르내릴 일이 아니었다. 귀족 계급에서는 열다섯 살 난 기혼녀가 흔했다. 그 시대 시나 소설에서는 어린 소년을 '남자'로, 소녀를 '여자'로 표현했는데,

그 나이면 성관계를 시작했음을 보여준다. 다니엘 슈토페라는 시인이 1728년에 쓴 시 〈처녀의 노래〉에서 단적으로 확인할 수 있다.

가련하게도 나는 아직도 기다려야 하나요?
나는 벌써 열세 살.
아니, 벌써 멋지게 놀 줄 알기 때문에
참고 견디라니, 당치도 않은 말씀.
나는 빨리 나의 그물에서 벗어나고 싶어.
아아, 그러한 것은 처녀에게는 아무것도 아니라네.

당시에는 열세 살 정도 되면 연애를 시작하는 경우가 많았다. 빠르면 열 살 된 소년이 여자를 유혹하거나 유혹을 받는 일도 드물지 않았다. 바람둥이로 유명한 카사노바는 열한 살에 연애 편력의 첫걸음을 내디뎠고, 열다섯 살에 사교계 여자들에게 칭송을 받기 시작했다. 그는 10~12세 소녀들과 짧게는 몇 달, 길게는 수년 동안 사랑을 나누었다.

푹스는 기혼자의 간통도 일반적 현상이었다고 한다. "우리는 간통이 절대왕정 시대에 혼전 성관계와 마찬가지로 대중적 현상이었다는 점, 남편과 아내 모두에게서 성행했다는 점을 설명해야 한다. (⋯⋯) 방탕한 놀이가 목적이었다. 간통은 쾌락의 질적 향상인 동시에 세련된 향락 프로그램이었다." 많은 사람에게 혼외 성관계는 오락이나 다름없었다. 배우자를 진실로 사랑하는 것이 오히려 드물게 여겨졌다. 결혼 후 처음 석 달 동안만 부부의 정조를 지킬 의무가 있다는 자조 섞인 말이 유행할 정도였다.

귀족들은 아예 별도 공간으로 '작은 집(쁘띠 메종)'을 두는 경우가 많았다. 숲이나 공원에 감추어진 이 유흥장에는 성적 유희를 북돋기 위한 온갖 설비가 구비되어 있었다. '작은 집'을 가질 만한 재력이 안 되는 경우에는 한적한 장소에 있는 주택을 빌려서 축제를 벌였다. 당시 파리 경찰청의 보고서에는 이런 기록이 있다. "그녀는 매주 세 번 저녁 파티를 연다. (……) 세 번째 저녁 파티는 매우 관능적이고 음란한 아가씨들이 초대되어 호색과 방탕이 끝없이 펼쳐진다." 작은 집만이 아니라 음란한 무도회도 자주 열렸다. 당시 런던 경찰청 보고서에는 다음과 같은 내용이 나온다.

이 무도회에는 아름다운 명사 부인들이 가면을 쓰고 대거 나타났는데 가면 외에는 아무것도 걸치지 않은 알몸이었다. 악단은 음악을 연주했고, 시원한 식당에는 온갖 음료가 마련되어 있었다. 춤이 끝나면 실내는 갑자기 캄캄해지고 이어서 그 많은 소파가 난장판 무대가 되었다.

경찰 보고서에 따르면 작은 집이나 무도회에 참석한 사람들은 대부분 이름난 귀족이었다. 외설스럽게 행동한 여자도 창녀가 아니라 공작부인을 비롯해 지위가 상당히 높은 사람들이었다. 가면을 쓰고 있을 뿐, 사드의 소설에 나오는 사람들처럼 알몸이었다. 술에 얼큰히 취한 채 음란한 춤을 추다가 분위기가 무르익으면 불이 꺼지고 거실 여기저기에 마련된 소파에서 성행위를 즐겼다. 경찰 보고서가 마치 사드의 소설을 보는 듯한 착각이 들 정도로 충격적이다.

루이 15세부터가 성적 쾌락에 앞장섰다. 그는 베르사유 궁전 안에 '녹원'이라는 일종의 '작은 집'을 지었다. 특히 소녀를 좋아해 이곳에는 평소 어린 소녀들이 많았다.

성적 취향에 관한 거의 모든 것

사드의 소설에는 다양한 성적 취향이 등장한다. 흔히 성도착이라고 지탄받는 성행위가 파노라마처럼 펼쳐진다. 사드 스스로 자신이 공공연하게 성적 도착을 지향한다는 점을 밝힌다. "내가 가장 좋아하는 쾌락은 세상의 바보들이 도착, 부도덕, 아둔함, 파렴치라고 일컫는 쾌락이오. 법률이나 사회가 금하는 해로운 쾌락이죠. 나는 죽을 때까지 이것들을 아끼고 사랑할 것이오."《악덕의 번영》

단순히 다양한 체위를 말하는 정도가 아니다. 보통 사람들이 혐오하거나 더럽다고 여기는 행위가 거침없이 나온다. 특히 《소돔의 120일》은 성적 취향의 백화점이다.

예를 들어 섹스를 훔쳐보거나 보여주면서 만족하는 취향이 나온다. "어딘가에 숨어서 그 사내들이 자기 아내와 딸에게 어떤 짓을 하는지 엿보고 싶다는 것이었습니다." 다른 사람의 성행위를 몰래 숨어서 보는 정도가 아니다. 자신의 아내와 딸이 다른 남자와 성관계를 나누는 장면을 몰래 훔쳐보면서 절정에 이른다. 자기 정사를 남에게 보여주면서 즐기는 유형도 나온다. "제 언니가 그 훔쳐보는 남자의 상대가 되고 저는 새로운 남자의 상대가 되어 제각기 훔쳐보는 구멍이 있는 방과 그 옆방으로 들어갔습니다." 두 쌍의 남녀가 서로를 볼 수 있는 구조로 된 방에서 자기 행위를 보여주면서 최고의 쾌락을 즐긴다.

냄새를 통한 독특한 성적 취향도 보인다. 땀에 흠뻑 젖은 여자가 남자에게 다가가서 팔을 쳐들어 땀방울이 뚝뚝 떨어지는 겨드랑이 냄새를 맡게 한다. 남자는 코끝을 여자의 겨드랑이에 박고는 탐닉하듯이 땀냄새를 맡는다.

무릎을 꿇고 여자의 음부와 엉덩이에 코를 박고 숨을 깊이 들이쉬었는데, 겨드랑이가 더 마음에 들었는지, 거기에 입과 코를 들이대고 탐닉하듯이 냄새를 맡았습니다. (……) 결국 여자의 겨드랑이 밑에서 절정에 이르렀습니다. (……) 몸을 씻는 것을 금하고, 될 수 있는 한 불결하게 하라고 지시했습니다.

대부분의 남성은 젊고 고운 여인을 선호한다. 하지만 늙고 추한 여성에게 매혹을 느끼는 경우도 있다. "더러운 여자는 음욕을 부추기는 분비물을 발산시키는 맛소금 같아서, 우리 안의 동물적 정기를 자극하여 활동시킨다네. 늙고 더럽고 추한 여자야말로 그러한 소금을 다량으로 지녀서 우리의 사정을 촉진시키지." 젊고 예쁜 여자에게 끌린다는 상식은 다수의 경향일 뿐 절대적 기준은 아니다. 실제로 몇 살 연상 정도가 아니라 할머니뻘 되는 여성, 스모 선수가 연상될 만큼 고도 비만인 여성에게 성적 매력을 느끼는 사람도 있다.

배설과 연관된 취향도 나온다. 여인에게 설탕물을 연거푸 여러 잔 마시게 하고 남자의 몸에 소변을 보도록 한다. "자신에게 싸라면서 바지에서 그것을 꺼냈습니다. (……) 저의 배에 가득 차 있던 액체가 한꺼번에 흘러나오자 그는 말할 수 없는 황홀감에 사로잡혔습니다." 소변을 받아 먹는 경우도 있다. "참고 있던 쉬를 홍수처럼 입 안에 쏟아 붓자, 그는 목구멍으로 들어가는 속도보다 더 빨리 마셨어요."

대변도 배설 취향의 대표적 방법이다. "그는 변이 나오기 쉽게 제 엉덩이 구멍을 손가락으로 누르고 한숨을 쉬고는, 소리를 지르며 쾌락에 도취하여 무아지경에 빠지고 말았습니다." 배변 중인 모습을 뚫어지게 바라보면서 절정에 다다른다. 소변이나 대변으로 수치심을 자극한 다음 성행위로 이어지는 것은 옛날이나 지금이나 사디스트들이 애용하는 방법 중 하나다.

항문 성교는 사드 소설에 등장하는 단골 메뉴다. 《규방철학》에서는 항문 성교를 다음과 같이 권한다.

뒤로 하는 삽입에 익숙하지 않은 여인은 언제나 고통을 느끼기 마련이란다. 자연은 인간을 고통을 통해 행복에 도달하도록 만들었어. 일단 고통을 극복하고 나면 그렇게 맛보게 된 쾌락은 어떤 말로도 표현할 수 없는 것이 된단다.

항문 성교는 남녀 사이는 물론이고 남색 취향에서도 필수적으로 등장한다. 사드가 종교를 모독하기 위해 가장 선호하는 행위가 항문 성교였다. 기독교는 성을 출산 기능으로 엄격하게 제한해왔다. 남색이든 이성 간이든 항문 성교는 출산을 정면으로 거스르는 행위다. 출산의 가능성을 거부하고 오직 쾌락만을 추구하기 때문이다.

여성 사이의 동성애도 사회가 규정하는 '정상'에 정면으로 거스르는 취향이다. 사드는 《악덕의 번영》에서 자연이 인간에게 다양성을 부여했다는 점에서 동성애는 죄가 아니라고 강조한다.

자연이 세상 사람과 반대 취미를 주었다고 해서 내 죄일까? 순수한 쾌락을 위한 섹스가 법률로 부정되다니 도저히 이해할 수 없어. 우리 여성이 아니고 어떤 성이 자기에게 특유한 쾌락을 즐기기 위해 필요한 수단을 더 잘 터득하고 있다고 말할 수 있을까?

동성애 성향도 자연이 주었다는 것이다. 같은 성에게 유혹을 느끼는 성향을 타고났는데 이를 죄악으로 규정하는 것은 자연에 반하는 태도다. 게다가 여성을 성적으로 가장 즐겁게 해줄 수 있는 사람이 여성이라는 점에서도 동성애를 부정할 이유가 없다. 여성의 몸은 여성이 가장 잘 안다. 이에 비해 남성은 "여성이 요구하는 쾌락을 제대로 제공해주지 못한다." 가부장제 사회에서 남성은 성관계를 가질 때조차 자신의 욕구를 충족시키는 데 더 몰두하기 때문이다. 남성보다 여성이 훨씬 능숙하게 성 감각을 자극할 수 있기에 동성애는 더 많은 쾌감을 준다는 것이다.

부부가 스와핑이나 그룹 섹스를 즐기는 장면도 빈번하게 등장한다. 그 안에서는 자연스럽게 동성애나 양성애 관계도 존중된다.

이와 같은 모임이 질투심을 없애고, 아내를 도둑맞을 걱정을 영원히 날려버려요. 삶에 지친 부부가 서로 미워하면서 언제까지나 데면데

면하게 산다든지, 부부의 인연을 끊으려면 명예를 버려야만 하는 사회보다는 이 모임이 훨씬 뛰어난 것은 당연해요.

시간이 흐르면 부부는 권태기를 맞이하고 서로에 대한 성적 관심이 급격히 떨어진다. 섹스리스 부부가 되는 것이다. 하지만 성적 욕구가 사라지는 것은 아니기에 밖에서 상대를 구하면서 부부관계가 위기를 맞는다. 사드는 여러 부부가 모임을 만들어 성적 욕망을 공동으로 충족할 때 오히려 불만과 갈등을 해소할 수 있다며 그룹 섹스를 권한다. "부디 전 세계의 사람들이 내가 인용한 예를 잘 이해해 우리를 따라해주면 좋겠어요." 질투심에서 해방되어 둘 사이의 관계도 더 긴밀해지고 개인의 삶도 더 즐거워진다는 것이다. 이를 위해서는 정상과 비정상이라는 편견에서 벗어나야 한다.

급기야 근친상간의 금기마저 깬다. "만일 방탕한 아버지가 욕정을 품고 있다면 너를 속박하지 않는다는 조건으로 기꺼이 응하도록 하라. 한마디로 실컷 즐기란 말이다."《규방철학》 강제와 폭력이 아니라면 쾌락에는 어떠한 제한도 없이, 장소와 시간 그리고 상대에 대해 어떠한 예외도 두지 말고 실컷 즐기라고 한다. 쾌락은 인간의 영혼을 매우 강력하게 점령해버리기 때문에 쾌락이 일으키는 감정 말고는 어떤 감정도 끼어들지 못하게 한다. 그러므로 어떠한 관계도 절대로 있을 수 없는 일로 여길 필요는 없다는 주장이다.

이처럼 경악할 만한 성행위가 그리 희귀한 것만은 아니었다. 푹스가 《풍속의 역사 Ⅲ》에서 유럽 전역의 유행 현상으로 언급한 '작은 집' 안에서 밤이 되면 흔히 볼 수 있는 광경이었다.

아동성애, 근친상간, 수간, 남색 등은 작은 집이라면 어디에서나 있는 일이었다. 변태성욕 가운데서 때리거나 맞는 일 따위는 악의 없는 행위로 열거되었다. 관음증, 예를 들면 애인이나 아내가 친구들의 음란한 공상에 어떻게 봉사하는가를 슬며시 엿보는 즐거움이 많은 사람이 자랑하는 가장 흔한 자극제로 생각되었다.

작은 집에서 쾌락의 향연이 벌어졌다. 음란한 소설에나 나옴직한 온갖 행위가 이곳에서 날마다, 때를 가리지 않고 행해졌다. 시몬 드 보부아르도 〈사드는 유죄인가〉라는 글에서 사드의 소설에 등장하는 장면이 그리 희귀하지만은 않았다고 말한다. "사드는 어떠한 발견도 하지 않았으며, 정신병리학 학설 가운데 적어도 사드의 것과 비슷할 정도로 독특한 경우는 매우 흔하다."

바타유 역시 《에로티즘》에서 사드의 기질이 사회적 기준으로 볼 때 탈선임에는 분명하지만 "인간의 천성에 비추어볼 때 그렇게 희한한 것은 아니다"라고 했다. 과거에는 인간적 의미를 갖기도 했던 행위가 오늘날에는 범죄로 처벌받게 되었다고 지적한다. 그는 사드가 "사람들이 외면하거나 부정하는 식으로 피하기만 하던 어떤 것을 의식의 영역에 끌어들였다"고 말한다. 현실에서는 이미 은밀하게 이루어지던 행위지만, 도덕률에 의해 터부시되던 것을 공공연하게 드러냄으로써 의식 영역으로 끌어들였다는 것이다.

특히 사드는 폭력을 동반하는 가학성애로 유명하다. 가학성애는 두 가지 양상으로 나타난다. 하나는 때림으로써 만족을 구하는 방식이고, 다른 하나는 맞음으로써 흥분하는 방식이다.

> 그는 채찍을 들고는 그녀의 여린 몸을 향해 내리쳤다. 하지만 그녀는 예상했던 것보다는 기절할 만큼의 고통은 아니라는 생각에 잠시 안도의 숨을 내쉬었다. (……) 그에게 여자를 채찍질로 기절시키고자 하는 마음은 추호도 없었다. 다만 적당히 아파서 고통 받는 모습을 보게 되면 그것으로 족했다.《성처녀의 욕망》

실제로 당시에 채찍질은 유행이었다. 과거에는 일부 극소수 사람이 은밀하게 행하던 행위였다. 하지만 18~19세기에 접어들어서는 각종 소설과 '작은 집' 모임에서 드물지 않게 볼 수 있는 광경이 되었다. 그만큼 채찍 취향이 보편화된 것이다.

푹스에 따르면 당시에는 채찍질이 가장 확실한 최음 효과라고 생각되었다. 중세나 르네상스를 비롯해 그 이전 시대에도 볼 수 있었고, 절대왕정 시대에는 명백한 사회 현상이었다.

> 채찍은 향락의 미식이며 그 작용을 만족스럽게 인정했다. 많은 남자가 날을 정해 이를 위한 협회를 찾아가 채찍의 쾌감을 즐겼다. 유곽에는 어디든지 이를 업으로 하는 창녀가 있었다.《풍속의 역사 Ⅲ》

웬만한 규모의 유곽에는 어김없이 채찍질을 위한 방이 있었고, 그곳에는 필요한 도구가 전부 갖춰져 있었다. 사드의 소설에서도 보이듯이 채찍질로 치명적인 상처를 입지는 않았다. 소리는 크게 나지만 고통은 크지 않고 상처를 입지 않는 도구나 방법이 개발되었다.

채찍질이 아니라 하더라도 폭력을 동반한 성행위를 유희처럼 여기는 경향이 있었다. 특히 상류사회에서 극성을 부렸다. "모든 장소에서, 예를 들면 살롱의 화장실, 저녁 산책 때의 공원 숲 속, 특히 여행길의 마차 안에서 이루어졌다. 수완을 자랑하는 난봉꾼들에게 폭력 수단은 이를테면 스포츠였다." 이들에게 어느 정도의 폭력은 범죄가 아니었고, 사교계의 수완가들에게는 묵시적으로 허용된 유혹 형식이었다. 사회적으로도 거의 법정 문제로 번지지 않았고, 대개 관대하게 용서되었다.

사드의 소설에 남성이 여성을 때리는 장면만 나오는 것도 아니다. 여성이 남성을 때리는 경우도 있고 남자가 여성 복장을 하고 일종의 퍼포먼스를 하는 장면도 드물지 않다. 이 과정에서 고통을 받으면서 쾌감을 느끼는 마조히즘도 뚜렷하게 나타난다.

그는 여장을 한 젊은 사내에게 매를 맞음으로써 쾌감을 느끼는 괴상한 취향의 소유자였습니다. 게다가 말에 사용하는, 버들가지 다발로 묶어서 만든 특수 채찍으로 엉덩이가 찢어질 정도로 난폭하게 때리지 않으면 만족하지 않았습니다.(《소돔의 120일》)

사회에서 금지하는가는 사드에게 문제가 되지 않는다. 오히려 사회가 범죄로 규정한 것을 추구함으로써 만족을 구한다. "죄악은 감미로운 것이다! (……) 죄악이란 얼마나 쾌락에 보탬이 되는 것인지!"《악덕의 번영》그가 보기에 죄란 전체 구성원의 허락 없이 일부 세력이 강제로 정한 규칙이다. 도덕적 관습은 고분고분 따르는 아둔한 사람의 눈에만 의미가 있을 뿐, 자유로운 시각을 가진 사람이 보기에는 단지 경멸의 대상일 뿐이다.

오히려 관습을 부정함으로써 더 큰 즐거움을 누린다. "이 세상에는 죄의 향락만큼 즐거운 것이 없고, 거기에 극악무도함이 더해지면 그만큼 매력이 더 커진다." 사드가 추구하는 것은 현실의 관습이나 법이 아니라 자연의 원리다. 자연이 인간을 만들 때 인간으로 하여금 지상의 모든 것을 즐기게 했다. "이것이 자연의 철칙이며, 나의 철칙 역시 영원히 이것뿐"이라고 한다. 고통을 줌으로써 쾌감을 느끼는 사람이 있고, 반대로 고통을 받음으로써 흥분하는 사람이 있다면, 이 사람들이 서로를 즐겁게 해주는 것은 자연스러운 일이다.

특히 사드는 성행위를 통해 교회의 신앙과 도덕이 죄악으로 정한 바를 정면으로 거스르는 일에 큰 의미를 두었다.《악덕의 번영》에서는 정신병원을 배경으로 교회의 권위에 도전하는 에피소드가 나온다. 자기가 하느님이라고 굳게 믿는 미친 사람과 섹스를 하면서 종교에 대한 반감을 쏟아낸다.

이번엔 하느님과 즐겨볼까요? 잘 보시오. 섹스하기 전에 하느님을 실컷 때려줄 테니까. 자, 이리 오라고, 바보 같은 하느님 놈아. 엉덩이를 내밀란 말이야, 엉덩이를.

이어서 자기를 마리아라고 믿는 18세 처녀도 채찍질과 함께 욕정의 상대가 된다. 그리스도 역을 맡은 30세의 미청년도 나온다. 거침없이 십자가에 매달고 채찍질을 하며 항문 성교를 한다. "신의 아들이 이토록 속 시원히 애무를 받은 적은 한 번도 없을 것이다." 이러한 광경을 보면서 주위에 있던 사람들은 흥분의 도가니에 빠진다.

사드는 소설만이 아니라 실제로 신성모독을 범했다는 이유로 처벌을 받기도 했다. 조사 과정에서 상대 여성이 감찰관 앞에서 진술한 내용이 전해지는데, 사드는 "하느님과 예수님, 성모 마리아를 믿는지"를 다그쳐 물었다. 그녀가 믿는다고 대답하자 사드는 자신의 경험을 통해 신을 부정했다. "언젠가 두 시간 동안 어떤 성당에서 성배 안에다 잔뜩 정액을 쏟아내 엉망으로 더럽혔다고 했다. (……) 어떤 아가씨와는 교회에서 성체를 집어 그녀의 성기 안에 넣고는 '네가 하느님이거든 어디 복수해보시지'라며 비아냥댔다는 것이다."

사드는 실제로 가학성애로 큰 파문을 일으킨다. 1768년 부활절에 일어난 '아르쾨이 사건'은 사드를 유명하게 만들었다. 사드는 거리에서 구걸하던 로즈 켈러라는 여자에게 청소를 해주면 금화 한 닢을 주겠다고 제의한다. 그러고는 '작은 집'으로 그녀를 데려간다. 그녀를 가두고 채찍으로 내리치고 상처가 나면 그 위에 뜨거운 밀랍을 붓는 잔혹한 행위를 했다. 여자는 사드가 자리를 비운 사이에 탈출하여 신고를 했다. 당시 이 사건은 엄청난 스캔들이었다. 사드는 재판을 받고 7개월 동안 피에르 앙시에 감금당한다. 이 사건 이후 사드는 27년 동안이나 감옥과 정신병원을 들락거리게 된다.

1772년에는 '마르세유 사건'으로 다시 화제에 오른다. 마르세유에서 광란의 파티를 열었는데, 하인 라투르와 남색을 즐기고, 창녀들을 불러들여 변태적인 성행위를 요구한다. 채찍으로 때리기도 하고 창녀에게 자신을 때리게 하며 맞은 횟수를 표시하기도 한다. 여기에서 그쳤다면 문제가 커지지 않았을 것이다. 그런데 그가 준 최음제 사탕을 먹은 여자가 위독한 상태가 된다. 이 사건으로 체포령이 내려졌고 가택 수사와 재산 압류가 취해졌다. 하지만 사드는 이미 이탈리아로 도망갔기 때문에 궐석재판을 하게 된다.

당시 고등법원은 다음과 같은 판결을 내렸다. "사드와 라투르는 사원 정문 앞에서 공개적인 사죄를 할 것을 명한다. 그런 다음, 생루이 광장으로 끌려가 사드는 참수형을 받고, 라투르는 교수형을 당하도록 한다. 마지막으로 시체는 불에 태워 그 재를 바람에 날려 보낼 것이다." 사형이 집행되었으나, 허수아비 인형으로 대신했다. 훗날 사드는 이에 대해 《소돔의 120일》에서 다음과 같이 말한다.

어떤 후작에 관한 이야기는 다들 알고 있을 것이오. 자신의 허수아비를 화형에 처한다는 판결 소식을 접하자마자 바지 속에서 성기를 꺼내고는 이렇게 외쳤다는군요. '옳거니! 드디어 내가 바라던 대로 되었군그래. 수치와 불명예로 만신창이가 되어버렸어! 이제 나오려고 하니 제발 말리지나 말라구!' 그와 동시에 진짜 사정을 했다고 합니다.

1774년에는 '어린 소녀들 사건'으로 다시 큰 문제를 일으킨다. 사드는 5명의 소녀와 1명의 소년을 라코스트 성의 하인으로 고용했는데, 사드가 이 소년소녀들에게 음란 및 가학 행위를 했으며 심지어 살인까지

했다는 것이다. 사드는 자신을 변호하는 한 편지에서 "나는 방탕아이긴 하지만 범죄자나 살인자는 아니다"라고 썼다.

1777년에 사드는 어머니가 위독하다는 편지를 받고 파리로 왔다가 체포되어 뱅센 감옥에 갇혀 16개월을 보내게 된다. 1778년 재심 재판이 열려 이전의 사형 판결은 파기되고 벌금형으로 대체되었으나, 왕의 지시에 의해 다시 감옥에 간힌다. 1784년에 바스티유 감옥으로 이감되었다가 프랑스 대혁명으로 바스티유 감옥이 함락되기 직전에 샤랑통 정신병원으로 이감된다. 프랑스 대혁명 이후 혁명의회에 의해 석방되었다가 1801년 나폴레옹 집정 정부의 도덕 질서를 회복한다는 명목에 의해 다시 체포된다. 그 이후 사드는 죽을 때까지 샤랑통 정신병원에 감금되었다.

근대 철학의
총공세

욕망은 어떻게 길들여지는가

19세기 내내 사드의 소설이나 그의 이름은 검열과 금기의 대상이었다. 인류 역사를 통틀어 희대의 성도착증 환자이자 타락의 상징이었다. 19세기 문법학자이자 사전 편집자인 피에르 라루스가 만든 프랑스의 대표적 백과사전《라루스 백과사전》에 나오는 사드 항목을 살펴보자.

세상에서 가장 타락한 상상력이 쾌락과 고통, 공포와 음란함을 결합시키느라 꾸며댈 만한 모든 것이 무슨 즐거움이나 제공하는 듯 축적되어 있다. (……) 악덕과 범죄의 지독한 소굴에 빠진 온 세상이 고래고래 노래 부르고, 만취에 빠지고, 저주하고, 고통으로 울부짖는다. 혹독한 내용을 읽으면서 느끼는 거라고는 악몽의 압박감이 전부다.

그에 따르면 사드 소설에서 몇몇 간악한 자들이 여성을 노리갯감으로 선택하여, 허무맹랑한 사건을 겪게 한다. 인간이 생각해낼 수 있는 가장 흉악한 광기와 방탕, 잔인성이 서로 경쟁하듯 펼쳐진다. 강간과 수간을 비롯하여 자연의 본성에 가장 대립되는 행위들이 마치 인간의 최고 요망 사항이거나 목표인 양 왜곡된다. 그래서 백과사전 저자는 사드의 책에서 "단 한 줄의 문장이라도 당장 독자의 눈앞에 있는 그대로 제시하는 것이 불가능"할 정도로 낯뜨겁다고 토로한다.

사드를 사회적으로 매장하면서 동시에 성적 욕망을 억누르기 위한 다방면의 공격이 전개되었다. 먼저 18~19세기를 풍미한 근대 철학 대부분이 육체적 욕망을 상대로 총공세를 펼쳤다. 데카르트를 출발점으로 한 대륙 합리론, 베이컨이 새 장을 연 영국 경험론, 칸트와 헤겔로 대표되는 독일 관념론 등은 근본적인 관점의 차이에도 불구하고 성적 욕망의 분출을 공격하는 데 있어서는 동맹세력을 형성했다. 르네상스로 시민권을 얻는 듯했던 '욕망'을 이성의 권위를 내세워 다시 억압하는 데 앞장섰다.

한편 절대왕정 시대의 향락은 물론이고, 이성주의에 빠진 근대 철학의 경직화에 반발하며 19세기에 유행처럼 번진 감상주의조차 성적 욕망을 죄악으로 매도하는 데 있어서는 비슷한 입장이었다. 문학, 미술, 음악 등 예술과 문화 영역에서 큰 반향을 일으켰던 감상주의 sentimentalism는 근대 철학이 이성에 집착하는 데 반대한다. 대신 괴테의 《젊은 베르테르의 슬픔》을 통해 단적으로 드러나듯이 순수하고 숭고한 감정에 몰두하는 방식으로 욕망과 명백하게 선을 그었다.

철학이나 문화 영역만이 아니라 사회적으로도 직접 성적 욕망을 규제하고 처벌하는 법규와 장치가 만들어졌다. 미셸 푸코는《성의 역사》에서 이를 집중적으로 분석했다. 19세기에 접어들어 성에 대한 엄숙주의가 다시 학문과 문화 영역에서 지배적인 지위를 차지하게 되었다.

19세기에 성은 은밀하게 유폐된다. 부부 중심의 가족이 성을 몰수한다. 성을 진지한 생식 기능으로 완전히 흡수해버린다. 섹스를 중심으로 침묵이 감돈다. 합법적이고 생식력 있는 부부가 지배자처럼 군림한다. 부부는 비밀의 원칙을 확보함으로써 본보기로 강요되고 규범을 강조하며 진실을 보유할 뿐 아니라 말할 권리를 가진다.

푸코가 보기에 부부의 섹스 외에는 침묵이 요구되었다. 법적으로 자격을 갖춘 부부가 아닌, 미혼 남녀의 동거, 미성년자의 성, 동성애 등은 존재하지 않을 뿐만 아니라 존재해서도 안 되는 것으로 치부되었다.

생식 기능에 부합하지 않는 성은 더 이상 발붙일 곳이 없어졌다. "섹스가 그토록 엄격하게 억압당한 것은 전반적이고 집약적인 노동력 동원과 양립할 수 없기 때문이다." 이러한 강제는 생산성 향상 논리를 근간으로 한다. 즉 인구 증가를 굳건히 유지하고 노동력을 재생산하며 사회관계의 형태를 갱신하는 것, 요컨대 성을 경제적으로 유용하고 정치적으로 보수적이게끔 정비하기 위한 목적이다.

생식과 무관한 성은 몰아내야 할 대상으로 규정되었다. 사회는 오직 부부의 성만을 유아기에서 노년까지 성적 발달의 표준으로 삼았다. 생식을 목적으로 하지 않는 성이나 동성애, 성도착을 정신병으로 취급하고 사법적으로 단죄했다.

사소한 성적 도착의 사법적 단죄가 증가했고, 성적 부정행위가 정신병에 첨부되었으며, 유아기에서 노년까지 성적 발달의 표준이 규정되었을 뿐 아니라 모든 가능한 탈선의 특징이 세심하게 식별되었고, 교육적 통제와 치료법이 체계화되었다.

결혼 규범을 파기하거나 야릇한 쾌락을 추구하는 행위는 단죄되어 마땅하다는 사회적 분위기가 형성되었다. 한편으로는 의학적 차원에서 정리병리학이 이를 담당했다. 사회가 정상이라고 규정한 틀을 넘어서는 성적 쾌락 추구가 일종의 정신병으로 규정되었다. 이제 성적으로 방종한 사람들을 비난하는 데 머물지 않고 정신병원에 감금할 수 있게 되었다. 법적인 제재도 강화되어 재판소는 부정한 관계나 부모가 동의하지 않은 결혼 또는 동성애와 양성애도 정죄할 수 있었다. 학교에서는 교칙을 마련해 성적인 욕구 표출을 탈선 행위로 규정했다.

| 데카르트와 스피노자 그리고 욕망하는 사랑

근대 철학의 아버지로 불리는 르네 데카르트는 인간의 본질을 영혼에 둠으로써 육체적 욕망의 가능성을 아예 좁혀버린다. "나는 생각한다. 그러므로 나는 존재한다"라는 명제는 일차적으로 인간 정신의 실체성을 강조한다. 정신은 막연하고 추상적인 그 무엇이 아니다. 《방법서설》에서 정신은 인간을 규정하는 실체로 규정된다.

나를 나 되게 하는 정신은 육체와 전혀 다르고, 또 육체보다 인식하기가 더 쉬우며, 설사 육체가 없다 하더라도 어디까지나 온전히 스스로를 보존한다.

인간의 생존이나 감각 기능은 육체를 전제로 한다. 하지만 정신은 육체와 독립적으로 활동한다. 말 그대로 감각이나 육체적 요소는 떼어낼 수 있지만 정신은 떼어낼 수 없다는 의미다. 이 정신만은 '있다'라고 할 수 있고, 확실하다고 할 수 있다. 인간에게 가장 중요한 요소는 하나의 생각, 하나의 정신, 하나의 이성일 따름이다.

단지 상대의 육체에만 이끌리는 욕망은 정념에 해당하고, 정신이 정념에 지배당할 때 덕을 상실하게 된다. 인간이 선에서 멀어지고 덕을 실현하지 못하는 가장 큰 이유는 마음이 정념에 지배당하기 때문이다. 그런데 마음이 정념을 완전히 지배할 수는 없다. 감각 대상이 감각기관에 작용하는 동안 그 대상이 우리의 상념에 직면하는 것과 마찬가지로 정념도 동요가 멈춰질 때까지는 우리의 상념에 직면하기 때문이다.

마음은 주의를 집중하면 조그만 소리나 고통을 느끼지 않을 수 있지만, 천둥소리나 손을 데는 열을 느끼지 않을 수 없다. 마찬가지로 마음은 미약한 정념은 억제할 수 있지만 아주 강렬한 정념은 피나 정기의 동요가 멈춘 뒤에라야 억제할 수 있다.《정념론》

마음과 행위를 정념에 맡기자는 의미가 아니다. 정념에서 완전히 벗어날 수 없지만 악용이나 지나친 것은 피해야 한다. 예를 들어 사랑이라는 정념만 보더라도 모두 나쁜 것은 아니다. "사람들은 사랑을 두 종류로 구별하는데, 하나는 호의의 사랑이다. 사랑하는 대상을 위해 선한 것을 원하는 사랑이다. 다른 하나는 욕망하는 사랑이다. 사랑하는 것을 갖고 싶어하는 사랑이다." 사랑이라는 정념이 욕망으로 치우치지 않도록 하는 노력이 중요하다.

욕망하는 사랑에 몸을 맡길 때 유혹이 우리를 지배하고 정념이 화를 부른다. 데카르트가 보기에 덕을 수양하는 것이 욕망으로 인한 화를 치유하는 방법이다. 하지만 여기에서 덕은 기존의 도덕률처럼 사회적 관습과 통념에 기반한 덕을 의미하지는 않는다. 이성에 의한 엄밀한 판단을 전제로 한다. 욕망의 본질을 정확히 이해하고, 이성에 기초하여 마음이 만족할 만한 것을 언제나 지니고 있기만 하다면 외부에서 오는 갖가지 유혹도 마음을 해칠 수 없다. 이성으로 덕을 수양하면 정념을 다스리고 처리하는 방법을 알게 된다.

스피노자는 《에티카》에서 데카르트에 비해 욕망과 정념을 더 적극적으로 인정한다. "욕망이란 인간의 본질이다." 정념이 자기보존이라는 충동과 연관된다는 점에서 완전히 벗어날 수는 없다. 문제는 어떤 욕망인가 하는 것이다. 용기나 관용도 일종의 욕망인데 이는 문제가 되지 않는다.

용기는 개인이 다만 이성의 명령에 따라 각자의 존재 안에 남아 있으려고 노력하는 욕망이라고 말하고 싶다. 이와 달리 관용은 개인이 다만 이성의 명령에 따라서 타인을 돕고, 그 사람과 우정의 유대를 맺으려고 하는 욕망이다.

문제는 성적 욕망인데, 용기나 관용과 반대인 부정적 욕망이다. 이 경우에는 얼마나 과도한지의 여부가 문제가 된다. 절제, 금주, 위기 상황에서 침착할 수 있는 용기, 겸손과 자애 같은 관용 상태에서 벗어나 있을 때 부정적 욕망이 자라난다.

육체적 사랑, 다시 말해 단지 외모의 아름다움에서 생기는 생식욕, 일반적으로 정신의 자유 이외의 다른 원인을 갖는 모든 사랑은 쉽게 미움으로 옮겨간다. 더욱 나쁜 경우에는 광기까지 초래한다. 그 경우에 화합보다는 불화가 더 많이 생긴다.

육체적 욕망이 감정을 지배할 때 인간은 정신적으로 무능력해지고 예속된다. 이렇게 육체적 욕망이나 감정에 지배당하면 사람은 자기의 권리 아래 있는 것이 아니라, 운명의 권리 아래 있게 된다. 그 결과 선을 알면서도 운명의 힘에 사로잡혀 실제로는 악을 따르게 된다.

스피노자가 제안하는 실천적 결론도 역시 이성을 통한 욕망의 조절이다. 욕망이 과도해지지 않도록 조절할 수 있는 힘은 이성에서 온다. "이성으로부터 생기는 욕망은 결코 과도해질 수 없다." 인간은 이성의 지도에 따라 생활할 때 참으로 자기의 본성에 따라서 행동하며, 그리고 그런 경우에 한해서만 다른 사람의 본성과 일치한다. 결혼도 이러한 맥락으로 이해해야 한다.

결혼이 육체적 결합이라는 외적 형태만이 아니라 자식을 낳아 현명하게 교육하려는 사랑에서 생겨난다면, 부부의 사랑이 단순히 외적인 의미가 아니라 정신의 자유에 근거한다면, 이성에 일치하는 것이 명백하다.

사랑의 과정도 성적인 욕망에 휘둘려서는 안 되지만, 심지어 결혼의 목적도 이성의 지도에 따라 이루어져야 한다. 결혼이 육체적 결합에 머물러서는 안 된다. 출산이 곧 이성의 지도일 수도 없다. 스피노자는 결혼과 이성이 만날 수 있는 통로를 자식에 대한 현명한 교육에서 찾는다. 정신의 자유에 근거하는 것이 인간의 본성에 가장 일치하는 이상 단순한 번식을 넘어 자녀 교육을 통해 정신은 제 힘을 발휘한다는 주장이다.

| 열정적 사랑은 왜 쉽게 식는가

장-자크 루소가 보기에 인간은 끊임없이 사랑을 추구하지만 그 결과는 실망으로 끝나기 십상이다. "사랑은 환상일 뿐이다. 사랑은 주위에 새로운 세계를 만들어낸다. 사랑을 둘러싼 모든 대상은 실제로 존재하는 것이 아니라 단지 사랑에 의해 만들어진 것이다."《고백록》 여기서 루소가 언급한 사랑은 순간의 감정에 휩싸이는 열정적인 사랑이다. 자기 앞에 확고하게 존재한다고 여기는 사랑하는 대상은 엄밀하게 말하자면 사랑의 감정이 만들어낸 허상이다. 루소는 《에밀》에서 사랑의 운명을 우울하게 그린다.

사랑만큼 강한 환상을 불러일으키는 열정은 없습니다. 사랑이 격렬할수록 오래 지속될 것이라 믿습니다. 부드러운 사랑의 감정에 휩싸인 채 현재의 감정을 미래로 투사하는 것이죠. (······) 그러나 사실은 정반대지요. 사랑을 파괴하는 것은 사랑의 격렬함 자체입니다.

사람들은 현재의 열정적인 사랑이 지속될 것이라 생각한다. 현재의 달콤함에 취해 미래도 이 상태가 그대로 유지되리라 기대한다. 하지만 열정적인 사랑이 식기도 쉽다. 시간이 지나면 사랑은 힘을 잃고 사그라진다. 열정적인 사랑은 성적 욕망과 같은 정념에 휩싸이게 마련이기 때문이다. "욕망은 항상 앞질러 오기 때문에 새로운 시간을 도무지 지니지 못하며, 쾌락의 한가운데에서도 권태를 느낄 수밖에 없다." 욕망하는 사랑은 실제보다 서둘러 들뜨게 마련이고 그만큼 안정성이나 지속성은 취약할 수밖에 없다. 더 큰 문제는 성적 욕망이 자신과 주변 사람을 타락으로 이끈다는 것이다.

그들의 상상은 단 한 가지 대상에 사로잡혀 있으므로 나머지 것은 일체 받아들이지 않는다. 연민도 모르고 자비도 모른다. 자기들의 하찮은 쾌락 때문에 아버지 어머니, 그리고 온 세계를 희생양으로 삼는다.

성적 욕망은 유혹을 느끼는 대상에 갇혀 있기 때문에 폭넓은 정신 활동을 가로막는다. 시야가 협소한 구멍 안에 있기 때문에 성급한 기질을 갖게 된다. 그 결과 참을성이 없어지고 조그만 일에 앙심을 품게 되며 격한 감정에 쉽게 빠진다. 그러므로 일찍부터 타락하고 여자에게 몸을 맡기고 또 방탕하게 사는 사람은 연민과 자비의 감정이 사라지고 무정하고 잔인한 품성을 갖게 된다.

당연히 욕망에 기초한 사랑과 덕을 일치시키기는 더욱 어렵다. 미덕은 연민과 자비의 감정과 함께 살아날 수 있는데, 욕망은 근본적으로 이기적일 수밖에 없다. 욕망이 증가하는 만큼 미덕은 약화된다. 그렇다고 해서 전통적인 사랑관이나 결혼관으로 돌아가는 것은 더 문제다. 특히 기존의 기독교적 관점은 더 큰 문제를 불러일으킨다.

기독교는 모든 의무를 지나치게 과장함으로써 의무를 실천할 수 없는 공허한 것으로 만들며, 여자들에게 노래와 춤 등 세상의 모든 즐거움을 금지함으로써 가정에서 침울하고 토라지기 잘하며 견딜 수 없는 여자들로 만든다.

기독교는 결혼이 주는 기쁨을 추방하고 우울한 감정 안에 가둔다. 특히 여성에게 요구되는 정숙과 엄숙의 의무로 인해 여자들은 결혼생활을 힘들어 한다. 결국 오래 지속될 수 없는 열정적인 사랑, 사랑의 감정 없이 종교나 가문으로 맺어지는 전통적 사랑도 대안이 될 수 없다. 욕망하는 사랑이나 종교적 의무에 갇힌 사랑 모두가 문제라면 어찌해야 하는가.

그는 더 진실하고 다정하고 마음에서 솟아나는 열정을 지니고 있다. 10만 명의 방탕한 사람 속에서 행실이 바르고 자연을 지배할 수 있을 한 사람의 남자를 발견해낼 수 있을 것이다. 겨우 눈뜨기 시작한 육체를 가졌으면서도 거기에 저항하는 풍부한 이성을 지닌 에밀이다.

루소에 따르면 너무 일찍 육체의 욕망에 눈뜨지 않도록 교육해야 한다. 이성의 유익함을 도모하기 위해 육체를 둘러싼 자연의 진행을 늦추어야 한다. 적어도 스무 살까지는 욕망을 모르는 것이 좋다. 이 나이에 육체적 욕망에 빠지면 육체가 소모된다. 스무 살 이후에는 욕망을 막는 일이 불가능하므로 이성에 따른 도덕적 의무를 통해 제어해야 한다. 이성을 통해 욕망을 다스리는 방법을 배워야 한다. 다만 차갑고 건조한 이성이 아니라 진실하고 다정한 감정을 잃지 않도록 해야 한다. 이성을 통해 욕망을 제어하고 연민과 자비에 기초한 따뜻한 감정을 유지할 때 사랑과 선이 함께 갈 가능성이 생긴다.

루소는 사랑과 결혼에서 여성의 역할에 대해서는 상당히 인색한 편이다. 양성에 부과된 의무는 동일하지 않고 또 동일할 수도 없다. 만약 남녀가 불평등하다고 불만을 말하는 여자가 있다면, 여자의 잘못된 인식 탓이다. "여성은 자연으로부터 어린이 양육을 부여받음으로써 아이 아버지에 대해 책임을 져야 한다. (……) 아내는 정절을 지켜야 할뿐더러 남편과 근친과 모든 사람에게 정숙하다는 평을 듣는 것이 중요하다."

루소는 당시 지식인들 사이에 인기가 있던 사교 장소인 살롱에 드나드는 여성을 상당히 부정적으로 바라보았다. 그가 보기에 여성 본연의 영역은 가사노동과 가정교육이다. 다만 여성이 자신의 역할을 적극적으로 수행하기 위해서라도 가정에서 여성의 권한을 신장시켜야 한다. 그런 점에서 계몽 사상가들이 가부장적인 의식에서 벗어났다고 보기는 어렵다.

임마누엘 칸트는 인간이 본능적 욕망과 무관할 수 없다는 점을 인정한다. 적어도 발생이라는 측면에서 볼 때 인간은 동물과 접점을 가진다. "인간이라는 종이 생길 때는 다분히 동물처럼 본능적인 요소가 지배적이었을 것이다."《추측해본 인류 역사의 기원》 하지만 인간과 동물의 공통 영역은 여기까지다.

인간은 본능만 가진 존재가 아니다. 다만 인류의 초기에 본능적 요소가 지배적이었을 뿐이다. 하지만 동물과 달리 인간만이 가지고 있는 게 또 하나 있다. 바로 이성이다. 초기에는 부차적 요소에 불과했던 이성이 점차 활동을 개시하면서 전혀 다른 양상을 보여주기 시작한다. 차츰 본능적 요소는 부차적이 되고 이성에 의한 활동이 우위에 서게 된다.

인간은 동물과 같이 한 가지 삶의 방식에 얽매이지 않고 스스로 삶의 방식을 선택할 수 있는 능력, 즉 자유의지를 갖고 있다. 자유를 지녔기 때문에 스스로 목적을 지향함으로써 자연적 존재로서의 한계를 넘어선다.

스스로 목적을 규정해야만 하는 법칙이 자신에 의해서 무조건적이고 자연조건에서 독립적인 것으로, 자체로 필연적인 것으로 표상되는 성질을 가진다. 이런 종류의 존재자가 바로 인간이다.《판단력 비판》

인간이야말로 목적을 이해할 수 있고, 이성에 의해 목적을 실현할 수 있는 지상의 유일한 존재다. 자유에 의해 스스로 목적을 지녔기 때문에,

다양한 자연의 사물을 사용할 권리를 갖는 대신 자신의 목적성을 상실하지 말아야 하는 의무도 가진다. 이는 사랑과 성 문제에도 그대로 적용된다.

동물의 성은 언제나 종의 번식과 연관이 있다. 하지만 인간은 창조적 상상력을 통해 육체적 욕망을 정신적 만족으로 승화할 수 있다. 상상력은 대상이 멀리 떨어져 있을수록 더욱 활발하게 작동한다. 육체적 충동은 이성으로 지배할 수 있다. 그 결과 감각적 매력은 정신적 매력으로, 동물적 욕구는 정신적 사랑으로, 쾌적한 느낌은 아름다움에 대한 취미로 발전한다. 인간의 이성은 본능적 욕망을 넘어 문화적 사고와 성취를 가능하게 한다.

그러므로 성적 욕망을 추구한다는 것은 다시 동물의 수준으로 떨어지는 것이다. 일차적으로 사랑의 열정이 문제다. 열정적인 사랑에 빠져 있을 때 자신의 감정에만 몰두해서 타인과 공동체 이익은 안중에도 없기 때문이다. 인류를 향한 선과 덕에서 멀어질 수밖에 없다.

성적 욕망은 더 위험하다. 성행위는 감정을 넘어 육체에 매달리게 함으로써 인간을 가장 저급한 동물적 수준으로 끌어내린다. "욕정은 어떤 방법으로도 치료가 불가능한 병이다."《실용적 관점에서 본 인간학》 욕정의 유혹이 워낙 강렬하기 때문에 정신을 제어해야 할 이성의 힘이 약해지고, 자유는 육체에 굴복한다. 욕정은 철저히 자기만족만을 구하기 때문에 보편적 덕이 들어설 자리가 없다. 육체적 쾌락을 위해 타인의 육체를 이용하고, 또한 자기 육체도 상대에게 맡겨버림으로써 자유의지와 함께 상대에 대한 존중이 동시에 사라진다.

그러므로 사람들의 감정이 열정적 사랑과 욕정에 빠지지 않도록 어린 시절부터 도덕 교육을 강화해야 한다.

모든 감정은 그것이 격렬해 있는 순간에 그리고 가라앉기 전에 영향을 미쳐야지, 그렇지 않으면 아무런 영향도 미치지 못한다.(《실천이성비판》)

칸트가 보기에 감성과 이성은 어느 나이에 이르러 서로의 역할을 자연스럽게 교체하는 방식으로 전개되지 않는다. 이성의 힘으로 감성의 굴레를 넘어서야 한다. 그래서 사변적 사고에 미숙한 어린아이조차 도덕 교육을 통해 이내 명민해지고, 판단력을 향상시키는 데 흥미를 갖게 된다. 아이를 감성에 맡기기보다는 이성의 힘을 일찍 사용하도록 가르쳐야 한다.

프리드리히 헤겔은 칸트에 비해 감정이나 충동의 역할에 조금은 더 관대하다. 도덕적 행동이란 칸트처럼 추상적 원리를 선언하는 것이 아니라 자기를 실현하는 행동이어야 한다. 자연적 감정이나 육체적 충동에서 벗어날 때 도덕적 삶이 실현되는 것이 아니다. 현상적으로는 서로 대립하는 것으로 보이는 자연과 도덕적 요소를 결합함으로써 도덕적 삶이 가능해진다.

도덕적 세계관이란 전적으로 상호 배치되는 자연과 도덕의 관계를 전제로 하여 이 관계 속에 있는 갖가지 요소가 전개되어나가는 데에 성립한다.(《정신현상학》)

자연은 의식과 연관을 맺으면서 감각으로 나타난다. 이것이 의지 형태를 띠고 나타나는 것이 충동이나 경향이다. 헤겔은 욕망이나 충동은 선일 수도 있고 악일 수도 있다고 주장한다. 물론 충동이나 경향이 그 자체로 도덕일 수는 없다. 하지만 순수한 도덕의지도 그 자체로는 현실적 덕이 될 수 없다. "쾌락을 방기하는 것은 옳지 않으며 목적에 합당하지 않다." 자연의 욕망이나 쾌락을 희생하는 식의 봉사가 곧 도덕일 수는 없다.

도덕은 쾌락을 부정하고 희생하는 데서 찾아지는 것이 아니라, 양자를 조화시키고 통일하는 과정에서 실현된다. 감각과 이성, 충동과 순수의지의 대립 및 통일을 통해 도덕의 현실성과 실천성이 강화될 수 있다. 그러므로 육체적 충동을 무조건 억제해야 하는 것은 아니다. 다만 통일의 과정을 거쳐서 이성에 합당하도록 하면 될 문제다.

하지만 육체적 충동과 정신의 조화는 동등한 관계가 아니다. "인간은 아무런 규정도 받지 않은 존재로, 충동을 넘어서 바로 이 충동을 자기 것으로 하여 좌지우지할 수 있다."《법철학》 그러한 의미에서 인간은 동물과 엄격하게 구분된다. 동물도 인간과 마찬가지로 충동, 욕구, 기호를 갖고 있지만, 의지는 갖고 있지 않으므로 충동에 얽매인다. 충동을 넘어설 수 있는 의지는 사유에서 온다는 점에서 진정한 인간다움은 정신에 의해 실현된다.

육체적인 데 몰두하는 것이 사랑의 자유와 진심을 증명하는 데 필요한 것으로 여겨지는데, 이런 생각은 엽색을 일삼는 자에게나 있을 법한 발상이다.

사랑과 욕망의 문제도 이러한 문제의식의 연장선에 있다. "사랑이란 나와 타자의 일체성을 의식하는 것이다. (……) 자연적인 양성의 통일이 정신적이며 자각적인 사랑으로 전화한다." 육체적 결합으로 사랑이 시작되더라도 정신적 차원으로 승화되어야 한다. 정열에 따르게 마련인 전적인 우연성을 넘어서야 인간의 사랑에 합당하다. 다시 말해 육체적 욕망에 치우칠 때 사랑에서 멀어질 수밖에 없다.

| ## 괴테는 왜 베르테르를 자살로 내몰았을까

18세기 후반에서 19세기에 걸쳐 유럽에 풍미한 감상주의도 순수한 사랑의 감정을 극대화하는 과정에서 사실상 성적 욕망에 거부감을 드러낸다. 한편으로는 감정을 죄의 근원으로 보고 내세를 통한 구원을 약속하는 기독교 신앙, 다른 한편으로는 이성만을 인간의 고유한 특성으로 강조하는 근대 고전주의나 계몽사상에 의해 감정은 배제되어왔다. 감상주의는 이 모든 독선에 반대하며 무시당하거나 억압받아온 감정 영역을 문학과 예술을 매개로 되살리는 데 몰두했다.

특히 독일 문학의 최고봉으로 일컬어지는 괴테의 소설 《젊은 베르테르의 슬픔》은 감상주의 문학의 상징이었다. 베르테르의 사랑은 근대는 물론 현대 사회에 이르기까지, 청소년 시절은 물론이고 성인이 되어서도 사랑이란 무엇인지에 대한 사고 형성에 큰 영향을 미쳤다. 문제는 그 안에 사랑에 대한 편견과 왜곡이 자리 잡고 있다는 점이다.

베르테르는 아름다운 여인 로테에게 마음을 빼앗긴다. 하지만 그녀에게는 이미 알베르트라는 약혼자가 있다. 베르테르는 감정을 가슴 깊은 곳에 묻어둔 채 알베르트와 친분을 맺고 로테를 만날 수 있는 기회를 잃지 않으려 한다. 작은 신체 접촉에도 베르테르의 심장은 터질 것만 같다.

어쩌다 내 손가락이 그녀의 손가락에 닿거나, 발이 테이블 아래에서 닿거나 할 때면, 뜨거운 피가 내 혈관 속에서 소용돌이치네. 불에 닿기라도 한 것처럼 얼른 그 손가락이나 발을 움츠렸다가는, 감각의 신비로운 힘에 이끌려 다시 스르르 앞으로 내밀게 된다네. 모든 감각이 일시에 마비되어 현기증이 날 지경이라네.

생일을 맞이한 베르테르에게 로테가 책과 리본을 선물하자 이를 사랑의 징표로 생각하고 열정에 사로잡힌다. 괴로워하던 베르테르가 여행을 간 사이에 알베르트와 로테가 결혼했다는 절망적인 소식을 듣게된다. 베르테르는 시와 음악으로 로테와 계속 교류한다. 그는 로테에 대한 절박한 사랑의 감정을 품고 있으면서도 육체적 욕망에 대해서는 분명한 선을 긋는다. 격정에 못 이겨 순간적으로 키스와 포옹을 한 후에 죄의식을 느끼고 괴로워한다.

로테에 대한 나의 사랑은 더없이 성스럽고 청순한, 형제와 같은 사랑이 아니었던가? 일찍이 단 한 번이라도 내 가슴에 죄가 될 만한 소망을 품은 적이 있었던가? (……) 어젯밤! 그녀를 가슴에 꼭 껴안고, 그녀의 입술에 끝없는 키스를 퍼부었다네. 나의 눈은 그녀의 황홀해진

눈 속에 어리어 있었네. 주여! 저는 벌을 받아야 할까요?

남편의 충고에 따라 로테가 만남을 자제하자고 요청하자 베르테르는 더욱 절망에 빠진다. 베르테르는 억제할 수 없는 감정에 그녀에게 사랑을 고백했지만 로테는 작별 인사만 건넨다. 그 와중에 키스를 퍼부었지만, 상황은 변하지 않는다. 베르테르는 자신의 순수한 감정을 증명이라도 하려는 듯이 육체는 물론 현실의 관계를 넘어서는 영원한 사랑을 절절하게 고백한다. 베르테르는 로테에게 마지막 편지를 쓴다.

로테, 당신은 내 것입니다! 영원히. (……) 남편! 그것은 이승에서만의 일이잖습니까? 이승에서는 죄가 되겠지요, 내가 당신을 사랑하고 남편의 품에서 당신을 빼앗아 내 품에 안으려 하는 것은. 죄? 좋아요, 그러므로 나는 나 자신에게 벌을 내립니다.

베르테르는 스스로 목숨을 끊음으로써 자신의 사랑이 영원한 것임을 증명하고자 한다. 저세상에서 영원한 사랑을 이어가겠다고 한다. "당신이 오면 나는 기쁘게 맞이하여, 영겁의 아버지가 계시는 앞에서 당신을 그러안고, 영원한 포옹을 계속하며 함께 있을 것입니다." 베르테르는 여행을 빙자하여 하인을 보내 알베르트에게 호신용 권총을 빌린다. 로테의 손을 거쳐 하인이 총을 받아왔는데, 이조차 "당신의 손에서 죽음을 받고 싶었는데, 아아! 지금 그것을 받은 것입니다"라며 감격해한다. 결국 그 총으로 목숨을 끊는다.

괴테는 노년에 이르러 감상주의에서 벗어나 이성과 화해의 길로 들어선다. 죽기 직전까지 수정을 거듭했던 《파우스트》는 괴테의 고민이 무엇이었는가를 잘 보여준다. 이성과 공존의 길을 모색하면서도 여전히 육체적 욕망을 거부한다.

파우스트는 악마 메피스토펠레스와 영혼을 건 계약을 한다. 자신이 어떤 순간을 향해 "멈추어라, 너는 정말 아름답다!"라고 말한다면 영혼을 가져가도 좋다는 내기였다. 메피스토펠레스는 슬슬 악마의 본성을 드러내며 파우스트에게 제안을 한다. "순간을 사로잡는 일이야말로 진짜 사나이의 본분이지. (……) 특히 여자 다루는 법을 배워야 해"라며 욕정을 부채질한다. 여자의 몸을 만져 유혹하고, 가는 허리를 대담하게 안아 허리끈을 쉽게 풀 수 있어야 한다고 가르친다.

파우스트가 메피스토펠레스에게 요청한다. "저 소녀를 내 손에 넣어주어야겠다! (……) 열네 살은 넘었을 테지." 당시 열네 살 이하의 소녀와 결혼하거나 육체적 관계를 맺는 것은 법률로 금지되어 있었다. 메피스토펠레스가 "결혼이 아니라도 애인이 있으면 되지요. 사랑하는 사람을 꼭 껴안는 것은 이 세상의 더없는 즐거움이랍니다"라며 파우스트를 유도한다. 어린 소녀를 통해 욕정을 채우면서 파우스트의 갈등도 깊어간다.

처녀의 품에 안길 때의 천국의 기쁨이 대체 무엇이란 말인가? 처녀의 품안에서 따뜻해져도 나는 줄곧 그 처녀의 괴로움을 느끼고 있지 않은가. (……) 목적도 안식도 잃어버린 비, 마치 폭포처럼 바위로 세차게 부서져, 정욕에 미쳐 심연으로 떨어지는 것과 같지 않은가.

결국 성적 욕망이 자신을 근본적으로 만족시키지 못한다는 것을 깨닫는다. 욕정을 좇는 삶을 살던 파우스트는 "향락은 사람을 천하게 만든다"라며 회의에 빠진 후, 여인의 아름다움을 담담하게 관조하는 것만으로도 기쁨을 누릴 수 있는 경지에 이른다. 그는 물놀이를 하는 여인들을 보게 된다. 젊은 여인들은 정답게 즐거운 듯 목욕도 하고, 대담하게 헤엄도 치고, 겁먹은 얼굴로 물을 건너기도 한다. 파우스트는 "이것을 바라보고 만족해하고 즐기고 있으면 그만"이라고 한다. 욕정을 불태우기보다는 그저 건강하고 아름다운 여성을 보는 것만으로 만족스러워한다.

나아가서 육체적 욕망이 허무한 갈증과 내면의 괴로움으로 끝날 수밖에 없다는 것을 깨닫고는 사랑에 대한 마지막 희망을 안정된 가정에서 찾는다. 파우스트가 사랑을 고백하자 여인은 "당신께 몸과 마음을 다 바치고, 당신 속에 다 녹아버렸습니다"라고 말한다. 두 사람은 정신과 육체가 일치된 사랑으로 향한다. 또한 "인간답게 행복해지기 위해서 사랑은 고결한 두 사람을 맺어줍니다. 하지만 신과 같은 기쁨을 맛보려면, 귀한 세 사람이 이어져야만 해요"라며 아이를 매개로 이루어진 안정되고 단란한 가정을 지향하고 파우스트도 동의한다. 이어지는 합창은 "오랜 세월의 행복이 아기의 부드러운 빛으로 되어 두 분 위에 모입니다. 아, 이 단란함, 부럽기도 하여라"라며 축복한다. 하지만 결국 파우스트와 여인은 함께 아픈 결말을 노래한다.

즐거움과 단란함은 꿈이었단 말이냐? (⋯⋯) 얼마나 놀랍고 무서운 말인가! 너에게는 죽음이 숙명이란 말인가? (⋯⋯) 기쁨에 이어 곧 슬픈 고통이 찾아왔구나. 행복과 아름다움은 언제나 맺어져 있지 않다는 옛말이 슬프게도 이 몸에 증명되었습니다.

헤겔이 강조한 바와 유사한 사랑, 즉 정신과 육체가 통일된 사랑, 결혼을 통해 일시적 감정의 한계를 넘어선 사랑을 성취한 것이다. 하지만 인간은 결국 늙어가고 죽음을 맞이함으로써 역시 고통에 빠지게 된다. 육체적 욕망은 물론이고 순수한 사랑의 감정, 나아가서는 가정으로 결합된 안정된 관계도 내적인 욕구를 충족시키지 못하는 데 절망한다.

파우스트는 지식 축적, 후세의 찬양과 명성, 육체적 욕망 충족을 넘어서 새로운 열망을 향한다. 간척사업처럼 자연을 개조하는 일이 여기에 해당한다. 정신을 통해 수립한 계획을 인간의 협동을 통해 실현함으로써 만인에게 유용한 일을 하고자 한다.

나는 몇 백만 명을 위해 토지를 개척하여 일하며 자유로이 살게 해주려 한다. (……) 협력 정신에 모든 것을 바친다. 그것은 날카로운 지혜의 마지막 결론인데, 생활도 자유도 날마다 그것을 쟁취하는 자만이 누릴 자격이 있다.

이 말을 마치고 파우스트는 쓰러진다. 육체적 욕망을 비판하고 파우스트가 최종적으로 도달한 꿈은 인류로 향한다. 자연에 대한 정복은 인류 전체의 이익을 위한 사업이다. 이를 위해서는 자연에 맞서 싸워야 한다. 자연은 제방을 무너뜨리려는 파도처럼 끊임없이 인위적 노력을 후퇴시키려 하기 때문이다. 자연은 무엇을 이루기보다는 파괴하는 폭력일 뿐이다. 그러므로 이성에 기초한 협력의 힘으로 자연을 정복해야 한다. 그 안에서 개인적인 삶의 가치와 행복한 인생도 실현된다.

괴테는《젊은 베르테르의 슬픔》에서 순수한 감정을 인류의 희망으로 제시했다면,《파우스트》에서는 이성에 기초한 인간 활동의 유용성을 추구한다. 육체적 욕망은 잠시 설렘과 희망을 주는 듯하다가, 결국 실망과 고통을 안겨줄 뿐이다. 중세가 기독교 신앙을 통해 경건주의로 향하고, 근대 철학이 이성을 통해 경건주의로 향했다면, 괴테를 비롯한 감상주의 경향은 순수한 감정이나 인류애를 통해 경건주의를 지향한다. 매개물은 다르지만 열정적인 욕망을 배제하고 경건하고 엄숙한 도덕주의적 교훈으로 귀결된다는 점에서는 동일하다.

사드의 의문과
주장

|　　　정숙과 금욕으로 얻을 수 있는 이익이 뭐가 있는데?

사드의 도발은 우연한 사건이나 일시적 충동이 아니다. 당시의 성 풍속
에서 살펴보았듯이 시대적 상황이나 경험과 동떨어진 희귀한 현상으로
치부하기 어렵다. 또한 역사적 맥락과 동떨어진 채 일회적, 고립적으로
나타난 별종도 아니다. 고대 디오니소스 신화에서 출발해 르네상스의
도발적 문제 제기에 이르는 큰 흐름 안에 있기 때문이다.

　나아가서 근대의 지적인 분위기와 무관한, 한 개인의 일탈로만 치부
하기도 어렵다. 사드는 독서광이었고, 인류가 축적해온 지적 자산을 접
할 수 있는 환경에서 자랐다. 특히 사드의 삼촌인 사드 신부는 성직자
이면서도 성적으로 자유로운 생각을 가졌으며, 마르지 않는 지식욕을
가진 사람이었다. 그의 서가에는 철학, 문학, 역사 등 다양한 분야의 책
이 가득했다. 당연히 로크, 홉스, 볼테르, 디드로 등 프랑스 주요 문필가

의 책도 빠짐없이 들어차 있었다. 특히 술자리나 뒷골목에서 방탕한 사람들 입에 오르내림직한 이야기로 가득한 금서도 즐비했다.

삼촌의 서가에서 사드는 어린 시절부터 청년기에 이르기까지 마음껏 지적인 목마름을 채울 수 있었다. 사드 신부에게서 체계적 교육을 받았고, 책으로 가득한 서고에 틀어박혀 책에 파묻혀 지냈다. 27년간 감옥과 정신병원에 갇혀 사는 동안에도 많은 책을 읽었다. 사드의 소설에서 수많은 사상가의 생각이 나오는 것은 우연이 아니다.

프랑스 사상가 중에는 드니 디드로와 볼테르에 친근감을 느꼈다. 볼테르와는 편지를 주고받으며 생각을 교환하기도 했다. 사드의 편지를 보면 특히 디드로에게 매료되었던 듯하다.

달랑베르는 정말 대단한 사람이오. 엄청난 필력이라고! 이들이야말로 내가 재판관으로 삼았으면 하는 부류라오. 저들이 구성하는 재판부 앞에서라면 어렵지 않게 내가 이 모든 누명을 벗을 수 있을 거요.(《1780년 7월 편지》)

달랑베르는 디드로의 철학소설인 《달랑베르의 꿈》에 등장하는 인물이다. 디드로는 18세기 프랑스의 유물론을 대표하고, 계몽주의 사상으로 유명한 철학자다. 사드는 디드로가 재판관으로 있는 법정이라면 자신의 글과 행동이 무죄 판결을 받을 것이라 확신한다. 그만큼 자신의 문제의식과 비슷한 지적 배경을 지닌 인물로 여긴 듯하다.

디드로는 사드와 마찬가지로 인간을 순수한 자연의 산물로 이해했다. 중세에 종교적으로 덧씌워진 영혼이나 근대에 형성된 이성 중심의 인간관을 거부하고, 육체를 매개로 한 물질적 존재로 이해한다. "당신은 처음 시작할 때 당신의 아버지나 어머니의 림프액이나 혈액 속에 퍼져 있는 작은 분자로 이루어진 극히 작은 하나의 점이었습니다. 그 점이 가는 실이 되고, 그 실이 실 다발로 된 것이지요."

인간의 가장 본질적 요소는 이성이나 자유가 아니며, 감각이나 감성도 아니다. 무기물에서 시작된 유기물이 점차 복잡한 구조를 갖춰나가면서 인간이 된 것이다. 우주 안의 모든 존재는 우연한 생성과 변화의 지배를 받을 뿐이고 질서는 한순간의 과도기에 지나지 않는다. 자연의 완벽한 조화라든가, 이에 기초한 정신의 조화, 도덕 법칙은 애초에 인간을 규정짓는 원리가 될 수 없다.

디드로는 인간을 자연적 존재로 이해하고 감각적 욕망과 쾌락을 옹호한다. "최고의 미덕이란 즐거움과 유용함을 결합시키는 데 있는 것"이다. 즐거움과 유용함 중에 어느 것도 제공하지 못하는 행위는 최악이다. 그렇기 때문에 금욕이 미덕일 수 없다. "정숙함과 엄격한 금욕이 개인이나 사회에 어떤 이익이나 즐거움을 가져다주는지 당신은 내게 가르쳐줄 수 있습니까? (……) 그것들을 미덕의 목록에서 삭제할 수 있습니다." 명백한 죄악에 해당하는 행위에 대해서만 금욕이 필요하다. 정숙과 금욕만큼 더 유치하고, 우스꽝스럽고, 부조리하고, 해롭고, 경멸스럽고, 더 나쁜 것이 이 세상에는 없다는 사실을 인정해야 한다. 디드로는 번식과 무관한 성에 대해서도 적극적이다.

유용성으로 나의 행위를 정당화할 수 없기 때문에, 필연적이고 감미로운 한순간을 나 스스로 금해야 한다는 말입니까? 적혈구 과잉 상태가 되면 사람들은 자신의 피를 밖으로 흘려 내보냅니다. 남아도는 분비액에서 해방되는 방법이 뭐 그리 중요합니까?

대부분의 계몽 사상가는 노골적인 성적 욕망과 육체적 자극에 호의적이지 않았다. 특히 루소는 더 심했다. 하지만 디드로는 자신이 선택한 여인과 더불어 쾌락과 흥분을 뒤섞는 일이 왜 문제냐고 말한다. 번식과 상관없는 성, 감각적 즐거움을 추구하는 성을 부정적으로 볼 필요가 전혀 없다. 출산과 무관한 성을 통해 몸 안에 쌓인 정액을 내보내려는 욕구는 인간의 자연스러운 충동이다.

성의 즐거움을 포기하고 절제하는 삶을 살라고 하지만 그런 말이야말로 잘 꾸며낸 거짓에 불과하다. 유용성과 즐거움이 결합된 상태가 가장 바람직하지만, 번식의 유용성이 없다 해도 비난받을 행위는 아니다. 나쁜 행위란 즐거움조차 없는 것이다.

유용성 없이 즐거움만 제공하는 행위 중에서, 하나는 그것을 행하는 사람에게만 즐거움을 주고, 다른 하나는 남성과 여성이 즐거움을 나누어 가지는 행위 중에서 (……) 상식은 어느 쪽 편을 들어줄 것 같습니까?

쾌락을 목적으로 한 성은 두 사람 모두를 충족시킨다는 점에서 가장 큰 즐거움이다. 또한 사랑의 방식에서도 어느 하나가 옳고 다른 것은 그르다고 말할 수 없다. 윤리는 상대적이기 때문이다. "맹인에게 소변을 보는 사람과 신음하지 않고 피를 흘리는 사람이 무슨 차이가 있겠습니까? (……) 도덕은 느끼는 방법이나 사물이 마음을 움직이는 정도에 좌우됩니다."《맹인에 관한 서한》 맹인은 청각과 촉각에 의존하기 때문에 소리만 듣고는 소변과 피를 구별하지 못한다. 그러므로 맹인과 일반인의 도덕은 다르다. 어떤 조건에서 누가 느끼느냐에 따라 도덕이 달라지기에 윤리는 상대적이다.

디드로의 생각을 성에 적용하면, 나와 다른 방식으로 성행위를 한다고 해서 비도덕적이라 비난할 근거는 없다. 성적 취향은 그 사람의 성장 배경이나 육체적, 정신적 발달에 따라 얼마든지 다양할 수 있다. 사드가 디드로라면 무죄 판결을 내렸을 거라고 자신했던 이유도 디드로가 쾌락을 위한 성을 긍정하고 윤리의 상대성을 주장했기 때문이다.

디드로에 대한 격한 공감보다는 조금 덜하지만 사드는 평소에 서신 교환을 하던 볼테르에 대해서도 호의적이다.

볼테르의 소설은 완전히 꿰어차다시피 하고 있지만 여전히 엄청난 즐거움을 준다오. 어떤 사람의 책을 이처럼 닳도록 읽을 수는 없을 거요. 당신한테 그의 책을 수도 없이 반복해서 읽도록 강력히 충고하오.(《1780년 9월 편지》)

볼테르도 있는 그대로의 인간성을 긍정했다. 육체와 별도로 영혼이 있고, 이 영혼이 행위를 지도한다는 개념을 비판한다. 우주에서 지구를 찾아온 거인들의 이야기를 다룬 철학소설《미크로메가스》에서 로크주의자가 "내가 무언가를 느끼는 경우를 제외하면 전혀 생각하지 않는다는 사실은 압니다"라고 말하자, 거인은 이 답변에 흡족해하며 포옹한다. 감각과 감정에 의한 느낌이 먼저다. 이외에는 무엇도 단언할 수 없다. 육체가 인간에게 가장 일차적이다.

사고 작용도 육체와 분리될 수 없다. 토성에서 온 거인이 너무나 작은 인간들이 함께 있는 것을 보고 교미 중이라고 생각하며, 이런 미물에게 사고 작용이 있을 리가 없다고 하자 미크로메가스는 이렇게 반박한다.

생각하지 않고, 큰 소리로 어떤 말을 하지 않고, 아니 적어도 상대를 이해하지 않고 성행위를 할 수 있다고 생각하십니까? 더군다나 아이를 하나 만드는 일이 논거 하나를 만드는 일보다 쉬우리라고 생각하십니까?

사고 작용은 육체의 감각이나 행위와 분리될 수 없다. 그렇기 때문에 육체 행위는 사고만큼이나 의미가 있다. 데카르트를 비롯한 합리론 철학에서 육체와 감각은 인간을 속이는 가장 대표적인 요소다. 감정은 정념을 자극해 욕망을 부추긴다. 진리를 발견하고 정념을 다스리는 일은 이성에 의해서만 가능하다. 하지만 볼테르에 따르면 육체와 정념에서 출발하는 자연적 감정은 혼란을 불러일으키지 않는다.

오히려 이성이 자유의지를 억압하는 괴물 역할을 하기도 한다. 볼테르는 《랭제뉘》에서 이성과 문명을 접하지 못했던 원시부족 청년 랭제뉘를 통해 욕망과 감정이 자유의지를 실현하고, 반대로 이성적 합리주의가 부정적 역할을 할 수도 있음을 밝힌다. 사랑을 약속한 여인이 사회적 절차를 요구하고, 교회 신부 역시 체결된 협약 없이는 자연법이란 자연의 약탈에 불과하다고 강조하자 랭제뉘는 다음과 같이 반박한다.

나는 점심 식사 혹은 사냥을 하거나 자고 싶을 때 누구에게도 자문을 구하지 않습니다. 사랑에 관해 상대방의 동의를 얻는 것은 나쁘지 않지만, 내가 사랑하는 연인이 삼촌이나 고모가 아니므로 얘기해야 할 상대는 그들이 아닙니다.

둘의 사랑에 대해 누구의 동의도 필요 없으며, 서로의 의견이 일치하면 그만이지 제3자가 개입하는 것은 쓸데없는 간섭이고 억압이다. 서로의 욕망과 감정에 충실할 때 진정한 약속과 덕성은 실현된다.

이야기의 결말에서 늙은 신학자는 자연 감정에 충실한 원시부족 청년 랭제뉘와 토론한 후, "사랑이란 고해 때 참회하는 죄라고만 알고 있었는데, 이제는 영혼을 고양시킬 수도 있고 무르게 할 수도 있으며, 때로는 덕성을 초래할 수도 있는 고귀하면서도 부드러운 감정"임을 알게 되었다고 말한다. 사랑이나 욕망이라는 감정은 혼란이나 괴물이 아니다. 감정은 덕을 실현하고 영혼을 고양시킨다.

하지만 여전히 덕성을 강조하고, 방탕을 대표적인 악으로 규정하고, 근면한 노동을 통해 방탕에서 벗어나야 한다고 강조한다는 점에서 볼테르는 디드로에 비해 경건주의 경향이 더 강했다. "선이라고 해봐야 내게는 불편하고 고통스러울 뿐이니, 지금처럼 그냥 진창 속에 계속 뒹구는 거나 바라지 뭐. 나야 얼마든지 그게 즐거우니까"(〈1783년 7월 편지〉)라고 역설하는 사드에게는 볼테르의 태도가 불만족스러웠을 것이다. 그럼에도 자유로운 사랑과 육체적 욕망을 긍정하는 볼테르에게 사드는 호의를 느꼈다.

사드가 디드로, 볼테르, 루소 등 계몽 사상가에 대해 갖는 태도는 상당히 모순적이다. 한편으로는 근대 철학자들이 맹신하던 이성에 대한 혐오감을 노골적으로 드러냈다. 성적 욕망을 향해 질주하는 사드의 가쁜 숨소리에는 중세의 신을 대신해 왕좌를 차지한 이성이 인간의 본능을 죄악으로 몰아넣는 현실에 대한 분노가 담겨 있다. 하지만 다른 한편으로 사드는 이성의 언저리를 서성댔다. 특히 당시에 비약적으로 발전하던 실증적 학문과 과학의 성과로 욕망을 변호하려고 했다. 프랑크푸르트학파를 대표하는 철학자 막스 호르크하이머와 테오도르 아도르노도 공동 저서인《계몽의 변증법》에서 이 점을 정확히 간파했다.

줄리엣이 지지하는 환상 없는 탕아는 섹스 교사, 심리분석가, 호르몬 생리학자의 도움을 받아 탁 트인 실천적 인간으로 변신하며, 스포츠나 위생 문제에 대한 그의 태도를 성생활에까지 확장한다. 줄리엣의 비판은 계몽 그 자체와 마찬가지로 모순된 것이다.

줄리엣은 사드의 소설《악덕의 번영》에 나오는 주인공으로, 사드의 분신이기도 하다. 흥미로운 대목은 '환상 없는 탕아'다. 우리는 사드를 맹목적, 본능적 환상에 사로잡힌 욕망의 화신으로만 생각하는 경향이 있다. 이성의 흔적이나 그림자라고는 조금도 찾아볼 수 없는, 오직 충동과 감정으로만 똘똘 뭉친 인간으로 여긴다. 하지만 이들이 보기에 줄리엣, 아니 사드는 환상 없는 탕아다. 탕아는 탕아이되 아무 생각 없이 말초적 충동만을 좇는 탕아가 아니다. 환상을 경계하고 치밀한 의식적 과정을 통해 욕망을 끝까지 밀고 나가는 인물이다.

사드는 당시 비약적으로 발전하고 있던 과학을 비롯한 제반 학문의 성과를 활용한다. 인간의 본능적 욕망을 생리학을 통해 정당화한다. 남성과 여성의 성적 욕구를 심리학적으로 분석한다. 현실과 유리된 상상력에 기초한 환상적, 유토피아적 욕망을 추구하기보다는 욕망의 정당성을 논리적으로 규명하고 있다. 그러한 의미에서 사드의 욕망은 지극히 의식적이다. 우연이나 순간적 충동이 아니라 목적의식적이고 주도면밀한 과정을 밟는다. 이성을 이용하여 이성에 도전한다.

이는 계몽 자체의 모순과도 비슷한 면이 있다. 특히 루소나 볼테르 등의 계몽 사상가들은 이성의 독단성을 비판하고 자연 감정의 중요성과 우월성을 강조했다. 하지만 이들에게 자연 감정은 스스로 드러나는 것이 아니라 이성을 무기로 사용할 때 비로소 찾을 수 있는 것이었다. 또한 자연 감정은 출발점이나 계기로 작용할 뿐 궁극적으로는 이성을 향해 나아가는 과정이었다. 계몽이라는 개념 자체가 인습에 기초한 신비적, 주술적 사고에서 벗어나 합리성을 지향하는 것을 의미한다. 자기가 비판하던 대상을 닮아가는 거울효과처럼 사드는 자신이 괴물로 여기던 이성을 닮아갔다는 지적이다.

국가는 왜 나의 욕망을 관리하려드는가

사드는 사회에서 규정한 선악 개념과 도덕에서 벗어나라고 권한다. 《악덕의 번영》에서 주인공의 입을 빌려 다음과 같이 주장한다.

우리의 행위는 모두 그 자체로서는 무차별적이고 선도 악도 아니야. 때때로 인간이 선이라든가 악이라든가 하는 구별을 두었다고 해도, 오직 법률이나 국가의 의향에 따른 것일 뿐 자연이란 면에서만 관찰한다면 우리의 행위는 모두 완전히 같은 것에 지나지 않아.

자유로운 성에 대해 선하다거나 악하다는 판단을 해서는 안 된다. 특히 선악을 근거로 범죄로 규정하고 감금하는 조치는 더욱 부당하다. 선과 악은 자연이 만들어낸 것이 아니다. 인간이 인위적으로, 그것도 사회에서 지배 집단이 자신의 이해를 위해 법이라는 형태로 만들어 강제하는 것일 뿐이다. 욕망은 인간의 자연스러운 본능인데 이를 도덕이나 법으로 규제해서는 안 된다. 법이나 제도야말로 자연에서 벗어난 이물질이다. 혹시 자신의 마음속에서 욕망을 자제하라는 목소리가 들려온다면, 자연의 목소리가 아니라 오랜 기간 교육에 의해 주입된 생각이나 무의식에 불과하다.

인간의 본질은 영혼이라는 근거로 규정한 선악을 절대적 기준으로 삼아 처벌하는 것은 부당하다. 우리가 의존해야 하는 것은 법이나 제도 이전에 자연의 원리다. 인간은 영혼으로 태어난 존재가 아니라 자연의 자식이다. "인간은 물질에 지나지 않고 우리가 죽은 뒤에는 절대로 아무것도 없다는 것을 생각해야 해요. 우리가 영혼에서 원인을 찾고 있는 것도 실은 단순한 물질의 작용에 지나지 않는다는 것을 믿어야 한다고요." 인간은 동물과 전혀 다르고 우월하다는 어리석은 미망에서 깨어나 자신 안의 한 마리 짐승을 발견해야 한다. 동물에게 선행이나 악행을 잣대로 규제하지 않듯이 인간의 본능에 의한 행위를 비난하거나 처벌하지 말아야 한다. 현세의 길은 미덕으로도 악덕으로도 자유롭게 통하는, 거칠 것 없는 길에 지나지 않음을 깨달아야 한다.

미덕 따위는 포기하라! 미덕을 위해 희생하는 것 가운데 단 하나라도 미덕을 능멸하면서 맛보는 쾌락에 견줄 만한 것이 있더냐? 미덕의 숭배는 끊임없이 희생을 감수해야 하는 망상에 지나지 않아. 이러한 감정이 자연스러울 수 있겠느냐?(《규방철학》)

특히 악덕과 미덕이라는 개념은 전적으로 지역적이다. "미덕은 아무리 잘 보아도 지역에 따라서 변화하는 법률의 종속물이고, 어떤 확고한 실재성도 부여되지 않는다." 미덕은 풍습과 기후에 따라 다르기 때문에 미덕을 숭배하는 일은 어리석다. 그러므로 어떠한 행위도 범죄가 되거나 미덕이 될 수 없다.

사회의 일부 세력이 자신의 이익을 위해 강제한 미덕 때문에 우리는 너무나 많은 것을 희생하며 살아간다. 그러나 한 사회의 미덕이 다른 사회에서는 전혀 미덕이 아닐 수 있다. 예를 들어 우리 사회에서 옷을 하나도 걸치지 않고 길거리를 활보한다면 당장 경찰이 출동해서 붙잡아갈 것이다. 하지만 아마존 유역이나 아프리카의 어떤 원주민들에게는 지극히 정상적이고 자연스러운 행위다.

결국 기쁨이나 행복을 판단하는 주체는 개인이기 때문에 이를 법이나 국가의 이름으로 강요할 수 없다. 사람들은 정욕을 비난하고 법률로 속박하려 한다. 특히 한 사회의 지배세력은 종교와 법의 이름으로 백성을 속이고 자신의 이익을 취한다.

종교는 압제의 원동력이며, 전제군주가 왕위를 지키려 할 때 반드시 이용해야 하는 도구요. 미신의 빛은 언제나 전제주의의 여명이고, 폭군은 종교에 의해 청결해진 칼로 백성을 속이니까.《악덕의 번영》

이러한 의미에서 영혼의 질병은 욕망이 아니라 오히려 신앙심에서 온다. 신앙심은 불행한 사람들을 위로하고 고통을 달래준다는 망상을 갖게 해 현실의 억압에 저항하지 못하게 만든다.

사드는 정욕과 종교, 법률 가운데 어느 것이 인간을 더 행복하게 하는지 진지하게 고민해볼 필요가 있다고 강조한다. 그가 보기에 인간은 정열을 잃거나, 정열적이기를 멈추는 순간 쓸모없는 존재가 되고 만다. 자연 상태의 인간이야말로 가장 순수하기 때문에 자연의 욕망에 충실할 필요가 있다. 차라리 정액을 한 방울이라도 짜내는 행위가 가증스러운 미덕을 따르는 것보다 더 낫다고 말한다.

사드가 시도한 다양한 성행위, 성도착이라고 지탄받는 행위도 자연의 원리에서 벗어나 있지 않다. 예를 들어 항문 성교나 동성애도 자연스러운 일이다.

항문 성교와 여자 동성애는 자연을 거스르기는커녕 오히려 자연에 기여해. (……) 종족 번식은 결코 자연법칙 가운데 하나가 아니라 그저 허용된 것일 뿐이야.《규방철학》

우리는 항문 성교나 동성애가 종족 번식에 해가 되기 때문에 자연에 반하는 행위라고 여긴다. 쾌락만을 추구하는 행위는 자연의 원리를 거스르는 짓이라고 생각한다. 하지만 종족 번식이 자연의 절대적 법칙은 아니라고 한다. 사드는 18세기 프랑스의 박물학자 조르주-루이 뷔퐁이 쓴 《박물지》에서 여러 종의 동물이 멸종되었음을 밝힌 내용을 근거로 든다. 당시의 생물학 연구에서도 자연은 무조건적인 종의 보존을 법칙으로 삼지 않는다. 번식은 자연에 의해 허용된 것이지 번식만을 위한 행위를 절대화하지 않았다. 그렇지 않다면 인간에게도 동물처럼 발정기를 따로 두지 않을 이유가 없다. 인간의 몸이 번식과 상관없이 다양한 쾌감을 느끼도록 되어 있다는 사실은 자연이 다양한 성적 욕망을 허용했음을 보여준다.

사드에 따르면 근친상간도 자연의 원리와 대립한다고 볼 수 없다.

지구에서 천지창조의 혼돈 상태가 끝난 후 근친상간이 아니라면 어떻게 인류가 종족 번식을 할 수 있었겠는가. 기독교에서 금과옥조로 떠받드는 여러 책에서도 그와 같은 예와 증거를 찾을 수 있지 않은가. 즉 아담과 노아의 가족이 근친상간이 아닌 다른 방법으로 종족을 번식할 수 있었겠는가.

성경에 따르면 모든 인간은 아담과 이브의 자손이다. 신이 최초에 아담과 이브를 만들었고 이후 많은 사람이 태어났는데, 만약 근친상간이 아니었으면 인류는 계속 이어지지 못했을 것이다. 대홍수 때도 노아의 방주에는 한 쌍의 남녀만 탔는데, 근친상간이 아니었으면 자손이 이어질 리 없다. 그러므로 기독교는 근친상간을 죄악으로 규정할 논리나 근거가 없다.

상식적으로 인류의 기원은 진화 과정을 통해 특정 지역에 나타난 인류의 조상이 다른 지역으로 확산되는 과정이었다. 당연히 일정한 씨족 집단 내에서 자손이 확대된 결과 전 세계적으로 인류가 형성되었다. 그러한 의미에서 "근친상간은 범죄가 아니라, 오히려 자연이 허락한 가장 감미롭고 자연스러운 결합"이라고 한다.

그래서 보부아르는 사드를 새로운 시각으로 검토할 필요가 있다고 말한다.

사드는 이기적 욕구와 불의, 불행을 만끽했으며, 그 진실성을 주장했다. 그의 가장 큰 기여는 우리에게 혼란을 주었다는 것이다. 우리 시대에 다양한 형태로 나타나는 본질적 문제, 인간과 인간 사이의 관계를 철저히 재점검하도록 만든다.(《사드는 유죄인가》)

사드의 소설에 등장하는 파격적인 성행위는 인간관계에 대한 근본적이고 진지한 검토를 하도록 도발한다. "사회가 개인을 소외시키는 온갖 우상으로부터 개인을 해방시키기 위해서는 신 앞에서 자율을 확보하는 것에서부터 시작해야 한다는 것을 그는 알고 있었다." 특히 종교를 비롯한 전통적 도덕과 법으로 규정된 범죄가 얼마나 정당한지에 대해 진지한 재검토를 요구한다. 사드는 사람들에게 스스로 대면하기 껄끄러워하는 거울을 들이민 것이다.

하지만 사드에 대한 보부아르의 견해는 오해의 여지가 있다. 그녀가 보기에 사드는 계몽 사상가와는 다른 방향을 취했다. 자연주의의 옹호라는 발상은 비슷하지만 그 방향은 악으로 향한다. "사드가 이용하는 자연주의는 인간의 편견이나 이익에 호소한다는 한계가 있다. 동시대인들이 선을 위해 활용하려던 예증을 악을 위해 사용함으로써 그는 심술궂은 쾌락을 발견했다." 루소와 볼테르는 자연적 본능을 선하게 여겼지만 사드는 인간의 본성에서 악을 찾았다는 것이다. 토머스 홉스가 《리바이어던》에서 주장한 "인간은 인간에 대해 늑대"라거나 "자연 상태는 전쟁 상태"라는 논리와 유사한 결론에 도달한 것으로 여긴다. 즉 보부아르가 보기에 사드는 인간의 자연적 본성을 악에서 찾았다. 하지만 사드가 자연의 감정을 통해 요구한 '악덕'이나 '악행'은 인간 본성을 악하다고 보는 견해와는 다르다. 그가 자연의 이름으로 적극적으로 추구하는 '악행'은 사회가 그렇게 규정한 것이지, 인간의 타고난 성격이 아니다. 본성에 대한 그의 문제의식은 선악이라는 잣대 자체를 거부하는 데 초점이 있다. 사회가 규정해놓은 인위적 구분에서 벗어나자는 주장이다.

그렇다고 해서 사드를 자연주의자라고 볼 수는 없다. 자연의 이름으로 종교, 도덕, 법적 규범을 거부하고 본능적 욕망을 주장했지만 자연으로 회귀하자는 것은 아니었다. 푸코가 《광기의 역사》에서 강조하듯이 "사드의 욕망은 현상적으로만 자연의 재발견으로 이끈다. 태어난 곳으로의 회귀는 존재하지 않는다." 사드가 희망하는 것은 자연적인 삶과는 거리가 멀다. 그의 정서는 쾌락에 기초한 도시적 향락이지 자연이 제공한 원초적 인간관계가 아니다. 푸코의 지적대로 사드가 재발견한 자연은 욕망의 논리를 이끌어내기 위한 현상적 차원에 머문다. 공동체의 자연적 관계를 경멸한다는 점에서 자연으로의 회귀가 아니다.

사드에게 성적 욕망은 인간이라면 누구나 가지고 있는 본질적 요소다. 하지만 누구에게나 동등하게 주어진 평등한 권리인가에 대해서는 상반된 논리가 동시에 등장한다. 때문에 저작 전체가 아니라 특정한 대목만을 놓고 보면 그에 대한 양 편향에 빠질 수 있다. 전체 맥락을 통해 이해해야 그가 진정으로 말하고자 했던 바가 무엇인지 정확하게 이해할 수 있다. 먼저 성적 욕망 앞에서 사람은 높고 낮음이 없다는 취지의 내용을 살펴보자.

사드는 《악덕의 번영》에서 자신의 분신인 줄리엣을 통해 신분의 차이를 경멸한다. 왕이 참석한 섹스 파티에서 노골적으로 왕의 권위를 부정한다. 자신이 특별한 권리가 있다고 여기는 왕에게 줄리엣은 최하층 인간 이상으로 존경해야 할 사람이 아니라고 말한다.

전 당신처럼 정욕을 존경한답니다. 하지만 신분에 대한 경의에는 완강히 반대해요. 당신은 인간으로서 제 모든 걸 얻어갈 수 있지만, 왕으로서는 어떤 것도 얻지 못할 거예요.

줄리엣은 이 세상에 특별히 뛰어난 인간이 존재한다는 것을 믿지 않는다. 자신은 평등사상을 열렬히 믿는 사람이라고 강조한다. 특히 왕이나 귀족 같은 신분은 자신의 능력이 아니라 우연히 얻어진 결과라는 점에서 더욱 존경할 여지가 없다. 《알린과 발쿠르》에서도 타고난 지위의 허상을 지적한다.

내 출생에 대해서는 여러 말 하지 않겠다. 순전히 우연의 혜택일 뿐, 공연히 사람을 우쭐대게 하는 출신성분의 미몽 때문에 얼마나 어처구니없는 오류에 빠져 지내왔는가를 언급하는 데 만족할까 한다.

자연의 눈으로 볼 때 인간은 원숭이보다 더 나을 게 없는 존재인데, 심지어 태어날 때부터 특별한 지위를 갖는 존재는 더욱 인정할 근거가 없다.
또한 남성과 여성은 동등하게 성적 욕망을 누릴 권리가 있다.

인간이라면 귀족이건 노예건 부자이건 거지이건 간에 오로지 남성이라는 이유와 여성이라는 이유만으로 사랑의 행위를 공유할 수 있는 자격을 갖고 있다. 그것은 인류의 오랜 역사가 시작된 이래로 부인할 수 없는 절대 진리다.《성처녀의 욕망》

인간이라면 성별을 가리지 않고 모든 쾌락을 누릴 권리가 있다. 특히 자연 상태에서 여성은 성적으로 분방하게 태어났다. 동물 세계에서 암컷이 모든 수컷과 분방하게 짝짓기를 할 수 있는 것과 마찬가지로 여성이 성적 쾌락을 누리는 것은 자연의 법칙이다.
원시사회를 살펴보면 더욱 분명해진다. 원시인들은 관계에 있어서 제한을 두지 않았고 여성이라고 해서 자신의 욕구를 억누를 필요가 없었다. 자연의 의도는 누구든지 원래의 욕구를 다 드러낼 수 있도록 허용했다. 하지만 법과 도덕체계가 만들어지면서 여성의 욕망은 억압당하고, 욕망은 남성의 특권으로 자리 잡게 되었다.

한 여자를 한 남자에게 옭아매는 모든 관계는 부당할 뿐만 아니라 말도 되지 않소. (……) 되도록 많은 남자와 즐기는 것을 법이 허용해주기를, 또한 여자에게도 남자처럼 남녀를 가리지 않고 모든 사람과 즐기는 것이 허용되기를 바라오.(《규방철학》)

사드에 따르면 자연은 한쪽 성에게 다른 성을 지배할 권리를 준 적이 없다. 그런데 일부일처제라는 가족제도가 생겨나면서 여성에 대한 성적 억압이 시작되었다. 여성은 오직 한 사람에게만 몸을 맡겨야 한다는 규범이 만들어지면서 자연의 원래 의도가 퇴색되었다. 심지어 여자를 납치하여 소유하는 일까지 생겼다. 한 여자를 소유한다는 것은 노예의 소유만큼 부당한 일이다. "모든 사람은 자유롭게 태어났으며 모두 권리에 있어서 평등"한데, 여자를 소유하는 가정이라는 제도는 자유를 근본적으로 부정하기 때문이다.

여기까지는 적어도 성적 자유 측면에서 인간 사이에 차별을 두지 않는다. 그런데 다른 대목에서는 매우 상반되는 내용이 적지 않게 나온다.

만일 강자가 약자를 지원한다면 자연을 거스르는 행위지. (……) 연민이라는 감정이 자연의 법칙에 따라서 요청된 불평등 상태를 어지럽히도록 우리를 이끄는 것이라면, 그것은 미덕은커녕 엄연한 악덕이야.(《악덕의 번영》)

강자와 약자의 분별과 강자의 권리를 노골적으로 주장한다. 아주 작은 몸집을 가진 피그미족과 헤라클레스와 같은 큰 골격을 가진 종족은 이미 차이를 지니고 있다. 타고난 강함, 아름다움, 후리후리한 키, 말재간 등은 강자 또는 지배자의 특징이다. 강한 자는 원하는 만큼 약자를 이용할 수가 있다. 강자가 약자를 억압하는 것은 자연스러운 일이다. 강자의 특권인 가해, 폭력, 잔인성, 횡포, 부당성은 자연이 부여해준 것이기에 순수하다. 그러므로 약자를 지배하는 것에 양심의 가책을 느낄 필요가 없다.

연민의 감정으로 약자를 지원하는 것은 자연의 원리에 어긋난다. 더군다나 약자에게 권력의 일부를 넘겨주면 자연의 질서가 파괴된다. 그런 점에서 연민이나 유대, 동포애라는 말은 약자가 만들어낸 생각이다. 강자와 약자의 불평등은 자연계의 법칙이다.

> 자연계의 법칙은 조화롭지도 일치하지도 않으므로, 우리 개인은 재산에 있어서나 육체에 있어서나 불평등하기 마련이야.《소돔의 120일》

동물의 세계에서 보듯이 자연은 강자와 약자를 분명하게 구별한다. 자연이 태초에 강자와 약자를 만든 의도는 분명하다. 양이 사자에게 먹히고 곤충이 코끼리에게 먹히듯, 약자는 항상 강자의 지배를 받으라는 것이었다. 강자가 우선권을 갖는 것은 자연의 법칙이다. 모든 존재 사이에 구별이 없어진다면 자연계는 잠시도 존속할 수 없다. 그러므로 불행한 사람에게 자선을 베푸는 쾌락은 망상이다.

그러면 사드의 입장을 도대체 어떻게 이해해야 할까? 워낙 서로 충돌하는 내용이어서 전체 맥락을 이해하지 못하면 엉뚱하게 해석할 수밖에 없다. 그는 기본적으로 타고난 불평등을 인정한다. 여기에서 타고났다는 것은 필연적으로 갖는 차이를 의미한다. 사자와 사슴이 모두 네 발이 달렸다고 해서 동등하다고 볼 수는 없다. 자연계의 먹이사슬은 개체의 선택에 의해 생겨난 질서가 아니다. 자연의 질서는 동등하다는 의미의 질서와는 다르다. 강자와 약자의 구별 속에서 수직적 위계 질서를 이룬다. 인간 사회도 마찬가지여서 더 강한 체력과 지력을 타고났다면, 타고난 재능으로 부와 권력을 가졌다면 강자로서 지배력을 행사하는 것이 당연하다.

하지만 인간 사회의 모든 불평등이 정당화되지는 않는다. 자연적 차이에 의한 불평등이라면 정당하지만, 인위적 차이를 근거로 차별한다면 인정할 수 없다. 즉 타고난 성질이 아닌, 우연적인 요소에 의한 차별에는 반대한다. 앞에서도 언급됐듯이 왕족이나 귀족처럼 세습된 권위는 우연하게 그 집에서 태어났다는 이유로 얻게 된 힘이기 때문에 존중받을 이유가 없다. 여러 편지 내용을 볼 때 사드는 현실적으로 입헌군주정을 바람직한 대안으로 여긴 듯하다. 왕족이나 귀족을 완전히 부정하지는 않았지만 세습된 권위의 허구성을 노골적으로 지적했다는 점에서 당시로서는 상당히 앞서갔다고 볼 수 있다.

여성에 대한 남성의 배타적 권리를 부인한 점은 더욱 주목할 만하다. 사드에 따르면 여성도 남성과 똑같이 욕망을 누릴 권리를 갖고 태어났다. 남성들은 가정 밖에서 자유롭게 성적 쾌락을 즐기면서, 여성에게는 집 안에서 정숙한 생활을 하라고 요구하는 현실에 극도의 반감을 가졌다. 오히려 여성은 육체적으로 남성보다 왕성한 성생활을 누릴 수 있는 특징을 가지고 태어났기에 더 자유롭게 살아야 한다. 사드가 여성을 성적으로 좌지우지한다고 보는 것은 심한 편견이다. 그의 소설 곳곳에서 여성이 주도적으로 향락 파티를 열고 논의를 주도하며, 여러 남성을 상대로 성행위를 주도하는 장면이 자주 나온다. 성적인 면에서만 본다면 가부장적 사고가 뿌리 깊은 사회에서 상당히 파격적인 입장이라고 볼 수 있다.

채찍질, 교감과 연대

사드의 가학성애는 어떻게 봐야 하는가. 사드가 가장 사회적 물의를 일으켰던 것은 폭력을 동반하는 가학성애였다. 그의 소설이 금지의 대명사가 되고, 인생의 3분의 1을 감옥과 정신병원에서 보내야 했던 것도 결국은 가학성애 때문이었다. 바스티유 감옥에서 집필한 소설《소돔의 120일》에는 가학성애가 극단적인 형태로 나타난다.

악행은 방탕과 마찬가지로 나의 그것에 기운을 주지. 확실히 악행은 우리를 흥분시키는 방탕을 목적으로 하고, 악행을 저지른다는 생각이 그것을 발기시키는 거라네. 그것을 발기시키는 것은 악행 자체이지, 악행이 목적은 아니야.

사드의 주인공들은 악행보다 더 고상한 취미는 없다고 생각한다. 가학성애가 결합될 때 근질근질 쾌감이 샘솟고 성기에 불이 붙는다. 악행에서 쾌락을 추구하기 위해서는 단순히 거친 말과 행위로는 부족하다. 잔인함을 통해 서로의 쾌락이 증가하는데, 가장 효과적인 방법이 바로 가학성애다. 하지만 목적은 분명하다. 때리거나 맞는 것 자체가 목적은 아니다. 그로 인해 고양되는 성적 흥분이 목적이다.

이야기가 전개될수록 가학적 성행위가 더욱 강렬해진다. 채찍이나 촛농 같은 도구를 이용하여 상대에게 신체적 고통을 준다. 사드는 이러한 행위에 악이라는 딱지를 붙이거나 처벌하는 것을 비판한다. 사디즘과 마조히즘은 자연이 인간에게 부여해준 충동이기 때문이다.

잔혹함은 죄악이기는커녕 자연이 준 근본적 감정이야. 어린아이는 철들기 훨씬 이전에 장난감을 부수고, 유모의 젖꼭지를 물고, 새의 모가지를 비틀지 않더냐. 동물의 잔인성에서 볼 수 있듯이 자연법칙은 동물에게 더 확실하게 적용됐지.《규방철학》

사드에 따르면 가학성애와 연관된 잔인성도 자연적 원리에서 벗어나지 않는다. 자연성이 훨씬 더 분명하게 드러나는 동물을 보더라도 잔인성은 일시적이거나 우연한 현상이 아니다. 아이들은 폭력적이라 느껴질 정도로 애완동물을 괴롭히기도 하고 물건을 던지기도 한다. 그러므로 잔인성은 퇴폐의 소치가 아니라, 인간의 자연스러운 에너지이자 미덕일 뿐이다.

또한 사디즘은 지배하고자 하는 욕구의 표출이라는 점에서도 인간의 자연적 성향과 가깝다. 지배하고자 하는 욕구는 인간의 내면 깊숙이 존재하는 욕망으로서 어느 누구도 여기에서 자유롭지 못하다. 다만 법과 도덕이라는 테두리 안에 갇혀 있기 때문에 무의식 속에 잠복하고 있을 뿐이다.

사디즘은 일방적인 성격 때문에도 비판을 받는다. 일방적으로 상대에게 고통을 주고 자신의 만족을 구한다는 점에서 용납될 수 없는 행위라는 비판이다. 다음과 같은 내용이 문제가 된다.

대상이 좋아할 것이냐 아니냐를 알 필요가 없다. 강렬한 충격으로 자신의 신경 덩어리를 뒤흔드는 것만이 중요하다. 쾌락보다도 더 강렬한 자극을 주는 고통, 타인이 고통을 받을 때 그로 인해 얻는 충격은 근본적으로 더 생기 있는 진동이다.

하지만 사드가 항상 상대방의 감정과 관계없이 일방적으로 때리면서 쾌감을 느낀다는 지적은 과도하다. 상대의 동의와 무관하게 행사되는 폭력도 있지만, 동의를 얻는 경우가 적지 않다. 특히 후기의 소설로 갈수록 동의의 필요성을 강조하는 내용이 자주 나온다. "준비 단계를 위해서 외제니는 내가 자신에게 채찍질을 해도 된다는 동의를 해야만 하네."

또한 남성이 여성을 일방적으로 때리는 데 머무는 것도 아니다. "나 스스로 채찍질을 받고 거기에서 묘미를 구하기 위해 외제니에게 채찍질을 한 것이었소." 여성도 남성에게 채찍질을 한다. 실제로 논란이 됐던 사건의 재판 기록을 보면 사드는 여성에게 자신을 때리라고 요구했다.

《성처녀의 욕망》에서 채찍질을 거부하는 여인에게 남자가 "언젠가 내게 더 힘껏 어깨를 깨물어달라고, 제발 그렇게 해달라고 애원한 적이 있었던 것 같은데?"라고 빈정대자 여인이 당당하게 주장한다.

그건 달라요. 사랑이 고조돼 고통이 오히려 사랑의 양을 배가시켜주기 때문이에요. (……) 지금 당신의 행위는 단지 학대를 위한 학대, 즉 고통을 위한 고통이라는 얘기죠. 그건 잔인하고 무의미하고 저속한 짓이에요.

사드는 여인의 입을 통해 폭력을 위한 폭력은 쾌락과 아무 관계가 없다는 것을 분명히 한다. 상대의 마음속에 두려움만큼 큰 기대심리가 일어날 때 서로가 즐거울 수 있다. 그러한 교감이 있다면 가학성애에 참여한 어느 누구의 입에서도 증오나 경멸의 말이 나오지 않는다는 것이다.

다른 문제와 마찬가지로 가학성애와 관련해서도 사드 소설의 특정 대목만을 언급할 때 오독이 생길 수 있다. 사드를 적극적으로 재검토할 필요가 있다고 주장하는 보부아르도 종종 그러한 함정에 빠진다.

사드의 가장 두드러진 특징은 다른 사람들과 그 사이에 어떠한 연대성도 드러나지 않는다는 점이다. (……) 사드를 짓누르는 저주는 폐쇄성이고, 이 폐쇄성이 언젠가 자기를 망각하는 것, 타자의 현존을 언젠가 실현하는 것을 금지해버린다.(《사드는 유죄인가》)

보부아르는 사드에게 다른 사람들과 연대성이 없다고 단정한다. 철저히 폐쇄적이었고 한편으로는 자기를 비우는 것, 다른 한편으로는 상대의 자기실현을 봉쇄했다고 지적한다. 바타유도 보부아르와 어느 정도 비슷한 편견을 가지고 있다.

사드 체계에서 정신적 고립은 제동 장치의 제거를 의미하며, 낭비에 깊은 의미를 부여한다. 다른 사람의 가치를 인정하는 사람은 한계가 있을 수밖에 없다. (……)˚ 연대성은 절대성이라는 단어가 지시하는 자리를 점령하지 못하게 한다.《에로티즘》)

바타유가 보기에 사드 에로티즘의 마지막 영역은 상대를 부정함으로써 비로소 열린다. 가학성애 파트너와 교감하고 협력해서는 강한 쾌감에 이를 수 없다. 교감하지 않고 일방적으로 잔인하게 행동할 때 쾌감이 극대화된다. 그리고 사드는 이를 일관되게 추구했다는 것이다. "사드 사상의 근간은 파트너의 이익과 삶에 대한 가장 무차별한 부정으로 압축된다." 다른 사람의 불편이나 사정을 고려한다면 욕망에 끝까지 매달릴 수 없기 때문에 상대방을 고립시키고 부정함으로써 만족을 구하는 방식이라고 말한다.

사드의 소설에서 그런 대목이 나오기는 하지만, 사드를 규정짓는 특징으로 보기는 어렵다. 위의 몇몇 대목에서 살펴보았듯이 교감을 통해 이루어지는 가학성애의 경우 타인과의 연대성이나 타인의 자기실현을 배제하지 않는다. 더 정확히 말하자면 사디즘과 마조히즘은 다른 어떤 성행위보다 상호 교감과 상호 만족이 더 중요할 수 있다. 이 점을 보부아르나 바타유는 이해하지 못하고 있다.

그러한 면에서 질 들뢰즈가 조금 더 사드의 문제의식에 접근했다고 봐야 한다. 그 역시 사드의 특징을 사디즘과 마조히즘이라는 가학성애에서 찾는다. 하지만 상호 교감과 유대의 가능성 안에서 접근한다.

사디스트와 마조히스트가 서로 만나는 것은 당연하다. 즉 괴롭히길 좋아하는 사람과 스스로 괴로움을 즐기는 사람이 있다는 사실이 상호 보완관계를 규정해서, 두 성향 간의 접점이 없다면 매우 이상하게 느껴질 수도 있는 것이다.(《냉정과 잔혹》)

가학성애를 즐기는 사람은 때리는 쪽이든 맞는 쪽이든, 아니면 서로 번갈아서 채찍을 들든, 일반 사람들이 모욕을 느끼는 바로 그 행위를 통해 만족에 도달한다. 보통 사람이라면 이런 식으로 취급받는 것이 가당치 않다고 여기는 지점을 그들은 스스로 원하여 즐긴다. 사디즘은 마조히즘을, 반대로 마조히즘은 사디즘을 전제로 해서만 충족될 수 있는 쾌락이다. 만약 서로 간의 상호 보완관계를 부정한다면 공허한 관계에 머문다. 오히려 상호 보완관계와 공모, 연대감이 있어야지만 가능한 욕망이라고 봐야 한다.

당시 사회 현실은 어떤 점에서는 사드의 가학성애보다 더욱 잔인하고 일방적이었다. 푹스의 《풍속의 역사 Ⅲ》에 소개된 내용을 보면, 18세기 유럽 사람들은 잔인함을 통해 만족을 얻는 경향이 있었다. 또한 그 양상은 사드가 실제로 시도한 바와는 비교도 되지 않을 정도로 가혹하고 일방적이었다.

사형수가 고문을 당하고, 죽음으로 나아가는, 참으로 끔찍한 구경거리가 대부분의 구경꾼에게는, 특히 여자들에게는 훌륭한 자극제에 불과했다. 그들은 이러한 광경을 희희낙락 구경하면서 야만적인 방법으로 자신의 육욕을 채웠다.

당시 사형 집행은 공개적인 구경거리였고 축제 역할을 했다. 재판에서 사형선고가 내려지면 도시 전체가 흥분의 도가니에 휩싸였다. 드디어 사형이 집행되는 날에는 음란한 기운이 천지에 진동했다. 서민은 물론이고 최상류 계급에 이르기까지 방탕한 축제에 적극적으로 가담했다.

사형 집행일 도시의 유곽에는 발 디딜 틈 없이 사람들이 몰려들어 술과 노래, 향락에 몸을 맡겼다. 귀족이나 부자들은 많은 돈을 내고 처형장에서 가까운 집을 빌렸다. 높은 발코니에서 사형이 집행되는 것을 구경하면서 귀부인들은 곧 폭발할 것 같은 육욕을 가장 세련된 방법으로 충족시켰다. 귀부인들은 화려한 옷을 입고 사형대가 보이는 발코니가 딸린 방에서 연회를 열었다. 이때 노골적인 유혹을 비롯하여 온갖 파렴치한 행위를 서슴지 않았다.

사형 집행 날 도시 전체가 가학적 축제에 휩싸였다고 해도 과언이 아니다. 이를 위해 사형수는 가장 잔인한 방법으로 고문을 받으며 군중들의 가학적인 호기심을 충분히 채워준 후에야 처형을 당했다. 살갗과 피가 튀고, 비명이 터져 나오는 장면을 보면서 사람들은 짜릿한 환호성을 질렀고, 발코니가 딸린 주변 건물에서는 질펀한 파티가 열렸다. 이보다 더 잔인할 수 없고, 이보다 더 일방적일 수 없는 가학 축제였다. 만약 사드에게 돌을 던져야 했다면 당시 사람들은 훨씬 더 큰 쇳덩이를 자신을 향해 던져야 했을 것이다.

사드는 끊임없이 정욕을 정치적, 사회적 문제와 연결시킨다. 소설 속에서 벌어지는 향락 파티에는 성직자, 정치가, 법관이 자주 등장한다. 이들의 입을 통해, 혹은 이들을 상대로 줄리엣이 쏟아내는 말을 통해 법과 제도, 정치에 대한 사드의 문제의식이 드러난다. 특히 정욕과 법을 비교하는 내용이 종종 등장한다.

> 정욕과 법률 가운데 어느 것이 인간을 더 행복하게 했는지 생각해봐요. (……) 인간은 정열을 잃거나, 정열적이기를 멈추는 순간 쓸모없는 존재가 되고 말아요. 정욕을 가로막는 법률이 얼마나 위험한지를 생각해보았으면 좋겠소. 《악덕의 번영》

인간에게 행복을 가져다주는 것은 법이 아니라 정욕이다. 여기에서 법은 사회와 국가, 제도적 강제 등을 포괄하는 개념이다. 인간을 생생하게 살아 있게 하는 힘은 정열에서 나온다. 그리고 그 정열은 인간이 타고난 본성을 발휘할 때 불타오른다. 반대로 법은 정열을 방해한다는 점에서 오히려 인간을 불행하게 만든다. 사회와 법은 인간의 타고난 본능을 억제하는 쪽으로 작용하기 때문이다. 그래서 법이 체계화되고 강력해질수록 범죄도 늘어난다.

> 가장 무질서한 시대와 법률이 가장 엄격했던 시대를 비교해보면, 위대한 행위가 세상을 찬란하게 밝힌 시대는 오히려 법률이 침묵하던

때였음을 쉽게 알게 될 거요.

사드가 보기에 법이 확대되면 당연히 더 많은 본능이 억압된다. 특히 근대에 접어들어 다수가 상식이라고 생각하는 범위에서 벗어나는 성행위가 법적으로 처벌받는 경우가 많았다. 또한 사회가 문란해지기 때문에 처벌해야 하는 죄목들은 대부분 본능과 관련이 있다. 그런데 본능은 쉽사리 제어될 수 없으므로 법이 늘어날수록 범죄가 늘어난다.

특히 법은 전체 이익이라는 명목으로 개인 이익을 침해한다는 점에서 큰 문제가 있다. 일반적으로 국가 법률은 우리에게 정의와 정의가 아닌 것을 구별하는 나침반으로 기능한다. 법률은 대부분 어떠한 행위를 옳지 못하다고 판단하고 금지하는 방식으로 나타난다. 그런데 법이란 전체 이익에 초점이 맞춰져 있다.

개인 이익만큼 전체 이익과 모순되는 것은 없으며, 동시에 개인 이익 이상으로 정의로운 것은 없소. 그러니 모든 개인 이익을 전체 이익을 위해 희생하게 하는 법률은 어느 모로 보나 정의라고 할 수 없지 않소?

사회는 개인 이익과 전체 이익을 갈등과 충돌 관계로 규정한다. 개인 이익이 전체 이익을 훼손한다는 전제에서 출발하는 경우가 많다. 하지만 개인 이익과 별도로 작동하는 전체 이익이라는 발상 자체가 터무니없다. 개인과 무관한 전체라면 이미 그것은 살아 있는 전체가 아니기 때문이다. 실질적 전체이기보다는 일부 세력이 자신의 이익을 전체라는 이름으로 포장하고 있을 뿐이다.

사드는 주로 성적 욕망을 통해 개인의 이익을 강조한다. 성적 욕망은 개인의 이익이 개인의 타고난 권리이며 인간을 행복으로 이끄는 핵심 요소임을 분명하게 밝히기 쉽기 때문이다. 전체 이익을 위한다는 명분으로 개인 이익을 억압하는 법이 정당화될 수 없다고 여기는 관점은 사회계약론과 연관성이 있다. 하지만 사드는 홉스의 사회계약론과는 거리를 둔다.

인간은 사회생활을 원하는 존재이므로 개인적 행복의 일부분을 공공 행복을 위해 희생해야 한다고 말하는 사람이 있겠죠. 좋소, 하지만 이런 계약을 만들었으면 적어도 희생한 만큼은 확실하게 되돌려받을 수 있어야 하지 않겠소?

사드가 보기에 사회 전체의 이익을 위해 개인의 행복을 희생해야 한다는 논리에는 오류가 있다. 만약 정당한 계약이라면 개인이 희생한 만큼 무언가 돌아오는 것이 있어야 한다. 어떤 바보가 손해 보는 계약에 동의하겠느냐는 것이다. "인간은 법률을 인정하면서도 자기가 만든 계약으로부터 무엇 하나 되받아내지 못하고 있단 말이오. 그 증거로 여러분은 이 계약을 만족스레 여기기보단 무거운 짐짝으로 여기고 있지 않습니까." 하지만 돌아오는 것은 없고 개인이 희생해야 한다는 점에서 홉스의 사회계약론 발상은 폭력에 가깝다.

그러므로 사회가 전체 이익이라는 명목으로 통념과 다르다고 처벌하는 것은 인정될 수 없다는 주장이다. 만약 그렇게 정욕을 억누르는 통제가 법의 정의라면 차라리 없는 것이 낫다. "법률의 지배는 무질서보다 못해요." 그가 보기에 폭군은 무질서 상태에서 등장하는 것이 아니다. "폭군은 법률의 그늘 아래서만 고개를 들고, 법률에 의해서만 권위를 지니기 때문이다." 그러므로 법률로 인간을 선량하게 하겠다는 따위의 생각은 그만두는 게 좋다. 법이 사회를 움직이는 주요 원리가 되는 한, 인간은 점점 더 교활해지고 악랄해질 뿐, 선량해지는 일 따위는 결코 없다.

사드의 관점은 사회계약론 전체를 부정하는 것이라기보다는 전체 이익을 위해 군주나 정부에게 개인의 권리를 양도해야 한다는 홉스나 로크의 사회계약론을 반박하는 성격이 강하다. 그에 비해 루소와는 문제의식에 있어서 친근하다. 루소는 《사회계약론》에서 사회계약의 근본 문제를 다음과 같이 지적한다.

저마다가 모든 사람에게는 주어지면서도 아무에게도 주어지지 않는 셈이며, 자기가 양도하는 것과 같은 권리를 얻지 않는 자는 하나도 없으므로, 자기가 잃는 것과 맞먹는 것을, 또 자기가 가진 것을 보존하기 위한 더 많은 힘을 얻게 된다.

먼저 "자기가 양도하는 것"은 사회 구성원 모두에게, 즉 사회에 양도하는 것이다. 개인이 집단에게 자신의 권리를 내놓는다는 뜻이다. 모든 개인이 자신의 이해만 주장하면 사회 질서를 유지할 수 없기 때문이다. 내가 사회에 무언가를 양도하면 그것은 내가 지켜야 할 어떤 '의무'로 다가온다. 결국 루소가 말한 사회계약의 기본 원칙은 '모든 사람이 의무와, 그에 걸맞은 권리를 가져야 한다'가 된다. 모든 사람이 의무와 동일한 만큼의 권리를 가질 때 사회 질서를 유지하면서도 개인이 자유로울 수 있다는 뜻이다.

그래서 루소는 "자기가 잃는 것과 맞먹는 것을" 얻어야 한다고 말한 것이다. 어떤 사람에게 의무는 많은데 권리가 적다면 이는 분명히 억압적 상황이다. 반대로 누군가 의무보다 권리가 많으면 다른 누군가는 권리를 적게 가져야 한다. 이것 또한 억압적 상황이다. 의무와 권리가 일치할 때 공평하고 자유로운 계약이 성립한다는 것이 루소의 주장이다. "이런 계약을 만들었으면 적어도 희생한 만큼 확실하게 돌려받을 수 있어야 하지 않겠소?"라고 문제를 제기한 사드의 생각과 유사하다.

사드가 어떤 정치적 견해를 가졌는지는 이 글에서 주된 고민 과제가 아니다. 사실 정치적 견해를 보자면 사드의 소설에는 서로 모순되는 내용이 가득하다. 어떤 대목에서는 마키아벨리를 옹호하는가 하면, 다른 대목에서는 벤담의 공리주의에 영향을 받은 내용이 나온다. 여기에서는 주로 성적 욕망과 연관되는 정치적 내용으로 제한해서 살펴보았다.

사드는 개인의 정욕이 사회 전체의 이익을 위한다는 명목으로 처벌받아서는 안 된다고 보았다. 또 행복을 위해서는 언제나 정욕을 추구할 권리를 가져야 한다고 생각했다. 성행위도 개인이 결정해야 할 사항이다. 가장 바람직한 것은 자연 상태 그대로 욕망을 드러낼 수 있는 사회다. 사회 유지를 위해 불가피하게 법이 필요하다고 하더라도 자연이 부여한 개인의 성적 욕망을 간섭할 수 없다는 주장이다. 이 과정에서 사회에 대한 그의 문제의식을 살펴볼 수 있었다.

사드는 확실히 사회의 현실, 사회의 운영 원리에 대한 나름의 통찰을 가지고 성적 욕망이 지니는 의미를 탐구하고자 했다. 호르크하이머와 아도르노는《계몽의 변증법》에서 그 특징을 다음과 같이 설명한다.

> 줄리엣은 터부를 자각하고 실행한다. 그런 행동을 지탄하는 가치판단에 정반대의 가치판단을 내세움으로써 보상받으려 한다. (……) 모든 향락은 승화된 감정 속이든 아니든 상관없이 사회적이다. 향락은 소외로부터 나온다. 향락은 자기가 범한 것이 무엇인지 모를 때조차 문명으로부터, 즉 확고한 질서로부터 빠져나와 자연으로 돌아가기를 갈망한다.

그들이 보기에 사드의 주인공들이 보여주는 자유로운 성은 종교적 강제, 이성 중심의 근대 철학의 도덕적 억압에서 벗어나려는 탈출을 의미한다. 특히 문명과 확고한 질서에서 빠져나온다는 지적은 합리성과 효율성을 중시하는 근대적 사고와 연관된다. 근대 도덕론은 종교가 허약해진 틈을 이성이 비집고 들어가 다시 인간의 자유를 제약하려는 성격을 갖기 때문이다.

사드의 활동은 근대의 도덕률에 의해 감금된 감정과 욕망을 난교와 가학성애를 통해 부활시키려는 시도다. 문명에 의해 터부시된 태곳적 행동방식을 되살림으로써 도덕률에 균열을 내고자 한다. 줄리엣이 "터부를 자각하고 실행"한 데서 알 수 있듯이 다분히 의식적이라는 데 더 의미가 있다.

물론 그렇다고 해서 사드의 시도 전체를 수용하는 것은 아니다. "사드에게 계몽은 아직은 정신적 현상이 되지 못한 단순한 사회적 현상이었다." 호르크하이머와 아도르노는 사드가 아직 계몽을 지식의 체계로까지 파악하지 못하고 단지 사회 현상으로 이해했기 때문에 근대의 이성관을 부정하는 역전의 지점까지 밀고 나가지 못하고 단순한 일탈 행위에 그치고 말았다고 지적한다.

하지만 관료적 통제와 장시간 노동이라는 문명의 속박에서 벗어나 향락적 축제를 통해 자유를 누리고자 한 행위라는 점에서 적극성을 지닌다고 해석한다. 들뢰즈가 "폭군은 법의 언어로 말한다. (……) 사드의 주인공들은 일종의 반反언어를 만들어냄으로써, 기묘한 반反폭정의 양상을 취한다"(《냉정과 잔혹》)라고 지적한 내용도 그 연장선상에 있다. 사드에게 욕망이란 법의 언어가 금지하는 몸의 언어, 즉 난교를 통해 국가체제에 의한 규제와 강제에 반발하는 의미를 가진다.

4장

푸코에게 사랑을 묻다

푸코와
68혁명

동성애자는 어떻게 살아야 하는가

현대 사회에 접어들어 성적 욕망과 관련하여 학문적, 대중적 관심을 불러일으키고 이를 평생 동안 주요 과제로 삼았던 사상가로 미셸 푸코를 꼽는 데 주저할 사람은 없을 것이다. 그의 저작 가운데《광기의 역사》를 비롯하여 세 권에 이르는 대작《성의 역사》는 성 정체성에 대한 현대적 이해의 시초이자 전형이다. 성의 본질, 성 정체성, 성과 권력의 관계 등 성과 관련한 수많은 쟁점에서 전통적인 사고를 뒤엎고 발상의 전환을 자극했다.

그 자신이 동성애자였고, 가학·피학 변태 성욕과 난교를 동경하고 경험했던 사람이기에 현실의 억압과 갈등을 겪어야 했다. 그만큼 절실한 심정으로, 비정상이나 도착이라는 이름으로 배척당하고 억압받아온 다양한 형태의 성적 욕망을 공적인 논의의 장으로 이끌어냈다.

푸코는 커밍아웃을 하지 않았지만 동성애자였다. 1946년 파리 고등 사범학교에 들어간 후부터 동성애 경향을 보였다. 그 시절 자신이 동성 애자임을 깨닫고, 남몰래 동성애자 바에 드나들었다. 그는 동성애를 인 정하지 않는 주위의 시선에 수치심을 느껴야 했고, 우울증에 시달리다 가 자살을 시도한 적도 있었다. 아버지 손에 이끌려 정신병원에 입원한 후, 의사에게 동성에게 느끼는 감정을 털어놓았지만 당시만 해도 정신 과 의사들은 동성애를 심각한 질병으로 취급했기에 우울증은 치료될 수 없었다. 이후 주위 사람들에게 자신이 동성애자임을 공공연하게 밝 히기는 했지만, 커밍아웃을 하지는 않고 조용히 게이운동에 동참했다.

대학을 졸업한 후 몇 차례 연구기관을 옮겨 다니다가 1955년에 스웨 덴 웁살라 대학의 부속기관인 프랑스 문화원장을 맡게 되었다. 프랑스 어 강좌를 맡았는데, 사드의 작품으로 강의를 해서 한 학생이 대학 간 부를 찾아가 항의했다고 한다. "아니, 프랑스어를 처음 배우는 사람들 에게 '사드의 현대적 해석'이 말이 됩니까!" 그는 주위의 의혹에 찬 눈 초리에 아랑곳하지 않고 사드 강의를 계속했다.

1960년 프랑스로 돌아와 대학에서 철학 강의를 하면서도 성 문제에 대한 그의 고민은 깊어갔다. 1963년 고등사범학교 신입생이자 10년 후 배인 다니엘 드페르와 사랑에 빠졌다. 푸코는 한 인터뷰에서 그와의 관 계를 "18년간의 열정"으로 표현했다. 1984년 푸코가 죽을 때까지 그 는 푸코에게 인생의 반려자이자 학문적 동반자가 되어주었다. 푸코는 1971년에 설립된 '혁명적 행동을 추구하는 동성애자 전선FHAR'에 참 여하기도 했다.

1975년 미국 캘리포니아 방문은 성 정체성과 성 취향에 있어서 푸코에게 또 하나의 전환점이 되었다. 버클리 대학 초청으로 샌프란시스코에 머물 때 활발한 게이 공동체를 방문하고는 깊은 인상을 받았다. 1970년대 샌프란시스코는 인구의 10퍼센트에 해당하는 9만여 명이 동성애자였고, 술집의 8퍼센트 정도가 동성애자 술집이었을 정도로 동성애자에게 열린 공간이었다. 동성애자들은 공동체를 조직해서 자신들만의 성문화를 꽃피웠다. 푸코는 남성 공중목욕탕에서 번성했던, 가학·피학 성행위가 결합된 난교에 마음이 끌렸다.

유럽에서 푸코가 경험한 동성애는 타인의 눈을 피해 은밀하게 이루어지는 것이었다. 사회적으로 동성애가 논의되더라도 미학적, 관능적 형태, 즉 수동적인 관심의 방식으로 겨우 고개를 내밀 수 있을 뿐이었다. 푸코 역시 개인적으로 특정한 사람과 은밀하게 동성애를 즐기고, 학문적인 연구와 게이운동에 참여하는 정도에 그쳤다. 하지만 샌프란시스코 게이 공동체의 경험은 그에게 감명과 충격을 동시에 주었다. 그들에게 동성애는 학문적, 미학적 연구나 은밀한 만족의 문제가 아니라 일상생활에서 적극적이고 공공연하게 누리는 행위였기 때문이다. 타인의 시선을 신경 쓰지 않고, 사회적 통제와 규율에서 벗어나 자유롭게 다양한 관계와 성적 욕망을 누리는 광경은 푸코에게 새로운 경험이자 하나의 환희였다.

공중목욕탕에서 성행위가 이루어질 정도로 동성애자의 성은 공개적이었다. 은폐된 공간에서 이루어지는 은밀한 섹스가 아니라 공공장소인 사우나에서 벌어지는 섹스 파티였다. 게다가 사회적 금기에 정면으로 도전하는 도착적 성행위가 거리낌 없이 벌어지는 장면이 푸코를 사로잡았다. 그에게 공중목욕탕은 성적 해방구였던 셈이다.

푸코는 오랜 세월 동성애와 가학·피학 변태 성욕에 영향을 받았고, 이를 역사적으로 분석하고자 했다. 《성의 역사》는 그의 오랜 연구의 결과물이었다. 제2권 서문에서 자신의 문제의식을 다음과 같이 밝힌다.

글의 동기는 집요하게 반복되는 내 존재의 고통에 대한 연민과 호기심이다. 성에 대해 이것저것 탐구하려는 호기심은 아니었다. 나 자신으로부터 자유로워지기 위해 어떻게 해야 하는지 궁금했다. 글을 쓰는 나 자신이나 읽는 독자들이나 일탈하지 않는다면, 자신을 규정하는 것들로부터 일탈해서 변화의 기미를 느낄 수 있는 곳으로 가지 않는다면, 호기심이든 욕구든 무슨 소용이란 말인가? 살다 보면 절대적으로 알아야 할 때가 있다.

성의 역사에 대한 관심은 푸코 자신에게서 출발한다. 그렇다고 해서 성에 대한 단순한 호기심은 아니다. 대학 시절부터 자신의 성 정체성과 사회적 편견 사이에서 느껴야 했던 고통의 정체를 파악하고자 하는 호기심이었다. 대학 시절 남과 다르다는 것을 확인하고도, 나아가서 남성을 연인으로 두고 있으면서도, 심지어 게이운동에 동참하면서도 적극적으로 자신을 드러내지 못했던 내적 한계에서 자유로워지기 위해 성 문제를 탐구하기 시작한다. 결국 성적 욕망에 대한 간절한 탐구는 자신이 누구인지, 다른 사람과 무엇이 어떻게 다른지, 어떻게 살아야 하는지에 대한 치열한 고민의 과정이었다.

그는 독자에게 현재까지 자신을 규정해온, '정상'이라는 규정과 규범에서 일탈하라고 권한다. 일탈을 경험하지 못한다면 자유나 욕망이 무슨 의미가 있겠느냐고 묻는다. 지금까지 자신을 지배한 통념 그대로라면 고민은 시간 낭비에 불과하기 때문이다. 결국 어제와 다름없는 오늘, 그리고 똑같은 내일을 살아갈 테니 말이다. 진정으로 자신의 본질과 욕망에 관심과 의문을 가진다면 상식의 세계에서 벗어나 끝까지 달려가보는 한계 경험이 필요하다. "절대적으로 알아야 할 때"를 놓치지 말라고 한다. 여기에서 '절대로'는 어떤 절대 진리를 의미하지 않는다. 그만큼 근본적인 탐구와 경험의 제안인 것이다.

| 정상과 비정상의 기준?

푸코에게 사랑은 무엇이었을까? 사랑의 의미에 대한 그의 생각을 살펴보자.

> 사랑을 나눈다는 것은 스스로를 되찾은 자신의 몸을 느끼는 것이다. (……) 당신을 가로지르는 타자의 손길 아래서, 보이지 않던 당신 몸의 온갖 부분이 존재하기 시작한다. 타자의 입술에 대응해서 당신의 입술은 감각적인 것이 되고, 반쯤 감겨진 그의 눈앞에서 당신의 얼굴은 확실성을 얻게 된다.(《헤테로토피아》)

무엇보다 사랑은 몸과 떨어질 수 없다. 대신 단순히 내 몸이 타인의 몸과 만나는 과정이 아니다. 우리는 흔히 내 몸은 내가 가장 잘 안다고 여긴다. 하지만 푸코에 따르면 사랑을 통해 내 몸은 스스로를 되찾는다.

몸은 형태나 구조적 기능에만 머물지 않고 감각을 통해 우리와 만난다. 수많은 사물과 현상을 접하면서 자기 몸의 감각을 확인하고 계발한다.

특히 사랑은 우리가 전혀 몰랐던 감각을 일깨운다. 상대를 통해 자신의 손이나 사물로는 전혀 느끼지 못하던 감각을 만난다. 평소에는 보이지 않던 자기 몸의 온갖 부분이 비로소 존재한다는 것을 깨닫는다.

예를 들어 입은 음식을 먹거나 말을 하는 역할을 한다. 하지만 사랑을 하고 애무를 하면 전혀 다른 기관으로 돌변한다. 뿐만 아니라 손가락, 발가락, 옆구리와 같이 평소 성과 아무런 관련이 없어 보이던 기관도 스스로를 새롭게 발견한다. 심지어 세상없이 지저분하게만 여겨지던 항문이 어떤 사람에게는 세상에서 가장 큰 즐거움을 주는 에로틱한 기관이 된다. 연인들은 상대방을 통해 자신도 모르던 자기 몸을 발견한다. 사랑은 타인의 몸과 마음을 통해 자신과 만나는 과정이다.

그런데 푸코는 왜 "스스로를 되찾은 자신의 몸"이라고 했을까? 되찾았다는 것은 빼앗긴 상태를 전제로 한다. 그는 《성의 역사》에서 유럽이 근대 부르주아 사회가 되면서 성이 은밀하게 유폐되고, 부부 사이의 섹스 이외의 성은 노골적으로 억압하게 되었다고 지적한다.

결혼 규범의 파괴나 야릇한 쾌락 추구는 단죄되어 마땅한 것이었다. 단지 중대성에 의해서만 구분될 뿐인 심각한 죄악 목록에는 외도, 간통, 미성년자 유괴, 정신적 또는 육체적 근친상간뿐만 아니라 남색 또는 여성의 동성애가 포함되었다. 재판소는 부정이나 부모가 동의하지 않은 결혼 또는 수간만큼이나 동성애도 정죄할 수 있었다.

19세기 유럽 국가는 아예 사법기구를 동원하여 섹스에 대해 금지 조치를 취했다. 사회가 규정하는 '정상'의 범위에서 벗어나는 성은 범죄로 규정되었다. 특히 동성애나 성도착은 심각한 정신병으로 취급되었다. 그러한 의미에서 성의 문제는 권력의 문제라고 단언한다. 일부일처제를 중심으로 한 가족제도 이외의 가족 형태나 성을 금지시킴으로써 획일화된 사회체제를 강제하게 된다.

근대 유럽 국가가 사법적 단죄와 감금을 통해 성적 욕망을 직접 통제하고 억압했다면, 20세기 중반 이후 현대 사회에 접어들어서는 점차 간접적인 방식으로 바뀐다.

요컨대 섹스에 대해 행사되는 모든 아주 미세한 폭력, 섹스를 수상쩍은 듯이 바라보는 모든 시선, 섹스의 가능한 인식이 말소되는 모든 은닉 장소를 광범위한 권력의 독특한 형태와 연관시키는 것보다는 오히려 섹스에 관한 담론의 풍부한 산출을 다양하고 유동적인 권력 관계의 장 속으로 잠기게 하는 것이 중요하다.

국가에 의한 직접적인 폭력보다는 의심스럽게 바라보는 주위의 시선, 섹스에 관한 담론을 통해 성을 통제하게 된다. 동성애와 양성애, 도착적 성애 등 다양한 성적 욕망을 금기로 받아들이도록 하는 규범이 사람들의 의식을 지배한다.

푸코에게 담론이란 특정 대상이나 개념에 대한 지식을 생성시켜 현실을 설명하는 생각의 체계를 말한다. 담론은 어떤 사상가가 명시적으로 규정한 철학적 명제나 이론과는 다르다. 수많은 익명에 의해 이러저

러하다고 말해지는, 그리하여 지극히 당연한 사고와 행동이라고 자연스럽게 규정되는 특성을 지닌다. 담론은 책은 물론이고 대화, 농담, 설교, 면담 등 다양한 통로를 통해 형성된다.

의식하지 못하는 사이에 형성된 성 담론이 우리의 생각과 행위를 규제한다. "섹스의 담론화는 생식의 엄밀한 질서에 종속되지 않는 성을 현실로부터 몰아내야 할 책무, 즉 빗나간 쾌락을 추방하며 생식을 목적으로 하지 않는 관행을 줄이거나 배제하는 것에 의해 결정된다." 현대 사회를 지배하는 성 담론은 남녀 연인 사이, 남편과 아내 사이 이외의 섹스를 부자연스럽고 무책임한 행위로 여기게 한다.

성 담론은 어린 시절부터 오랜 세월 동안 누적되어 형성되는 것이기에 의식과 무의식 모두에 깊숙이 뿌리를 내린다. 어린이는 주로 부모의 영향을 받는다. 청소년 시절에는 부모에 더해 교사, 친구, 대중매체, 문학작품 등이 동시다발적으로 담론 형성에 영향을 미친다. 진학과 입시라는 당면한 목표에 몰입하라는 요구, 정상 가족이라는 편견, 문명과 야만이라는 이분법적 사고, 의학적 관점 등이 동원되어 통념을 고착화한다. 성인이 되어서도 대중매체나 책을 비롯하여 정신과 전문의, 인문학·사회학 교수, 가족 상담가 등 각종 전문가는 물론이고 우여곡절을 겪은 유명 연예인의 충고가 정상과 비정상을 구분한다.

예를 들어 의학이나 과학에 종사하는 전문가들은, 동성애가 호르몬 부조화나 유전자 이상의 결과라는 식으로 설명한다. 다른 한편으로 정신분석이나 심리학은 동성애를 성 심리의 발달 과정에서 일어난 비정상적 갈등의 결과로 본다. 동성애를 설명하는 의학적, 심리학적 시도는 대부분 동성애를 비정상으로 전제하고 있다.

성 담론을 "다양하고 유동적인 권력 관계의 장 속으로 잠기게 하는 것"은 무슨 의미인가? 왜 느닷없이 '권력'이 튀어나오는가? 푸코는 담론을 형성하는 가족, 학교, 직장, 대중매체 등 일상의 각 영역을 하나의 권력으로 규정한다. 국가기구만을 권력으로 이해해서는 안 된다. 권력은 가족을 비롯하여 도처에서 발생한다. "생산기구, 가족, 제한된 집단, 제도 안에서 형성되고 작용하는 다양한 세력 관계는 사회체제 전체를 뚫고 지나가는 폭넓은 균열 효과에 대해 매체의 구실을 한다." 현 체제를 유지하기 위해 유동성과 다양성을 억눌러야 하는데, 어디로 튈지 모르는 성적 욕망도 그 대상이 된다. 가족 형태의 획일화는 이를 위한 가장 효과적인 방법이다. 일부일처제에 기반을 둔 가족도 하나의 권력이다. 가족을 비롯하여 학교, 대중매체 등도 성 담론을 생산하고 자신과 다른 것을 비정상으로 치부하고 억압하는 권력이다.

교묘한 것은 현대 사회의 성 담론이 섹스 자체를 부정적으로 전파하지는 않는다는 점이다.

성의 장치는 섹스 자체를 바람직한 것으로 설정했다. 섹스의 이러한 바람직함은 섹스를 알고 섹스의 법칙과 영향력을 뚜렷이 밝히라는 명령에 우리를 옭아맨다. (……) 우리를 사실상 옭아매는데도, 우리로 하여금 우리가 모든 권력에 저항하여 섹스의 권리를 주장한다고 믿게 만드는 것이다.

섹스를 회피해야 할 것으로 가르치지 않는다. 오히려 섹스는 사랑의 증거이고 인생의 행복을 줄 수 있다고 설교한다. 연인이나 부부 사이에 섹스가 부족하거나 없다면 그게 문제라고 강조한다. 하지만 섹스에 대한 이 모든 권고에도 불구하고 변하지 않는 전제 조건이 있다. 남성과 여성으로 이루어진 연인이나 공식적인 부부 사이에서 성을 즐기라는 것이다. 이 점에서 "가족은 성을 퍼뜨리는 듯하나 사실은 성을 비추고 굴절시킨다." 가족을 매개로 섹스가 만개하는 것처럼 보이지만 실제로는 가족이라는 테두리 안에 성을 가둔다. 가족의 논리를 기준으로 정상과 비정상의 구별은 더욱 명확해지고, 성 담론을 통해 동성애, 양성애, 도착성애, 난교 등은 혐오와 배척의 대상이 된다.

푸코에 따르면 도덕에 근거한 통제와 상식이나 과학의 이름으로 유포되는 정상의 질서에서 벗어나야 한다. 욕망과 쾌락 자체로서의 성이 정상과 비정상의 이분법적 구분을 넘어서 시민권을 인정받아야 한다. 만약 사회가 만들어낸 성 담론 안에 머문다면 욕망을 포기하고 훈육된 인간으로서 굴종의 삶을 사는 수밖에 없다. 대다수가 멸시하는 에로틱한 삶을 회복할 때 비로소 자신에게 충실한 자유로운 인간이 될 수 있다. 그러한 의미에서 푸코는 성적 욕망의 해방을 향한 가능성과 근거를 마련한다.

| 둘 사이의 독점적 관계만 사랑일까

20세기 중반 이후 유럽과 미국을 중심으로 문학, 미술, 음악, 영화 등의 영역에서 성에 대한 새로운 발상을 촉발하는 실험이 이어졌다. 어둠 속에 있던 성을 공론의 장으로 끌어들이려는 노력이었다. 또한 금기로 여

겨지던 관계와 행위를 과감하게 표현함으로써 성의 다양성을 촉구했다.

　문학작품과 관련해서는 에로티시즘 논의에서 빠짐없이 언급되는 사상가이자 소설가 바타유를 꼽을 수 있다. 소설 《불가능》에서 그가 무엇을 드러내고자 했는지 그 일단을 살펴볼 수 있다.

> B 자신이 밤이다. 밤을 열망한다. 언젠가 나는 이 세상을 버릴 것이다. (……) 살아 있는 지금, 내가 사랑하는 것은 밤을 향한 삶의 사랑이다. (……) 우리가 계속 살아남을 경우 밤을 사랑하는 데 필요한 힘을 반드시 확보해야 한다.

　밤은 성적 욕망을, 주인공인 여성 B는 자연스러운 본성이 훼손되지 않은 '인간'을 상징한다. B는 낮의 세계인 '세상', 즉 이성과 통념이 지배하는 기존 질서를 거부한다. 역사적으로 낮의 세계는 이성이 지배했다. 빛의 명징함은 어둠을 밝히는 이성의 힘으로 여겨져 왔다. 당연히 빛이 제거해야 할 어둠에는 성적 욕망이 배치되었다. "명징함은 욕망을 배제한다. 혹은 죽이는 건지도 모르겠다."

　밤은 사회 질서와 지위, 도덕적 규범의 두꺼운 옷을 벗어던지는 시간, 벌거벗은 욕망의 시간이다. 욕망을 사랑하는 힘을 확보할 때 인간은 비로소 자신의 삶을 제대로 영위할 수 있다. 기존 사회에서도 이성에 의해 구축된 낮의 질서의 문제점을 지적하는 경우는 많이 있었다. 하지만 대부분의 비판은 낮으로 낮을 비판하는, 즉 이성에 의한 이성 비판이었다. 과거의 낡은 이성을 새로운 이성으로 대체하는 방식이었다. 법이나 제도, 도덕 규범을 매개로 나타나는 억압을 비판하되 이를 극복하기보다는 세련된 방법으로 교체했다. 푸코가 앞에서 지적했듯이 국가에 의한 직접적인 억압이 아니라 담론을 통해 간접적으로 인간을 통제하는 방법이었다.

바타유는 낮에서 낮으로 건너뛰는 비판의 한계를 지적한다. "욕망을 수반하지 않은 문제 제기는 형식적이고 타성적이다. 가령 '그것이 바로 인간이다' 같은 말은 그런 데서 나올 수 있는 것이 아니다." 욕망을 어둠 속에 버려둔 채 현실의 억압을 비판할 경우 형식적인 수준의 개선에 머물 수밖에 없다. 억압의 주체를 국가에서 가족, 학교, 직장, 대중매체 등의 일상 영역으로 바꾸는 눈속임일 뿐이다. 우리는 그 안에서 진정한 인간을 찾을 수 없다.

욕망은 광기의 모습을 띤다. 정상의 덫에서 벗어나기 위해서는 비정상의 영토를 배회해야 하기 때문에 광기의 모습을 띠게 된다.

존속의 욕망을 넘어 급격한 소진으로 치닫는 그 시간이 광란의 의미를 띠지 않은 것은 아무것도 존재하지 않는다. 극단에 다다른 무의미조차 언제나 다른 모든 의미를 부정함으로써 이루어지는 의미다.

번식을 위한 섹스 또는 '정상 가족'의 섹스에서 벗어난 성적 욕망은 광기로 나타난다. 일탈의 방법을 통하지 않고는 거미줄처럼 촘촘하게 얽어매고 있는 상식과 정상의 덫에서 빠져나오지 못하기 때문이다. 기존의 질서가 허용한 범위를 넘어서는 한계 경험을 통해, 관습이 가장 천박한 것이라고 규정한 행위에서 즐거움을 찾을 때 진정한 극복이 가능하다. 그때 비로소 우리는 새로운 의미에 접근할 수 있다. 비정상이나 도착으로 배척되어온 성도 그 일환이다.

음란이 사랑을 격화시킨다. A가 보는 앞에서 알몸을 드러낸 B, 그 끔
찍한 기억. 나는 그녀를 미친 듯이 끌어안았다. 우리의 입술이 뒤섞였
다.

우리는 진정한 사랑의 감정은 한 명의 남성과 한 명의 여성 사이에
서만 싹틀 수 있다고 여긴다. 사랑은 오직 둘 사이의 배타적인 관계라
고 본다. 남성과 여성이 서로의 감정과 몸을 온전하게 독점할 때 충실
한 사랑이라고 확신한다. 독점적인 소유욕은 인간의 타고난 본성이므
로 어쩔 수 없는 특징이라고 주장한다.

하지만 나와 사랑하는 관계인 B는 A 앞에서 알몸을 드러내고 욕망을
숨기지 않는다. 나는 충격을 받지만 그렇게 타인 앞에서 알몸을 드러내
는 B가 더 강렬하게 마음을 사로잡는다. 열정적으로 그녀와 몸을 섞는
다. 단순히 질투 때문에 일시적으로 더 잘해주려는 감정이 아니다. 만약
그러하다면 A는 이들의 관계에서 배제되었어야 한다. 이들의 관계는
묘한 긴장감 속에서 이어진다.

어쩌면 쾌락은 불안 속에서 더 고양된다. "쾌락의 느린 유동이란 어
느 점에서는 불안의 그것과 동일하다. 엑스터시의 분출 또한 그 둘과
극히 유사한 것이다." 셋 이상으로 관계의 폭이 확장될 때 묘한 긴장감
이 동반되지만 그만큼 새로운 자극과 유혹이 되기도 한다.

1960년대를 경계로 미술, 음악, 영화에서도 파격적인 시도가 봇물
터지듯 나타난다. 특히 전위적인 행위예술에서 성을 공공연하게 드러

낸다. 존 레논의 부인으로도 유명한 오노 요코가 이 분야의 선구자에 해당한다. 1965년에 오노 요코는 주요 작품으로 손꼽히는 〈컷 피스Cut Piece〉를 발표한다. 말 그대로 무언가를 자르라는 간결한 주문인데, 그녀가 등장하면 관객들이 차례로 무대로 올라와 가위로 그녀의 옷을 자른다. 그녀는 알몸이 될 때까지 무심한 표정으로 바닥에 앉아 있다.

이 공연에서 여성의 몸은 더 이상 숨겨야 할 수동적인 대상이 아니다. 여성의 몸은 수동적이라는 오랜 생각을 깨뜨려버린다. 여성 스스로 자신의 몸을 마음대로 할 수 있다는 주체 선언이다.

오노 요코와 존 레논은 영화 〈엉덩이〉에서 더 노골적으로 도발한다. 5분 동안 12명의 배우가 움직이는 맨살 엉덩이를 보여준다. 두 번째로 만든 80분짜리 영화에서는 런던의 예술가와 지식인 365명의 벌거벗은 엉덩이가 번갈아 나온다. 1969년에 제작한 영화 〈자화상〉에서는 아예 존 레논의 성기가 반쯤 발기한 상태로 등장하여 화면을 가득 채운다. 또한 존 레논의 음반 〈두 동정녀〉의 앨범에는 두 사람의 나체 사진이 들어간다.

〈자화상〉은 영국에서 상영이 금지되었다. 요코는 "살인을 보여준 것도 폭력을 보여준 것도 아니다. 왜 이 영화를 상영해서는 안 되는가"라며 항의했다. TV와 신문에서는 하루가 멀다 하고 베트남 전쟁을 다룬 영상과 사진이 쏟아져 나왔다. 잔인한 학살 장면은 보여주면서도 인간의 가장 자연스러운 모습인 알몸을 보여주었다고 금지 조치를 내리는 법과 도덕 규범이 두 사람에게는 위선 덩어리 그 자체였다.

유럽과 미국을 뒤흔들며 20세기를 그 이전과 이후로 구분한 68혁명도 성을 공론의 장으로 끌어들였다. 프랑스 68혁명을 촉발한 학생 시위는 1968년 3월, "여자 기숙사를 개방하라"는 슬로건을 내건 파리 낭테르 대학 집회로부터 시작되었다. 남학생의 여자 기숙사 출입 금지에 반발하며 '사랑할 수 있는 자유'를 주장하는 집회가 2개월 넘게 지속되자, 파리 당국은 임시 폐교 조치를 취했다. 그러자 학생들은 거리로 나가 시위를 벌이며 68혁명의 불씨를 지폈다.

당시 프랑스 사회에는 여러 가지 정치적, 사회적 문제가 누적되어 있었다. 국제적으로는 미소 냉전이 심화되었고, 드골 프랑스 대통령은 권위주의적 관료주의와 강력한 중앙집권 정치를 지속적으로 강화하고 있었다. 이에 따라 지방 분권화와 자율권을 요구하는 목소리가 커지고 있었다. 강화되는 사회적 통제에 대한 반발과 저항이 여학생 기숙사를 개방하라는 슬로건으로 터져 나왔던 것이다.

자율성을 위한 투쟁에서 자유롭게 성을 누릴 수 있는 권리에 대한 요구가 슬로건으로 등장한 것은 매우 의미 있는 사건이다. 먼저 성이 자유롭게 허용되느냐의 여부를 자율성을 판단하는 잣대로 내세웠다는 점에서 그러하다. 다음으로 성에 대한 문제 제기가 다른 사회적 자율성을 촉발했다는 점에서도 주목할 만하다. 자유는 멀리 하늘에 떠 있거나 머릿속에만 존재하는 것이 아니다. 인류의 경험을 통틀어서 볼 때 자유의 요구는 언제나 가장 실질적이고 절박한 영역을 뚫고 솟아오르게 마련이다. 그런 점에서 자유로운 성은 자유의 본령이 욕망과 맞닿아 있음을 잘 보여준다.

조지 카치아피카스가《신좌파의 상상력》에서 자유로운 성을 자유의 깃발로 내건 68혁명의 의미에 대해 '에로스 효과'라고 설명한 내용은 경청할 만하다.

진귀한 역사적 사건을 목도한다. 에로스 효과의 출현, 정의와 자유라는 본능적 인간 욕구에 대한 대다수의 자각 말이다. 에로스 효과가 발생할 때에야 현존 상태의 구조가 파손되며 사회적 통제 형태가 파열됐다. (……) 에로스 효과가 창출한 새로운 현실은 엘리트들 간의 보다 높은 합리성에 국한되지 않으며 대중적 차원을 포함한다.

에로틱한 삶을 누리고자 하는 욕구는 자유와 관련된 인간의 가장 본능적인 영역이다. 현실의 사회적 통제에 균열을 낼 수 있는 핵심 통로를 에로스 효과에서 발견한다. 저항의 힘은 억압을 피부로 느낄 때 꿈틀댄다. 그만큼 더 끈질기고 완강하게 힘을 발휘한다. 그런데 대부분의 사람에게 사랑과 성은 가슴을 뒤흔들어대는 본능의 영역이기에 가장 강렬하게 작용한다. 또한 인간의 본능이라는 점에서 폭넓은 대중적 공감과 참여를 이끌어낸다. 자유를 향한 저항에서 대중적 진지 역할을 할 수 있다.

중요한 것은 먼 미래의 막연한 가치가 아니라 오늘 느끼는 억압이고, 오늘의 즐거움을 누리고자 하는 욕구다. 그래서 68혁명 당시 프랑스 학생들은 "내일 기쁨을 찾게 되리라는 약속이 오늘의 권태를 결코 보상해주지 않을 것"이라고 말한다. 미래의 추상적 가치를 위해 오늘의 행복을 미루거나 희생하는 삶은 죽은 시간을 보내는 것이다. "속박 없이 즐겨라"는 구호는 자유와 욕망의 속성을 잘 보여준다. 파리 거리에는 오늘 더 많은 사랑을 즐기라는 구호가 넘쳤다.

더 많이 사랑할수록 더 많이 혁명을 하고 싶어진다. 더 많이 혁명을 할수록 더 많이 사랑하고 싶어진다.

68혁명은 상상력과 자율성의 분출이기도 했다. 이전에는 볼 수 없었던 신선한 구호, 상상력으로 충만한 구호가 거리를 가득 메웠다. 혁명과 사랑이 같은 선상에 놓였다. 과거에 혁명은 착취와 억압의 그림자에서 자라났다. 하지만 5월 파리 거리에서 타오른 혁명은 사랑과 만난다. 사랑은 혁명을, 혁명은 사랑을 키운다. 사랑과 성을 자유롭게 누리기 위해서는 이를 가로막는 법과 제도, 사회적 관행과 도덕에 맞서 싸워야 한다. 욕망을 금지하는 규제를 깨뜨려야 한다. "우리는 모든 금지된 것을 금지한다"라는 슬로건은 이들에게 절박한 현실적 요구다. 성의 문제는 정치의 문제와 분리될 수 없다. 이제 혁명은 고뇌에 찬 결단에 머물지 않고 에로스로, 놀이로 나아간다.

미국에서도 마찬가지였다. 당시 〈민주사회를 위한 학생연합 성명〉은 사랑과 자유를 통한 사회 변혁을 주장했다.

우리는 아직 실현되지는 않았지만 인간에게는 이성, 자유, 사랑에 이바지하는 고귀하고 무한한 능력이 있다고 생각한다. (……) 우리는 사랑, 성찰, 이성, 창조성에 뿌리를 둔 권력을 통해 소유, 특권, 배경에 뿌리를 둔 권력을 대체할 것이다.

인간의 능력은 이성만큼이나 사랑에 근거한다. 사회의 차별과 억압에 저항하는 데 있어서도 사랑은 중요한 동맹군이 된다. 오랜 기간 숨통을 죄어왔던 각종 사회적 통제 장치에 대한 투쟁이 성을 매개로 확산된다.

낙태할 권리를 요구하는 목소리가 터져 나왔다. 미국 68혁명의 주요 단체였던 〈블랙팬더당 성명〉은 "여성은 아이를 언제 가질지, 가질지 말지를 결정할 수 있는 권리를 가져야 한다"고 주장했다. 당시 미국에서는 매년 100만 건의 임신중절이 행해졌는데, 그중 합법적인 시술은 1만 건 정도에 불과했다. 상당수 여성이 불법적인 낙태 시술을 받다가 생명이 위험한 상황에 처했다. 낙태를 금지하는 법을 없애고, 정부의 간섭 없이 여성 스스로 결정할 수 있는 권리를 주장하는 운동이 1968년과 1970년 사이에 20여 개 주에서 전개되었다. 낙태의 자유는 자유로운 성의 핵심 사안이었다.

또한 동성애를 포함하여 가족 형태를 자유롭게 결정할 수 있는 권리를 주장하는 목소리가 나왔다.

자본주의 문화에서는 가족제도가 인민의 필요에 봉사하는 것이 아니라 경제적 도구나 수단으로 이용되어왔다. 우리는 인민을 사적으로 소유하는 일에는 관여하지 않겠다고 선언한다. 우리는 공동체적 가족, 공동체적 관계, 그리고 가부장적 가족을 대체할 여타 대안들의 지속적인 개발을 장려하고 지지한다.(〈블랙팬더당 성명〉)

가부장제 사회가 강제해왔던 일부일처제를 넘어 다양한 성적 욕망을 표출할 수 있어야만 다양한 가족 형태를 인정할 수 있다. 다양한 가족 형태에는 당연히 동성애, 양성애, 세 명 이상으로 이루어진 공동가족 등이 포함된다. 전통적인 가족은 너무나 억압적이어서 철폐되어야 하고 다른 가족 형태가 공존해야 한다는 주장이 이어진다. 모든 사람은 자신이 이성애자로 살지, 아니면 동성애자나 양성애자가 될지를 결정할 수 있는 권리를 가져야 한다.

나아가 미국의 〈동성애자 해방운동 대표단의 요구〉는 "필요할 때 자유롭게 생물학적 변화와 성전환을 할 수 있는 권리"와 "자유롭게 옷을 입고 치장할 수 있는 권리"를 주장한다. 다수와 다른 성 정체성을 가진 사람들, 이른바 트랜스젠더가 자유롭게 자신의 성 정체성을 결정할 수 있도록 보장해야 한다. 남성이 여성 옷을, 여성이 남성 옷을 입는 성적 취향도 마찬가지다. 모든 형태의 성적 자기표현은 법적으로 보호받고 사회적으로 승인되어야 한다.

동성애자들은 이제 사회적 편견과 비난으로부터 숨지 않고 공공연하게 정체성을 주장했다. 푸코가 경험한 샌프란시스코 게이 공동체는 그러한 노력이 축적된 결과였다. 그들은 부끄러움과 고립감을 극복하고 자신들의 공간과 문화를 만들어나간 것이다. 68혁명을 계기로 사회 전체적으로 성적 발언과 예술적 표현이 확장되어갔다.

공리주의와 상업주의의
양면 공격

| '사랑의 기술'을 배우라는 말에 숨은 뜻

프랑스의 구조주의 철학자 롤랑 바르트는 "모든 위반에 대해 사회가 부
과하기로 결정한, 도덕적 세금은 섹스보다는 정념에 더 부과된다"(《사랑
의 단상》)라고 말한다. 근대 철학이 욕망에 대해 갖는 태도를 잘 보여준
다. 근대 철학은 대체로 섹스 자체를 부정적으로 보기보다는 욕망의 내
적 근거가 되는 정념을 공격하거나 의심의 눈길을 보내는 방식으로 나
타난다. 쾌락 추구를 인정하되 이를 성적 욕망과 떼어놓는 경우가 많다.

철학만이 아니라 사회학, 정치학 등 현대 학문 전반에, 나아가 현대인
의 사고 전반에 큰 영향을 미친 공리주의도 그러하다. 공리주의의 선구
자인 제러미 벤담은 인간을 쾌락과 고통이라는 관점에서 이해한다.

자연은 인류를 고통과 쾌락이라는 두 주인에게서 지배받도록 만들었

다. 무엇을 할까 결정하는 일은 물론이요 무엇을 해야 할까 짚어내는 일은 오로지 이 두 주인을 위한 것이다.(《도덕과 입법의 원리》)

선악을 구분하는 기준을 쾌락과 고통이라는 잣대에 둔다. 인간의 삶에서 쾌락 추구와 고통 회피가 가장 바람직한 방향이다. 기존 철학에서는 도덕을 선하거나 악한 동기를 중심으로 파악했다. 하지만 벤담이 보기에 보편적 동기는 편의적으로 갖다 붙인 구분일 뿐이고, 그 자체로 나쁜 동기는 없다. 어떤 동기가 좋거나 나쁘다면 오로지 결과 때문이다. 쾌락을 낳는 경향 때문에 좋고, 고통을 낳는 경향 때문에 나쁘다. 도덕은 행위의 동기가 아닌 결과로 나타나는 쾌락 증가에 주목해야 한다.

쾌락을 가장 중요한 덕목으로 여긴다고 하니까 마치 공리주의가 개인의 욕망을 옹호할 것처럼 보인다. 하지만 공리주의가 강조하는 쾌락의 성격은 전혀 다르다. 벤담이 주목하는 쾌락은 개인의 쾌락이 아니라 사회 전체의 쾌락이다. 전체 공동체의 이익이 먼저다. "공동체의 이익이란 무엇인가? 그것을 구성하는 구성원 이익의 총합이다." 공동체 이익은 구성원 이익의 '총합'으로 산출된다. 이 총합이 없이 공동체 이익을 논의하는 것은 무의미하다.

공리주의 전통을 이은 존 스튜어트 밀은 전체의 이익을 위해서 개인의 이익을 희생할 것을 강조한다. "개인의 희생이 인간 사회에서 발견할 수 있는 최고의 미덕이라는 사실을 인정해야 한다."(《공리주의》) 사회 전체의 행복 총량을 증진시킬 수 있다면, 자신에게 가장 소중한 것마저 희생해야 한다는 주장이다.

그런데 성적 욕망의 주체는 개인이나 소수 집단이다. 성적인 유혹이나 행위는 사회 전체나 총합이라는 추상적 영역으로 나타나지 않는다. 사회 전체의 쾌락 총량을 증가시키기 위해 개인의 쾌락을 희생해야 한다면 성적 욕망은 쾌락의 범위에서 밀려날 수밖에 없다. 쾌락의 핵심 요소인 본능적 욕망이 무시되거나 배제된 상태라면 쾌락은 껍데기만 남는다. 당연히 밀의 결론은 육체적 쾌락이 아닌 정신적 쾌락으로 향한다.

에피쿠로스학파의 인간 존재 이론치고, 단순 감각 작용에서 생기는 쾌락보다 지성, 느낌과 상상력, 도덕 감정의 쾌락에 대해 더 큰 값어치를 부여하지 않는 것은 없다.

육체적, 감각적 쾌락과 정신적 쾌락을 구분한다. 짐승이 누리는 쾌락을 마음껏 즐기게 해준다고 해서 하급 동물이 되겠다는 사람은 없듯이 정신적 쾌락이 육체적 쾌락보다 우월하다. 행복과 만족이라는 전혀 다른 두 개념을 혼동하면 안 된다고 말한다. 성적 욕망을 비롯한 육체적 쾌락은 순간의 만족만을 주기에 일시적이고 불안정하다. 정신적 쾌락은 행복에 대한 갈망을 충족시켜준다는 점에서 항구성과 안정성을 지닌다. 결국 쾌락의 이름으로 성적 욕망을 부차적인 것으로 치부함으로써 적어도 성적인 면에서는 변형된 경건주의 입장을 유지한다.

공리주의와 함께 현대 학문과 현대인의 사고에 막강한 영향력을 미친 실증주의도 사회 전체의 이익을 강조함으로써 개인의 본능적 욕망을 제어하고자 한다. 실증주의 선구자인 오귀스트 콩트도 사회적 목적을 우위에 둔다.

사랑에 대한 이기심의 종속은 윤리 문제다. (……) 실증주의가 이기적 충동보다는 체계적 본능을, 개인성보다는 사회성을 우세하게 만들려는 것을 도덕적 기술로 본다.(《실증주의서설》)

이기심보다 사랑이 우위라는 말은 언뜻 보면 그냥 듣기 좋은 얘기 같다. 하지만 여기서 사랑은 그렇게 막연한 개념이 아니다. 이기심은 개인성으로, 사랑은 사회성으로 연결된다. 또한 개인성은 동물적 삶으로 연결된다는 점에서 사회성의 발달을 위해 제어되어야 할 대상이다. 결국은 사회적 필요를 도덕 기준으로 삼아야 한다는 주장이다.

성적 욕망은 당연히 본능적으로 개체 이익을 추구하는 동물적 삶이 된다. 사회성을 강화하는 유기적 삶은 본능적 쾌락이 아니라 정신적 노력에 의해 가능하다. 사회성이 먼저이기 때문에 개인의 욕구는 억제하고 희생해야 한다. 결국 현대성을 지향한다는 실증주의도 성에 대해서는 전통적 도덕관으로 회귀하는 경향을 보인다.

진정한 의미에서의 실증주의라면 사랑에 대한 탐구에 있어서도 실제 증명될 수 있는 데서 출발해야 마땅하다. 인간의 사고와 행위에 있어서 실질적 증명에 가장 가까운 것은 정신이 아니라 육체와 감각이다. 욕구에 있어서도 정신적 욕구보다 육체적 욕구가 실증의 영역에 더 가깝다. 하지만 콩트는 인간을 다루면서도 실증의 영역을 사회성에 둠으로써 교묘하게 모순을 피해간다.

마르크스주의의 경우, 창시자에 해당하는 카를 마르크스와 프리드리히 엥겔스는 사랑과 성적 욕망에 대해 직접 논의하기보다 주로 가족의 사회적 성격과 본질을 규명하고자 했다. 그들에 따르면 한 사회의 지배적 정신은 그 사회를 물질적으로 지배하는 계급에 의해 규정된다. "지배계급의 사상은 어느 시대에도 지배적 사상"《독일 이데올로기》)이기 때문이다. 가족 내의 도덕도 마찬가지다. 가정 내에서 여성에게 요구되는 도덕적 기준은 그 시대의 물질적 소유관계에 따라 변화한다. 그러므로 절대적이고 영원한 도덕은 없다.

공동 생산과 공동 분배에 기초해 생활하던 원시 공동체 사회에서 가족 구성원의 관계는 평등했다. 하지만 남성이 사회적 생산을 담당하고, 여성이 가사노동을 하는 가부장제 사회가 되면서 아내와 자식은 사실상 남성의 소유물로 전락하고, 주인에게 복종하는 노예의 도덕이 강요된다. 자본주의 사회도 가부장제가 유지되면서 아내를 단순한 생산 도구로 본다. 그러므로 가족과 관련해서 가장 중요한 과제는 사회 혁명으로 가족 내의 지배와 종속 관계를 극복하는 것이었다.

마르크스주의는 가족의 본질과 과제를 규명하는 차원에 머물고 사랑과 욕망의 문제를 더 파고들지 않았다. 때문에 이 주제와 관련하여 이후 마르크스주의의 영향을 받은 다양한 경향에서 상당한 편차가 나타난다. 프랑크푸르트학파처럼 전반적으로 마르크스의 영향을 적지 않게 받은 집단 내에서도 사상가에 따라 성적 욕망에 대한 입장이 다르다. 그 가운데 특히 에리히 프롬은 사랑과 성이라는 영역으로 좁혀서 볼 때 본능적 욕망에 가장 소극적인 편이다. 사랑을 감정과 욕망보다는 정신을 통한 합리적 습득 과정으로 이해하는 경향이 강하다는 점에서 경건주의 관점에 다가선다.

사랑은 우연한 기회에 경험하게 되는, 다시 말하면 행운만 있으면 누구나 겪는 즐거운 감정인가? (……) 대부분의 현대인은 사랑은 즐거운 감정이라고 믿는다. (……) 가장 먼저 할 일은 삶이 기술이듯이 사랑도 기술임을 깨닫는 것이다. 어떻게 사랑해야 하는가를 배우고 싶다면 음악, 미술, 건축, 의학, 공학의 기술을 배울 때 거쳐야 하는 것과 동일한 과정을 거쳐야 한다.(《사랑의 기술》)

프롬은 사랑을 느낌과 감정으로 가볍게 생각하기 때문에 계속 실패한다고 본다. 더 이상 실패하지 않으려면 사랑을 기술로 보는 관점이 필요하다. 다른 기술처럼 사랑을 위한 기술도 배워야 한다. 사랑에도 지식과 노력이 필요하다고 프롬은 역설한다.

사랑도 다른 기술과 마찬가지로 합리적으로 사고하고 행동해야 한다. 그러한 의미에서 이성의 영역이다. 주어진 상황과 관계를 분석하고 그에 적합하도록 행동 계획과 실행이 이루어져야 한다. 사랑에 대해 언제나 배울 준비가 되어 있어야 한다. 감정에서 벗어나 합리적으로 판단해야 안정적 사랑에 이를 수 있다.

사랑을 감정이 아닌 합리적 사고와 행위로 보는 논리에 따르면 감정과 본능적 욕망에 충실한 사랑은 불장난에 불과하다. 특히 도착으로 불리는 성행위는 더욱 위험하다.

자유로부터의 도피 메커니즘의 분명한 형태는 지배와 복종 행위 속에 (……) 사디즘과 마조히즘 행위 속에 나타난다. (……) 열등감, 무력감과 개인의 무의미한 감정이다. (……) 실제적이거나 또는 확실시된 외부의 힘이 가지는 질서에 복종하려 한다. 그들은 '내가 원한다'

라든가 '내가 있다'와 같은 감정을 전혀 경험할 수 없다.(《자유로부터의 도피》)

프롬이 보기에 가학·피학 성행위를 선호하는 사람들은 이를 사랑과 혼동하는 것이다. 특히 마조히즘은 자신의 존재를 완전히 부정하는 것이다. 사랑은 평등하고 자유로운 두 사람 간의 결합이어야 한다. "사랑은 인간으로 하여금 고립감과 분리감을 극복하게 하면서도 각자에게 특성을 허용하고 자신의 통합성을 유지시킨다." 그런데 가학·피학 성행위는 이와 반대되기 때문에 사랑이 아니다. 존재에 기초한 사랑이 아니라 상대방을 소유하고자 하는 극단적 감정이자 폭력이다.

가학·피학 성행위는 자유로부터의 도피다. 독립적인 존재가 되지 못하고 타인을 지배하거나 지배를 받음으로써 고립감에서 벗어나려는 왜곡된 소유욕이다. 복종하고 지배하는 관계에서 열등감과 무력감에 휩싸여 자신의 정체성과 욕구를 포기하는 극단적인 자기파괴에 불과하다. 스스로를 긍정하지 않고, 자신이 원하는 것을 하지 않는다.

프롬은 가학·피학 성행위를 2차 세계대전 당시 나치즘으로 나타난 복종과 지배로서의 사디즘·마조히즘과 동일한 맥락으로 이해한다. "절대적이며 무한한 힘을 가지고 상대를 오직 도구로 만드는 것"이라는 점에서, 또한 "다른 사람들을 절대적으로 지배하려 할 뿐만 아니라, 그들을 착취하고 이용"하려 한다는 점에서 동일하다. 그는 불평등한 사회구조를 변혁함으로써 소유로서의 사랑에서 벗어나 존재로서의 사랑에 이를 수 있다고 보았다.

가학·피학 성행위를 바라보는 프롬의 관점에 대해서는 뒤에서 다시 구체적으로 검토하겠다. 다만 사랑을 본능적 감정과 욕망에서 분리하고 이성에 기초한 기술과 합리적 행위로 이해하는 관점에 대해서는 몇 가지 의문을 제기하고 넘어갈 필요는 있다. 본능적인 감정과 욕망에 충실한 사랑이 실패한다고 해서 낭비라 할 수 있는가? 사랑의 실패조차 의미를 가질 수는 없는가? 자신을 비우고 서로를 탐닉하는 욕구를 그저 소유욕에 불과하다고 단정할 수 있을까? 독립보다는 의존하는 감정은 그 자체로 나쁜가? 사회 구조가 바뀌면 사랑하는 사람을 독점하고 싶다는 감정도 사라질까? 좋은 사랑과 나쁜 사랑을 구분할 수 있기는 한가? 다시 말해서 모두가 마땅히 추구해야 하는 사랑의 보편적 상태가 도대체 있기는 한 것인가?

| ## 프로이트의 정신분석이 은폐하는 것

지그문트 프로이트에 의해 활성화된 정신분석과 심리학은 성적 욕망과 관련하여 상당히 묘한 위치를 차지한다. 어떤 면에서는 서로 상반된 방향으로 영향을 미쳤다. 한편으로는 성적 욕망이 인간의 사고와 행동에 얼마나 중요하게 작용하는지를 밝혀냄으로써 욕망에 대한 관심을 불러일으켰다. 하지만 다른 한편으로는 욕망을 억제해야만 문명이 유지되고 발전할 수 있다는 점을 강조함으로써 욕망의 부정성을 퍼뜨렸다. 먼저 성적 욕망이 어떤 점에서 인간을 이해하는 핵심 영역인지를 살펴보자.

정신분석은 정신을 감정, 사고, 의지와 같은 과정으로 정의하며 무의식적 사고나 의지가 있다는 입장입니다. (······) 성적인 본능 충동이 신경증이나 정신질환을 불러일으키는 데 커다란 역할을 합니다. 아니, 그 이상입니다. 인간 정신 가운데 최고의 문화, 예술, 사회적 창작 활동에도 무시할 수 없는 지대한 공헌을 해왔습니다.(《정신분석 강의》)

정신분석에 따르면 기존의 서양 철학과 사고방식은 주로 이성을 중심으로 한 의식 영역에 초점을 맞춰왔는데, 이제 정신에서 배제되어 있던 무의식에 주목해야 한다. 프로이트에 따르면 인간의 의식적 사고는 무의식에 의해 유발된 행동을 합리화하기 위한 구실에 지나지 않는다. 의식이 정신을 지배하는 것이 아니라 무의식이 정신을 지배한다는 것은 새로운 발견이었다. 프로이트는 무의식에 가장 큰 영향을 미치는 요소로 성적 충동을 꼽았다. 성적 충동이 정신질환과 정신 활동의 근본 동기다. 나아가 문화, 예술, 창작 활동에도 큰 기여를 한다. 문화와 예술도 무의식에 의한 지배, 성적 충동의 지배를 받는다.

이때 성 개념을 "남성과 여성의 대립, 쾌락의 희구, 생식 기능, 비밀스럽고 점잖지 못한 특징"으로 제한해서는 안 된다. 남성과 여성의 생식 기능과 연관된 유혹이나 섹스로 제한하면 출산과 무관한 모든 성적 감정과 행위, 예를 들어 자위행위나 입맞춤 등은 비정상적인 것이 되어버리기 때문이다. 또한 남성과 여성 사이의 쾌락이라고 하면 동성애는 어떻게 분류해야 하는가가 여전히 난제로 남는다. 동성애는 물론이고, 양성애, 나아가서는 일대일 관계를 넘어서는 성적인 행위, 가학증과 피가학증 등 성적 충동과 연관된 모든 행위를 포괄해야 한다.

여기까지는 정신과 행위에 작용하는 성적 욕망의 중요성과 위상을 높인다는 점에서 획기적 진전을 보여준다. 하지만 프로이트의 결론은 욕망의 해방이 아니라 억제로 향한다. 특히 사회와 문명 발전을 위해 성적 욕망을 경계하고 극복해야 한다.

> 본능의 승화는 문명 발달이 갖는 특징 가운데 특히 두드러진 특징이다. 승화는 전적으로 문명이 본능에 강요한 변화다. (……) 문명은 어느 정도의 본능 단념을 토대로 세워지며, 많은 억압과 억제에 의한 본능 불충족이 전제된다.(《문명 속의 불만》)

사회는 공동체 유지와 확대를 위해 개인의 본능적 충동을 억제한다. 원시적 충동을 그대로 방치할 경우 사회 질서 유지가 어렵기 때문이다. 사회는 법과 제도 등이 지배하기 때문에 본능적 충동은 의식이나 이성을 허물어뜨릴 수 있는 괴물로 여겨진다. 당연히 사회는 본능적 충동을 적대적인 것으로 규정하고, 사람들의 관심이 여기에서 멀어지도록 강요한다.

본능적 충동 가운데 가장 중요한 것이 성적 욕구다. 성적인 본능은 승화 과정을 통해 억제된다. 성적인 충동을 문화적, 예술적으로 고양된 양식으로 바꾸는 것, 법과 제도 같은 질서를 수용하는 것이 승화 과정을 통해 이루어진다. 문명과 종교는 본능 억압을 통한 승화 과정의 산물이다. 만약 문명이 욕망 충족을 통해 행복을 실현했다면, 현대 사회에서 스트레스나 정신병 같은 신경증이 급격하게 증가할 이유가 없다. 스트레스나 신경증은 욕망이 단념되었을 때, 이를 견디지 못하는 사람에게 나타나는 전형적인 증상이다.

이러한 점 때문에 푸코는 프로이트의 정신분석이 욕망을 실질적으로 제한하는 논리와 분위기를 만들어냈다고 비판한다.

프로이트에 의해 성은 매우 미미하게나마 해방됐다. 그러나 가장 안전하고 은밀한 공간으로의 '범람'에 대한 두려움을 불식시키고 정신분석에서의 환자용 침상과 여전히 침대 위에서의 유익한 소곤거림에 지나지 않는 담론 사이에 모든 것을 붙들어놓기 위해 엄청난 조심성, 의학적 신중함, 무해하다는 과학적 보증, 대비책이 필요했다.(《성의 역사》)

먼저 프로이트가 성적 욕망에 의해 형성된 무의식의 역할을 강조함으로써 이성 중심주의에 기초한 도덕적 경건주의에 약간의 타격을 주었다고 인정한다. 하지만 그 효과는 지극히 미미하다. 오히려 어떤 면에서는 욕망을 더 교묘하게 은폐하는 역할을 한다. 정신분석은 성장 과정에서 억눌린 성적 욕망을 신경증 증상으로 다룸으로써 정신분석가와 환자 사이의 분석과 논의 차원으로 좁혀버린다.

프로이트에 대한 바타유의 비판도 바로 이 문제를 향한다. "정신분석학은 언뜻 보면 섹스의 영역을 전체적으로 거리낌 없이 다룬다. 그러나 사실은 그것을 원칙으로, 명료한 의식과는 동화될 수 없는 외적 요소로 규정하기를 고집한다."《에로티즘》) 프로이트는 성적 욕망을 오직 무의식과 연관된 것으로 규정한다. 그것도 유아기와 아동기에 나타났다가 억제당한 후에 성인이 되면 무의식에 걸러져 흔적으로 나타나는 수밖에 없다. 즉 욕망의 현재성이 제대로 인정받지 못했다. 프로이트에게 성과 자유는 서로 대립하는 것으로, 현재 의식적으로 욕망을 추구해도 실제로는 과거의 투영이자 퇴행적 잔재일 뿐이다. 결국 섹스는 현실적 생명력을 잃고 현재의 증상을 설명하기 위한 재료가 된다.

또한 성적 욕망은 본질적으로 개인이나 집단에 따라 다양한 취향과 방식으로 나타나게 마련이다. 동일한 행위가 어떤 사람에게는 만족으로, 다른 사람에게는 불만족으로 나타날 수도 있다. 하지만 프로이트는 성적 충동을 몇 가지로 유형화한 후 이로부터 원리를 규명하기 때문에 과도한 일반화의 오류를 범한다. 이 오류에 대해 들뢰즈는 날카롭게 지적한다.

프로이트의 문제는 여기서 시작한다. 어떻게 쾌락은 과정이기를 멈추고 다시 어떤 원칙이 되는가? 어떻게 쾌락은 국소적 과정이기를 멈추고 이드 안에서 생물심리학적 삶을 조직화하는 경험적 원리의 자리에 올라서는가? 바로 이것이 문제다.(《차이와 반복》)

본래 쾌락은 어떤 행위를 하는 과정에서 획득된다. 특히 사람이나 집단에 따라 그 양상이 다르게 나타날 수 있다. 하지만 프로이트는 이를 무리하게 일반화하여 원리로 삼는다. 이드id는 성적 욕구를 중심으로 하는 본능적 에너지인 리비도libido의 저장고다. 이드는 본능적 에너지이기 때문에 쾌락 원칙만을 따른다. 성적 욕망과 쾌락은 추상화된 에너지나 그 장소인 이드의 형식으로 단순화된다. 성적 욕망의 생생함과 다양성은 사라지고 무의식을 이해하는 이론적 도구로 전락한다. 정작 욕망을 발산하는 구체적 인간이 중심이기보다는 성적 에너지 형태로 일반화되어 이론적 틀을 꿰어 맞추는 수단이 된다.

현대 자본주의 사회, 특히 20세기 중반 이후 소비사회가 자리 잡으면서 성적 욕망이 상업적 쾌락과 뒤섞여 나타나는 경우가 많다. 육체를 상품화하는 경향이 대중문화의 큰 흐름으로 자리 잡았다. 당연히 자본의 이윤 극대화 욕구가 만들어낸 욕망의 상업화다. 욕망 충족이 점차 구매의 문제, 돈의 문제로 변질된 면이 있다.

가장 극단적인 형태로 나타나는 것이 성관계의 상업화다. 매매춘이 일상화되고 다양한 영역으로 확산되고 있다. 우리 사회에서도 어렵지 않게 확인할 수 있다. 집창촌, 룸살롱 등 전통적인 성매매 업소가 성업 중이고, 성의 거래가 암묵적으로 허용된다. 이제는 아예 노래방, 휴게방 등 성과 상관없는 곳으로 여겨지던 공간조차 매매춘 통로가 되고 있다. 인터넷에서도 성과 관련된 거래가 확산되고 있다.

육체의 상품화도 두드러진 특징이다. 자본주의는 이미 오래전부터 인간의 육체를 상품화했다. 하지만 과거에는 육체를 치장하는 갖가지 상품이 주요한 자리를 차지했다. 하지만 이제는 아예 인간의 몸 자체를 상품화하고 있다. 헤르베르트 마르쿠제가 《일차원적 인간》에서 지적한 내용도 이와 연관된다.

선진 산업문명은 성적 자유가 크게 확대됨으로써 기능한다. 이 자유가 시장가치가 되고 사회의 습속 요인이 된다는 의미에서 '기능한다.' (……) 그것을 가능케 한 것은 지저분하고 극심한 육체노동의 감소와 매력적이고 저렴한 의복, 화장술, 건강법의 효력, 광고 산업의 요구다. 섹시한 여직원, 핸섬하고 젊은 지배인과 관리자는 시장성이 좋은 상품이다.

자본주의가 고도로 발달한 산업 국가에서는 시장에서 성을 마음대로 사고팔 수 있다. 성을 시장에서 거래할 수 있는 상품으로 취급함으로써 자본주의 사회의 원리와 기능이 정당화된다. 상품 가치가 높을수록 성적 매력이 인정되는 방식이기 때문에 자본주의가 사회와 구성원에게 요구하는 생각이나 습관과 일치한다. 특히 성적 매력과 시장 가치가 동일한 것으로 여겨지는 순간 자본주의 운영 원리는 인간에게 가장 자연스러운 것으로 정당화된다.

사람들은 의복, 화장품, 다이어트 식품 등의 생산품이나 성형수술, 다이어트 프로그램 등의 서비스 상품을 소비함으로써 성적 매력을 얻을 수 있다고 믿는다. 섹시한 몸매를 나타내는 'S라인' 시장이 수조 원대에 이른다. 마찬가지로 '44사이즈' 열풍과 다이어트 산업의 폭발적 확대는 어제오늘의 일이 아니다. 날씬한 몸매와 주름 없는 피부가 '동안' 시장의 대표 상품이다. 거리에는 일주일에 몇 킬로그램을 책임지고 감량해 주겠다는 플래카드가 경쟁적으로 나붙어 있다. 성형수술은 이제 공공연한 자랑거리가 되었다. 섹시 코드는 산업과 비즈니스의 확고한 영역이 되었다. 섹시함은 경쟁력이 되어 우리의 의식과 행동을 지배한다.

어려 보이는 얼굴에 풍만한 몸매를 가진 '베이글녀', 빨래판 복근을 가진 남성이 섹시함의 대명사가 된다. 여기에 헤어스타일과 화장을 더하고, 명품 딱지가 붙은 옷, 가방, 신발이 있어야 성적 매력이 증가한다. 이 모든 것은 시장에서 구매해야 하는 상품이나 서비스다. 성적 매력을 유지하기 위해서는 그만큼 돈이 있어야 하고, 이를 위해 쉬지 않고 일을 해야 한다.

더 큰 문제는 단순히 돈만으로 해결되는 것도 아니라는 점이다. 온 관심과 시간을 성적 매력을 관리하는 데 쏟아 부어야 한다. 상업화된 섹시함은 남녀노소를 가리지 않고 전 연령층에게 요구되는 덕목이 되었기에 거의 전 생애에 걸쳐서 관심을 가지고 공을 들여야 하는 과제가 되었다. 이 틀에서 벗어날 때 타인에게 인정받지 못할 것이라는 공포가 생긴다. 공포에서 벗어나기 위해서도 우리의 생각은 시장 원리를 충실하게 따라간다. 성적 욕구와 맞물려 있기 때문에 사람들은 마치 이 모든 노력을 자발적 선택이나 개인의 취향으로 착각한다. 스스로 선택한 것이라고 여기는 자발적 복종 상태다. 또한 이를 개인의 욕망과 사회적 가치의 조화라고 여기기까지 한다.

자신의 욕망이 경제적, 정치적으로 관리되는데도 스스로 욕망을 실현하고 있다고 착각하며 만족스러워한다. 적응을 통한 복종을 만족이라고 생각한다. 하지만 외적인 관리에 빠져들수록 내적인 욕망과 쾌락은 자기 모습을 잃고 약해진다. 성적인 욕망은 상호 간 향유라는 본질을 잃고, 구매자와 상품의 관계에서 소비로 전락한다. 이렇듯 상품화된 성의 자유와 해방은 진정한 자유와 해방의 의미를 철저히 왜곡한다.

자본주의 사회에서 상품화된 성은 확실히 마르쿠제가 지적한 문제를 안고 있다. 그러므로 성의 상품화에 대한 비판은 정당하고 의미 있는 작업이다. 문제는 성적 욕망과 성의 상품화를 구별하지 못하고, 어떤 면에서는 의도적으로 이 둘을 동일한 성격으로 규정하고 뒤섞어버리는 관점이다. 성의 상품화를 비판하면서 성적 욕망도 도매금으로 같이 넘겨버리는 수법이 동원된다.

현대 사회의 성 도덕이 보수성을 드러내는 과정에서 흔히 사용되는 수법이다. 심지어 나름대로 개혁적 시각을 표방하는 경우조차 이러한 논리의 덫에서 벗어나지 못한 채 변형된 성적 경건주의를 강화하는 데 일조하기도 한다. 현재 유럽과 미국의 사회학 분야에서 꽤 호응을 얻는 에바 일루즈의 《사랑은 왜 아픈가》도 여기에서 자유롭지 못하다. 그녀 역시 기본적으로 섹시함을 둘러싼 성의 상품화 문제를 지적한다. "섹시함이라는 말은 현대에서 남자와 여자의 성 정체성이 일련의 의식적, 의도적인 신체, 언어, 복장 코드로 이루어지는 섹스 정체성으로 변모했음을 드러내는 표현이다." 이어서 자유롭게 성을 즐기고자 하는 욕망을 동일선상에서 싸잡아 비판한다.

이러한 변화는 섹스를 강조하는 소비문화가 심리학과 페미니즘 세계관의 성 정체성 정당화 과정과 맞물리며 빚어낸 결과다. 의심할 바 없이 소비문화는 성 해방을 부르짖는 페미니즘과 보헤미안 요구와 나란히, 성적 측면 강조에 기여한 가장 강력한 문화 권력이다.

성 상품화의 주범으로 자본주의 소비문화와 더불어 성 해방을 요구하는 페미니즘과 보헤미안 요구를 지목한다. 역사적으로 억압당해온 여성의 성을 해방시키려는 요구, 국가의 법과 도덕에 의해 강제된 질서에서 벗어나 자유분방한 삶을 꿈꾸는 사람들의 개방적인 성이 소비문화와 결합하면서 성을 상품화했다고 한다. 이 협공에 의해 성적 매력은 "도덕의 성격으로부터 분리된 새로운 평가 기준"이 된 것이다. 그녀가보기에 더 큰 문제는 상업화된 섹시함이 자율적이고 결정적인 기준이되었다는 점이다.

> 섹스를 결혼이라는 틀에서 떼어내 그 자체를 목적으로 정당화해버린것이다. 이런 떼어냄은 감정생활과 분리되어, 갈수록 오로지 그 자체를 중심으로 이뤄지는 성생활로 체험되는 '성경험'이라는 범주의 출현에서 분명하게 드러난다.

일루즈에 따르면 결혼과 섹스를 분리시킨 후, 섹스 자체가 목적이 되면서 결혼이나 약속을 두려워하는 태도가 만들어진다. 오로지 쾌락에빠져 성적으로 즐기는 만남을 이어가느라 관계 맺음을 미루고 망설이는 것이 현대인의 문제다.

관계 맺음에 대한 논리에 편견이 가득하다. 그녀에게 결혼과 분리된섹스는 감정생활과의 분리를 의미한다. 하지만 우리는 풍부한 감정을갖고 연애를 하다가도 결혼하고 일정한 기간이 흐른 뒤에 감정이 메마르는 모습을 수도 없이 확인한다. 자식의 성공이나 배우자의 연봉에 목을 매고 부부 사이는 형식적으로 유지한다. 연인이라 해도 크게 다르지않다. 몸을 꾸미는 상품화된 성적 매력은 감정의 상호작용과 분리되었기에 오래 지속될 수 없다. 새로 산 물건이 금방 무덤덤해지듯이 연인관계도 얼마 안 가 건조해진다. 에바 일루즈가 결혼이나 지속적인 관계에서만 감정을 인정하는 논리는 참으로 빈약하기 짝이 없다.

욕망과 감정을 분리하는 일루즈의 논리는 욕망과 감정 모두에 타격을 준다. 욕망이 내적인 감정과 분리됨으로써 외적인 요소에 집착하게 되고 더 쉽게 성의 상품화로 향하게 된다. 욕망에서 분리된 감정은 뿌리를 잃은 이파리처럼 금방 메마를 운명이다. 이 과정에서 사회적 통제와 관리가 더욱 용이해진다.

무엇보다도 성의 상품화와 성적 욕망이 뒤섞여 나타나는 현실에서 진정한 욕망과 거짓된 욕망을 구별하는 작업이 가장 중요함에도 불구하고 이를 간과하는 문제가 생긴다. 오히려 그녀는 이 둘을 더 뒤죽박죽 뒤섞어버려 구별을 어렵게 만든다. 최종적으로는 지난 수천 년간 욕망을 제압하고 이성과 질서의 틀 안에 가두어왔던 결혼 관계에 정상의 지위를 부여하고, 여기에서 벗어난 본능적 충동과 도착을 비정상으로 규정하게 된다.

욕망하고 사랑할
권리를 위하여

| 몸보다 마음이 우선해야 사랑이다?

현대 사회의 도덕률은 성적 욕망을 부정하지는 않는다. 하지만 욕망을 일종의 위계질서 안에 넣는 방식으로 관리한다. 수직 계열화된 위계질서의 하위 범주로 욕망을 분류하고, 그 이상의 역할을 넘보지 못하게 통제함으로써 세련된 방식으로 숨통을 조인다. 정신과 마음이 먼저고, 몸과 욕망은 여기에 뒤따르는 부차적 요소로 취급하는 것이다.

사랑이 정신과 몸의 결합 상태라고 인정하지만, 정신과 몸의 우선순위가 분명하다. 언제나 주인은 정신이다. 정신이나 마음이 앞서고 육체적 욕망이 뒤따라야만 정상적 사랑이라고 생각한다.

여기에서 벗어나 성적 욕망이 먼저 고개를 내미는 관계는 사랑이라고 이름 붙일 수 없는 비정상적 충동으로 분류된다. 어떤 상황인지 구체적으로 이해하기 위해 실존주의 철학자이자 문학가인 장-폴 사르트르의 소설 《자유의 길》을 보자. 주인공 마티외가 평소에 사랑의 감정을 전혀 못 느끼던 여인 마르셀과 택시 안에서 우연히 겪은 일이다.

그녀를 향해 몸을 굽혔다. 좀 골려주려고 꼭 다문 차가운 입에 입술 끝을 대보았다. (……) '결혼한 남자가 택시 안에서 처녀를 희롱하고 있다'라고 생각하니, 손이 솜덩이처럼 힘없이 떨어졌다. (……) 조금 전만 해도 이 사랑은 존재하지 않았다. 두 사람 사이에는 이름도 없고, 행위로 표현할 수도 없는 희귀한 감정이 가로놓여 있었다. (……) 하지만 그러한 행위 때문에 사랑이 마치 주체하기 어렵게 덩치가 크고, 벌써 저속해진 물건처럼 나타난 것이다. (……) 그는 자기가 곧 그녀의 몸을 원하게 되리라는 것을 이미 알고 있었다.

특별한 연애 감정 없이 알고 지내던 여인과 택시 안에서 문득 키스를 한다. 순전히 장난이었고 입술을 살짝 갖다댄 정도다. 가볍고 장난스러운 육체적 충동이 지나가자마자 갑자기 사랑하는 마음이 싹튼다. 그에게 이미 "그것은 사랑이었다." 불과 몇 초 전만 하더라도 자기 안에 없던 사랑이 샘솟는다. 무엇이라 이름을 붙일 수도 없는 감정이 두 사람의 마음을 뒤흔든다. 특히 남자의 감정은 주체할 수 없을 정도로 격해진 상태다. "문득 온통 나체로 눈을 감고 침대에 누워 있는 마르셀의 모습이 눈앞에 떠올랐다." 우연히 이루어진 하나의 행위가 하나의 사랑을 낳는다. 곧바로 강렬한 육체적 욕망이 일고 두 사람은 깊고 긴 사랑의 여정을 시작하게 된다.

우리 사회의 도덕은 그것은 사랑이 아니라고 단정한다. 일순간의 충동적인 행동이고, 설사 둘의 관계가 이어지더라도 사랑이라고 착각하고 있을 뿐이라고 말한다. 당연히 충동적으로 시작한 관계이니 오래갈 수 없는 가벼운 관계라 취급받는다.

현대 사회의 도덕에 따르면 사랑하는 마음이 먼저 생기고 나서 육체적 욕망이 따라오는 것이 정상이다. 몸은 마음이 시키는 대로 움직이는 수단이어야 한다. 몸과 욕망보다 정신과 마음이 우선이라는 명제는 흔들릴 수 없는 원칙이다. 만약 여기에서 벗어나는 경험을 했다면 일시적 충동이거나 값싼 감정에 불과하다.

하지만 정말 정신이 몸에 앞서야만 정상일까. 정신과 몸에 시간적인 선후 관계를 두는 것은 사랑을 업무 처리 과정과 비슷하게 여기는 발상이다. 정신을 통해 기획을 하고, 이를 몸으로써 실행하는 과정으로 보는 것이다. 몸이 앞서고 정신이 뒤따라오면 왜 안 되는가. 오히려 몸이 먼저 작동하고 정신 작용이 그 뒤에 따라 나오는 것이 맞다.

인간이 진화의 산물임을 인정한다면, 인간의 정신적 능력이 뇌 물질의 작용에 의존한다는 점, 몸에 의한 감각 경험을 뿌리로 하고 있다는 점을 인정해야 한다. 정신과 몸, 마음과 욕망은 선후나 우열을 구분할 수 없는 동반자 관계로 봐야 한다. 애초에 사랑의 감정과 육체적 욕망은 구분할 수 없는 것인데 그동안 도덕률이 인위적으로 구분했을 뿐이다.

정신과 몸이 서로를 향해 다가서지 않는다면, 정신이 몸보다 우월하다고 주장한다면, 정신은 생생함이 사라지고 화석으로 전락한다. 마찬가지로 욕망보다 마음이 우선이라고 주장하는 순간 사랑은 본래의 자연성을 잃고 도덕의 하위 범주로 전락한다. 그동안 도덕이 한 일은 자연을 몰아내는 행위였다.

욕망에 대한 들뢰즈와 펠릭 가타리의 문제의식은 이와 관련하여 시사하는 바가 많다. 푸코가 성의 억압에 주목했다면, 두 사상가는 억압의 문제를 넘어 대안을 향해 논의의 지평을 넓힌다. 이들이 보기에 인간에게 자연이나 본성이라는 말로 유일하게 지칭할 수 있는 것은 욕망뿐이다.

> 어디서나 욕망은 기계인데, 결코 은유적으로가 아니다. 항상 연결되어 있는 기계의 기계다.(《안티 오이디푸스》)

인간은 욕망 자체다. 그것도 욕망 기계다. 이들이 강조하는 기계란 일반적으로 생각하는 기계와는 다른 의미다. 특정한 구조를 갖는 기계를 인간이나 욕망에 연결시키는 것이 아니다. 본래 인간에게 충만해 있는 욕망이 작동하는 방식이 '기계적'이라는 의미다. 어떤 의미를 그 안에서 찾는 사고 과정이나 혹은 의미를 만들어내는 과정이 아니라 욕망 자체로 움직이고 사용된다는 점에서 기계다.

어떠한 의미 작용도 없기 때문에 무엇이 진정한 욕망인가라든가, 욕망의 보편적 실현 방식이 어떠해야 한다는, 의미를 둘러싼 논의는 개입할 여지가 없다. "욕망의 문제는 '그것이 의미하는 바는 무엇인가'가 아니고, '어떻게 그것은 작동하는가'이다. 욕망하는 기계는 어떻게 작동하는가?" 단순한 비유가 아니라 욕망은 오직 작동에만 관심을 가진다. 그러므로 현재 욕망 상태에 있는가, 이를 실현하기 위해 움직이고 있는가의 문제만을 다룬다.

인간이 욕망 자체인 이상 사랑의 본질도 욕망이다. 사르트르의 주인공 마티외가 순간적인 신체 접촉을 통해 급작스럽게 사랑의 감정을 느끼는 것도 전혀 이상할 게 없다. 오히려 지극히 자연스러운 현상이다. 마르셀도 마찬가지다. 또한 우리 스스로를 돌아봐도 그러하다. 인류 역사상 얼마나 많은 사람이, 지금 이 순간에도 얼마나 많은 사람이 긴가 민가하거나 심지어 별다른 감정이 없다가 우연한 접촉과 함께 사랑이 싹트는 경험을 했는가 말이다. 그들에게 당신이 느끼는 감정이 사실은 사랑이 아닌데, 착각하고 있을 뿐이라고 규정할 권위가 누구에게 있는가 말이다.

사랑이 오직 몸을 통해서만 마음에 이른다고 말하는 것도 아니다. 오히려 사랑을 특정한 원리나 법칙 안에 가두려는 시도에 반대하고자 한다. 지난 수천 년 동안 주류 철학과 도덕이 대다수에게 강요한 생각과 습관이었던, 정신의 배타적 권리를 인정해서는 안 된다는 문제의식이다. 또한 욕망의 권리를 찾아주는 시늉만 하다가 결국은 다시 음지로 몰아넣으려는 시도에도 반대해야 한다. 가장 일차적이고 직접적인 욕망을 무의식이나 환상 영역으로 몰아넣으려는 프로이트의 정신분석학이나 심리학의 시도 말이다.

인간에게 욕망은 어디에나 있고, 사랑은 그 안에서 작동한다. 무의식과 의식, 몸과 정신도 그 안에서 움직인다. 이들 사이에 우열이나 선후는 없다. 다만 사람에 따라 혹은 상황에 따라 몸이 앞서기도 하고, 마음이 앞서기도 할 뿐이다. 어떤 것이 정상이고, 다른 것이 비정상이라고 구분할 수는 없다.

우리는 다시 한 번 욕망을 결핍의 충족으로 바라보는, 소크라테스 이래로 현대에 이르기까지 욕망을 옹호하든 비판하든 논의의 출발점이 되었던 논리적 틀을 검토할 필요가 있다. 성적 욕망에 근거한 무의식을 인간 이해의 가장 중요한 요소로 보았던 프로이트, 그리고 그 한계를 넘어서 정신분석의 새로운 지평을 열고, 욕망을 주요 탐구 과제로 삼았던 자크 라캉도 욕망을 결핍된 것의 충족으로 이해했다. 라캉에 따르면 욕망은 끊임없이 결핍의 충족을 구하는 과정이므로 만족이란 있을 수 없다. 현실에서 남성의 성적 욕망이 늘 새로운 대상으로 향하는 이유도 그 때문이다.

> 남근은 고정될 수 없는 기표이기 때문에 남성의 욕망은 늘 또 다른 여성을 향하고, 남성에게 여성은 처녀이거나 창녀일 뿐이다.(〈남근의 의미 작용〉)

기표는 의미를 전달하는 형식, 주로 말이나 글 같은 언어를 의미한다. 욕구란 일단 실현되면, 새로운 탈출구를 원한다. 계속해서 여성의 남근으로 남으려는 남성에게 더 이상 욕구를 표출하기 어려운 고정된 상태는 견딜 수 없는 일이다. 결국 다시 원심운동이 시작된다. 라캉이 보기에 욕망은 결핍에서 출발하기에 이미 관계가 맺어진 상태는 욕망의 대상이 될 수 없다. 당연히 새로운 대상을 찾아 다시 떠나는 여정이 시작된다.

그렇다고 해서 라캉이 멈추지 않는 욕망을 남성에게 한정하는 것은 아니다. 프로이트가 강조하는 남근을 생물학적 성 기관이 아닌, 상징적 기표로 이해함으로써 가부장제 윤리에 사로잡혀 있는 프로이트 정신분석을 넘어 남성과 여성 모두의 욕망으로 확장한다. "남근은 기표다. 이때의 기표란 분석이 갖는 상호 주관적 경제 속에서 남근이 신비 속에서 수행해왔던 기능의 베일을 벗기는 역할을 한다." 남근은 남성 성기나 음핵 같은 신체기관을 가리키는 것이 아니다. 프로이트가 신화 등을 매개로 고대인의 형상 속에 나타난 남근을 이야기한 것에 주목해야 한다.

남근은 성적 욕망을 상징하는 기표의 역할을 한다. 남성이나 여성 모두가 가지고 있고, 남녀 모두에게 똑같이 작용하는 성적 욕구의 상징으로 이해하는 방식이다. 여성도 똑같이 남근이 되고 싶고 남근을 소유하고 싶어한다는 점에서 대립적 성 차별론의 극복 가능성을 제시한다. 여성도 성욕의 주체로 인정한다. 다만 라캉은 남성에게는 자신의 욕망이 억압된다는 사실이 여성의 경우보다 더 중요하게 인식된다는 점을 지적한 것이다. 그래서 "자율적이고 독자적인 삶을 찾아 이 미끼 저 미끼를 헤매는 것이 인간적인 것"《에로티즘》이라는 바타유의 지적처럼 새로운 욕망 대상을 찾아 떠돈다는 주장이다.

들뢰즈와 가타리는 《천 개의 고원》에서 욕망을 결핍으로 규정하는 견해를 비판한다.

욕망이 배반당하고 저주받아 내재성의 장에서 떼어져 나갈 때면 언제나 거기에는 사제가 존재한다. 사제는 욕망에 3중의 저주를 걸었다. 사제는 욕망은 결핍이라고 말했다. 사제는 거세라는 이름의 최초의 희생을 행하며, 모든 남녀는 함께 모여 '결핍, 결핍, 이것이 공통된 법칙이야'라고 외치곤 했다.

욕망을 억압하는 세력과 논리를 사제에 비유한다. 성적 욕망을 인간의 내적인 본질로 여기지 못하도록 하는 사제의 협박은 세 가지 방향으로 나타난다. 첫 번째, 욕망을 결핍으로 여기도록 하는 논리를 살펴보자. 사제는 욕망의 공통된 법칙으로 결핍을 주장한다. 왜 욕망을 결핍으로 보는 시각이 욕망을 억압하는 논리로 둔갑하는가.

욕망을 결핍으로 이해하는 견해는 욕망의 추구를 가로막는 철학적 장애물이기 때문이다. 욕망의 근거가 결핍이라면 욕망은 능동적 생산 활동이 아니라 단순히 비어 있거나 부족한 곳을 채우는 반응으로 전락한다. 욕망의 상태는 결핍에서 결핍으로 이어지는 상실의 연쇄에 머물게 된다. 욕망을 결핍으로 바라보는 한 욕망 충족은 역설적으로 상실을 낳는다.

무엇보다도 우리의 시선이 결핍 주위를 맴돌 때, 욕망을 현실에서 꿈틀대는 생생한 욕망 자체로 누리지 못하고 결핍의 의미가 무엇인지를 찾아야 하는 의미의 늪으로 다시 빠져든다. 욕망은 과거의 어두운 흔적이 아닌 현재의 욕구이자 즐거운 놀이다.

푸코가 샌프란시스코 게이 공동체에서 느꼈던 감격은 바로 이와 관련된다. 그가 공동체 생활에서 그리고 공중목욕탕의 섹스 파티에서 본 것은 욕망이란 무엇인가라는 의미를 묻는, 화석 탐구가 아니었다. 욕망이 어떻게 생명력을 갖고 작동하는지를 보여주는 생생한 현장이었다. 또다시 결핍을 느끼고 새로운 대상을 찾아야 하는 상실 과정이 아니라 지금 이 순간을 충만하게 살아가는 삶이었다.

어쨌든 침대 위에서든 공중목욕탕에서든 쾌락을 향유하는 순간이 지나고 나면 결핍의 시간으로 다시 돌아가는 것이 아니냐고 물을 수 있다. 하지만 이는 쾌락이 발현되는 양상을 지나치게 좁게 이해하는 단견이다. 들뢰즈는 《차이와 반복》에서 쾌락이 어떻게 순간성을 넘어서는지를 다음과 같이 강조한다.

> 획득된 쾌락의 관념, 획득해야 할 쾌락의 관념은 쾌락 원칙의 두 가지 적용, 곧 과거 적용과 미래 적용을 형성하고 있을 따름이다. (……) 이때 쾌락은 자신의 고유한 순간성을 넘어서 어떤 만족감 일반의 모습을 취하게 된다.

성적인 쾌락은 누리는 순간에만 한정되지 않는다. 쾌락을 기대하는 과정도 쾌락의 일부다. 또한 쾌락의 순간이 지나고 나서도 상당 기간 그 기억이 우리를 즐겁게 해주어 쾌락이 연장된다. 그렇게 쾌락은 짧은 순간에만 머물지 않는다.

예를 들어 여행의 기쁨은 여행지에 머무는 동안에만 한정되지 않는다. 여행지에 대한 정보를 얻고 공부를 하고 계획을 짜는 동안 즐겁다. 또한 여행이 끝나고 일상으로 돌아온 후에도 여행은 잔상으로 남아 오랜 기간 우리를 기분 좋게 해준다. 경험을 회상하는 것만으로도 현실의 어려움을 견뎌내는 힘이 되어주기도 한다. 그러니 이보다 더 큰 흥분과 만족을 제공하는 사랑이라면 어떻겠는가.

그래도 다시 의문을 제기할 것이다. 어쨌든 성행위는 지극히 짧은 순간의 오르가슴과 함께 끝나고 공허함이 밀려오는 게 분명하지 않느냐고. 게다가 동일한 상대와 관계가 반복되면 설렘도 사라지고 욕망은 필연적으로 새로운 상대로 향하게 된다고 반박할 것이다. 《천 개의 고원》에서 욕망을 억압하는 두 번째 사제는 이와 연관된다.

> 오르가슴주의를 신봉하는 사제도 있다. 욕망은 쾌락 속에서 덜어진다. 쾌락을 얻으면 욕망이 일시적으로 입을 다물 뿐만 아니라 이처럼 쾌락을 얻는 것은 바로 욕망을 일시적으로 중단하고, 즉각 욕망의 짐을 덜고, 이의 부담을 더는 방법이기도 하다.

성적인 쾌락이라고 하면 주로 삽입에 의한 오르가슴을 떠올린다. 그리고 삽입과 오르가슴의 작동 원리를 곧바로 욕망에 적용한다. 순간성과 곧바로 이어지는 허무함, 그리고 결핍에 대한 강박관념을 욕망에 연결시킨다.

성적 욕망을 삽입 중심으로 생각하는 것은 두 가지 문제를 보여준다. 하나는 성을 주로 번식 기능과 관련된 행위로 좁혀서 바라보는 한계다. 다른 하나는 남성 중심적인 사고방식으로, 남성의 성적 특징과 행위가 전체 과정을 지배한다. 오르가슴을 중심으로 쾌락을 추구하는 한 순간적인 만족 이후에 욕망이 일정 시간 중단된다는 점에서 지극히 단절적이다.

그래서 들뢰즈와 가타리는 매번의 성행위에서 오르가슴을 목표처럼 삼는 편견을 깨라고 한다. 이들은 중국 고전을 빌려 이렇게 권한다. "도교 경전에 의하면 순환과 배가가 가능하려면 남자가 사정하지 않아야 한다. (……) 여기서 욕망은 아무것도 결핍하고 있지 않으며, 외적인 또는 초월적인 기준과도 무관하다." 실제로 동양의 방중술에서는 사정을 하지 않는 것을 중시했다. 사정을 참는 것은 욕망의 억제가 아니냐고 물을 수 있다. 하지만 단순한 억제가 아니다. 이를 통해 몸의 건강만이 아니라 쾌락을 배가시킬 수 있기 때문에 욕망의 증폭에 가깝다.

들뢰즈와 가타리에 따르면 사정을 억제할 때 결핍은 멀어진다. 성행위 직후에도 설렘이 지속된다. 외적이거나 초월적인 수단에 의한 연장이 아니라 쾌락 자체의 힘이 지속성을 갖기에 내재적이다. 물론 항상 지켜질 수는 없다. 하지만 사정을 최종 목표로 삼는 사고에서 벗어났기 때문에 결핍은 큰 문제가 되지 않는다.

나아가서 본질적으로 성적 욕망에서 삽입과 사정은 극히 일부분에 지나지 않는다. 성과 관련한 다양한 행위가 단지 오르가슴을 위한 수단인 것은 아니다.

가벼운 애무라도 오르가슴만큼 강렬할 수 있다. 오르가슴은 그저 하나의 사실일 뿐으로, 자기 권리를 추구하는 욕망에게는 난처한 것이기까지 하다. 모든 것이 허용된다. 중요한 것은 쾌락이 욕망 자체의 흐름, 즉 '내재성'의 흐름이 되도록 하는 데 있다.

실제로 애무만으로도 오르가슴 이상의 쾌감을 느낄 수 있다. 성행위가 연인들의 친밀감과 만족을 지속시키는 과정이라는 관점에서 보면 오히려 애무가 중심이 되고 사정은 지극히 작은 한 과정일 수도 있다. 애무 역시 허무나 결핍으로 이어지지 않는다. 지속적으로 점증하는 만족감을 유지할 수 있게 해준다.

들뢰즈는 애무를 예로 들고, "모든 것이 허용된다"라는 의미심장한 말로 마무리를 한다. 말 그대로 통념의 족쇄를 거두는 순간 사랑하는 사람들 사이에는 모든 것이 허용된다. 서로 자발적으로 동의하고 만족을 높인다는 전제만 있다면 말이다. 따지고 보면 성적 욕망과 관련한 매개는 참으로 다양하게 확장될 수 있다.

예를 들어 상대의 특정 부위를 보는 것으로 성적 만족을 느끼는 페티시도 적지 않은 사람이 즐기는 취향이다. 자신들의 성행위를 카메라에 담아 즐겨 보는 연인이나 부부도 상당히 많다. 또한 성적인 상황을 연출해 상상의 힘으로 쾌락을 극대화하는 경우도 있다. 취향에 따라서는 도착이라고 불리는 행위도 포함된다.

섹스는 몸을 통해 이루어지지만 이를 증폭시키고 지속시키는 역할은 상당 부분 상상력에 의존한다. 상상력을 발동한다면 앞에 든 예만이 아니라 무수한 취향을 생각해볼 수 있다. 이는 단순히 여러 가지 매개를 이용할 수 있다는 정도의 의미를 넘어선다. 다양한 매개나 수단은 세월이 흐른 뒤에 관계가 무뎌지는 현상을 막을 수 있는 유용한 통로가 된다. 얼마든지 동일한 상대와 오랜 기간 만족을 점차 높여나갈 수 있다는 의미다. 이 역시 욕망이 결핍을 낳을 수밖에 없다는 논리와 상반된다.

마지막으로 욕망을 억압하는 사제는 세 번째 방향으로 향한다.

사제는 향유는 불가능하지만, 이 불가능한 향유가 욕망 속에 새겨져 있다고 소리친다. 왜냐하면 이상이란 원래 이러한 것이며, 그것의 불가능함 자체 속에 존재하며, 삶이란 기쁨의 결핍이기 때문이라고.

사제는 욕망은 상상 속에서나 가능하고 우리는 쾌락과는 다른 세상인 현실 세계에 살고 있을 뿐이라고 훈계한다. 욕망은 그저 페르시아에서 전해 내려오는 《천일야화》나, 사드의 《소돔의 120일》처럼 소설이나 상상 속의 이야기에 불과하기에 이를 좇는 일은 무지개를 잡으려는 허황된 짓에 불과하다고 핀잔을 준다. 안에서 꿈틀대는 성적 욕구와 성애와 관련된 상상은 현실에서 실현 불가능하고, 그저 문학적 상상 안에서만 가능하다는 것이다. 현실의 도덕이 제공하는 틀 안에서 성적 욕구를 얻는 데 만족하라는 충고다.

들뢰즈와 가타리는 이들의 속임수에 넘어가지 말라고 말한다. 바로 앞에서 "모든 것이 허용된다"라고 했듯이 우리 머릿속에서 상상할 수 있는 모든 것이 현실에서 이루어질 수 있다. 타인에게 피해를 주지 않는 한, 사랑하는 사람들 사이에서 합의가 이루어지는 한, 상상을 현실에서 체험하지 못할 이유가 없다는 것이다.

이쯤에서 우리는 프로이트의 정신분석과 심리학이 성적 욕망에 관련해서 어떤 역할을 했는지를 분명히 할 필요가 있다. 정신분석과 심리학은 욕망이 출산이나 생식에 종속되어 있지 않다는 것을 보여주었다. 이 점에서는 분명히 새로운 시야를 열어주었다. 하지만 다른 한편으로 성적 욕망을 무의식과 연관된 환상이라는 초월적 영역에 가둠으로써 실질적으로는 욕망의 억압에 기여했다. 따라서 우리는 정신분석의 틀에서 벗어날 때 욕망의 진정한 모습을 만날 수 있다.

역사적으로 성적 욕망의 주체는 개인으로 한정되어 있었다. 대부분의 경우 그 개인은 남자였다. 개인으로서의 내가 누군가를 사랑하고, 상대가 찾아올 때 환희의 세상이 열리고 상대의 부재에서 가슴이 찢어지는 고통을 겪는다. 수천 년 동안 사랑을 다룬 신화와 문학, 노래가 여기에 바쳐졌다. 지금도 영화나 드라마에서 사랑을 다루는 기본 구조도 거의 동일하다.

바르트도 《사랑의 단상》에서 괴테의 《젊은 베르테르의 슬픔》이 이러한 전형적인 구도에서 한 치도 벗어나지 않는다고 말한다. 로테에 대한 베르테르의 격정적인 사랑이 많은 사람의 성장기에 사랑의 교본이 되면서 사랑에 대한 왜곡된 생각을 낳았다.

로테는 주체인 베르테르의 강렬하고도 번민하는, 불타는 듯한 연출에 의해 무대에 올려진 초라한 인물일 뿐이다. (……) 이 취소된 대상으로부터 내 욕망을 욕망 자체로 옮기기 위해서는, 섬광 같은 순간에 그 사람을 무기력한, 박제된 사물로 보기만 하면 된다. 내가 원하는 것은 바로 내 욕망이며, 사랑의 대상은 단지 도구에 불과하다.

엄밀하게 보자면 베르테르와 로테가 사랑을 하는 것이 아니다. 사랑은 베르테르가 한다. 언뜻 보기에는 로테가 사랑의 감정을 불러일으키고 상대의 마음을 요동치게 하는 원인이라는 점에서 중심인물인 것 같지만 실제는 다르다. 이야기의 화자도 베르테르이고, 전개 과정을 지배하는 사람도 베르테르다. 환희와 절망의 길에 발을 들여놓고 최종적으로 죽음을 선택하는 이도 베르테르 자신이다. 로테는 오직 베르테르의 결정에 의해 사랑의 무대로 불려나왔을 뿐이다. 주체의 결정에 의해 로테는 찬미와 봉헌 혹은 비판의 대상이 된다.

우리는 사랑이 온다거나 사랑이 떠나간다고 표현한다. 내가 중심에 있다. 타인은 나와 관계를 맺음으로써 비로소 의미 있는 존재가 된다. 상대가 있든 없든 현실적 존재는 오직 나 자신뿐이다. 주체와 대상의 자리는 뒤바뀔 수 없다는 점에서 사랑의 상대는 타자일 수밖에 없다.

우리들 각자가 겪어왔던 사랑의 경험을 떠올려봐도 이와 별로 다르지 않다. 사랑하는 사람과 관련하여 대중매체나 사적인 자리에서 우리의 관심을 끄는 것은 이상형이나 나와 맞는 상대를 고르는 일이다. 이미 주체와 대상의 분리에서 시작된다. 관계가 맺어지고 나서도 상황은 변하지 않는다. 서로 다른 생각과 삶의 경험, 개성과 문화를 가진 사람이 만나서 몸과 마음을 함께하는 일은 대단히 어렵고 어쩌면 신비스러운 일이다. 갈등은 필연이다. 다툼이 반복될 때 대부분은 '저 사람은 왜 변하지 않을까' 하며 분노한다. 자신도 함께 변해야 한다는 사실에는 애써 눈을 감는다.

들뢰즈와 가타리는 개인으로서의 주체가 대상을 소유하는 과정이 사랑과 욕망의 어쩔 수 없는 운명이라고 강요하는 논리를 거부한다.

욕망은 자신의 소멸을 욕망하거나 소멸할 수 있는 역량을 갖는 자가 되기를 욕망하는 단계까지 가기도 하는 것이다.(《천 개의 고원》)

욕망은 배타적인 주체를 통해서만 실현되는 것이 아니다. 욕망은 자신의 소멸, 즉 자신이 배타적 주체이기를 포기하는 단계로까지 나아갈 수 있다. 실제로 우리는 연애를 하면서 상대의 즐거움과 쾌락을 통해 자신의 욕망이 실현됨을 느낄 수 있다. 대부분의 사람들은 상대를 타자화하고 자신이 주체로서 실현될 때 만족을 느낀다. 하지만 적지 않은 사람이 상대의 쾌락이 커지는 과정에서 만족을 느낀다.

그래서 들뢰즈가 보기에 욕망은 개체에서 시작하되 개체를 넘어선다. "욕망하는 기계는 이항규칙, 즉 결합체제 아래 있는 이항기계다. 언제나 다른 기계와 짝을 이루는 기계다." 욕망은 자신을 넘어 다른 개체와 호응한다. 대신 욕망이 동일하게 반복되거나 확대되는 것은 아니다. 사람마다 서로 다른 욕망을 갖고 있다. 서로 다를 수밖에 없는 욕망에 대해 공통의 기원을 추적하거나 보편적 원리에 가두어서는 안 된다.

나아가서 성적 욕망의 주체를 개인으로 한정하는 생각을 바꿀 필요가 있다. 들뢰즈와 가타리는 독립적 주체로서의 인간, 동일성에 기초한 일반화된 인간 개념을 부정하고, 복수성을 의미하는 인간 개념을 제안한다. 인간은 다양한 이질성이 결합해 만들어진 리좀rhizome 방식으로 존재한다.

의미화도 주체화도 없다. n으로 쓰는 것만이 있다. (……) 리좀은 출발하거나 끝에 이르지도 않는다. 언제나 중간에 있으며, 사물 사이에 있는 존재요, 간주곡이다. 나무는 친자관계지만 리좀은 결연관계를 이룬다.

리좀은 줄기가 뿌리와 비슷하게 땅속으로 뻗어 나가는 땅속줄기 식물이다. 땅속에서 수평으로 뻗은 덩굴이 새로운 식물로 자라난다. 들뢰즈와 가타리는 뿌리, 줄기, 가지, 잎 등의 수직 구조, 기존 나무가 씨앗을 통해 새 나무와 친자관계를 이루는 서열 구조, 서로 다른 나무와 독립 또는 배척하는 대립 구조를 갖는 수목 모델과 대비되는 의미로 리좀모델을 사용한다.

리좀은 이질성이 결합해 만들어진, 하나이면서 여럿이고 여럿이면서 하나인 관계이기 때문에 독립적 주체로서의 인간은 없다. 땅속줄기가 어느 방향으로 뻗어 나갈지 정해진 바가 없다는 점에서 의미화된 실체로서의 존재도 아니다. 인간은 복수성을 의미하는 n으로 존재할 뿐이다. 연속적 계열 관계가 아닌 표면에 불연속적으로 다양하게 배치된 결연 관계다. 그렇기 때문에 더 이상 독립된 개인으로서의 우리 자신이 아니다.

이러한 개념은 성의 영역에도 그대로 적용된다. 고립된 개인의 개념으로는 사랑과 성이 설명되지 않는다. 심지어 남성과 여성이라는 이분법적 설정을 통해서도 현실을 설명하기 어렵다.

남녀 각 성의 양성적 조직을 통해 설명되지 않는다. 성은 n개의 성과도 같은 아주 다양하게 결합된 생성을 노닐게 한다. (……) 성은 천 개의 성을 생산하며, 이것들은 모두 통제할 수 없는 생성이다. 성은 남성의 여성 – 되기와 인간의 동물 – 되기를 지나간다.

이들에 따르면 성적인 욕망은 독립된 성격을 갖는 한 나무와 다른 나

무의 관계가 아니다. 즉 남성과 여성이라는 형태로 존재하는 개인의 관계로 한정되지 않는다. 땅속줄기 식물이 연결되듯이 성적 욕망은 다양하게 연결되고, 이를 통해 아래로부터 새로운 생성을 만들어낸다. 뿌리가 서로 연결되어 지상에 새로운 생성물이 형성된다. 마찬가지로 'n개의 성'이라는 표현처럼 성은 아주 다양하게 결합되는 방식으로 나타난다.

성적 욕망 안에서 남성과 여성의 구분은 사라지고 다양하게 결합된 성을 산출한다. 성은 남성의 '여성-되기'를 지나간다. 우리가 흔히 남성성이라고 부르는 특징은 성행위 속에서 자신의 고유한 정체성을 유지할 수 없게 된다. 욕망의 숨소리 안에서 남성성과 여성성이라는 인위적 구분은 사라진다. 심지어 정신의 우위도 그 안에서 사라짐으로써 '동물-되기'를 지나쳐 간다. 욕망이 발현되는 정도와 양상에 따라 다양한 성 정체성이 생성된다. 1000명의 사람에게 1000개의 성이 생성될 수도 있는 것이다.

성적 욕망이 n개의 성으로 확장될 때, 욕망의 주체는 결합되는 정도와 방식에 따라 다양한 양상으로 나타난다. 현실적으로 말하자면 남성과 여성, 남성과 남성, 여성과 여성, 양성애 경향이 있는 남성, 양성애 경향이 있는 여성, 1명의 여성과 복수의 남성, 1명의 남성과 복수의 여성, 복수의 남성과 복수의 여성, 3명 이상 복수의 남성 내의 관계, 복수의 여성 내의 관계, 복수의 양성애자 내의 관계는 물론이고, 무엇이라 이름 붙일 수 없는 다양한 집단적 주체가 생성될 수 있다.

성적 욕망의 주체로서 '1000개의 성'을 설정할 수 있다면, 성관계의 형태나 만족의 유형 역시 무수하다고 봐야 한다. 어떤 형태든 참여자 모두의 쾌락을 증진시키는 한 부정하거나 배제할 근거가 없다. 정상과 비정상이라는 구분 자체가 성립할 수 없게 된다.

| 성적 도착과 판타지의 경계

성적 도착이라는 말에는 두 가지 의미가 담겨 있다. 하나는 도착적 '관계'이고, 다른 하나는 도착적 '행위'다. 먼저 도착적 '관계'를 검토해보자. 예를 들어 사르트르의 소설 《자유의 길》에 나오는 다음과 같은 관계를 보고 어떤 생각이 드는가? 남성 동성애자인 다니엘이 주인공 마티외와 나누는 대화 내용이다. 다니엘이 웃으면서 말한다.

> "남색가는 언제나 훌륭한 남편 노릇을 해왔어. 세상이 다 아는 사실이야. (······) 마르셀이 바라는 건 무엇보다 어린애지."
> "도대체 자네는 왜 결혼한다는 건가?"
> "마르셀에 대한 우정 때문이지. (······) 난 그녀가 불행해지는 건 바라지 않아. (······) 나는 남편으로서의 의무를 끝까지 다할 생각이야."
> "자네는 여자도 사랑하는가?"
> "별로."

무슨 내용인지 얼른 감이 안 잡힌다. 우리가 통상적으로 알고 있는 관계의 범위를 벗어나 있기 때문에 몇 번이나 읽고 나서야 대략 어떤 상황인지 짐작할 수 있다. 남성 동성애자인 다니엘이 마르셀이라는 여성과 결혼하려 한다. 마르셀은 앞에서도 언급되었던, 주인공 마티외와

4장 푸코에게 사랑을 묻다

우연히 키스를 한 후 사랑의 감정을 느끼게 된 여인이다. 다니엘은 마티외와 친구 사이고, 또한 마르셀에게 연민의 감정을 갖고 있다. 연민과 우정의 감정으로 그녀를 보살피고 싶어한다. 그녀 역시 따뜻한 보호를 원한다. 다니엘은 그녀를 행복하게 해줌으로써 행복을 느끼기에 그녀와 결혼하려고 한다. 하지만 섹스 파트너로 여기지는 않는다. 동성애자이기 때문이다.

이러한 기묘한 관계를 보면서 대부분의 사람은 미친놈 취급을 하면서 곧바로 도착적 관계라고 단정 지을 것이다. 독자들의 반응을 예상했는지, 소설에는 "자유의 본질을 검토하는 것도 역시 좋지 못한 일이다. 그러면 자유롭게 될 수 없기 때문이다"라는 대목이 나온다. 자유는 하나의 얼굴일 수 없다. 본질이라는 이름으로 자유의 고정된 틀을 정해버리는 순간 또 다른 속박이 시작된다. 다수라는 권위로 정상의 자리를 독점하고 여기에 맞지 않는 행위를 비정상으로 억압하는 것과 동일한 맥락이다. 바르트가 우리에게 던진 질문도 그 맥락에서 이해할 수 있다.

내 삶을 통해 여러 번 사랑했고, 또 사랑할 것이다. 그렇다면 내 욕망이 아무리 특이하다 할지라도 그것은 어떤 유형에 속해 있단 말인가? 그것은 분류될 수 있단 말인가?(《사랑의 단상》)

만약 우리가 '1000개의 성'을 인정한다면 이들의 관계도 그 안에 들어갈 수 있지 않을까? 예를 들면 이미 수십 년 전부터 서구 소설이나 영화에서 1명의 여성과 2명의 남성이 관계를 갖는 설정은 동성애만큼이나 흔한 소재다. 단순히 흔한 삼각관계가 아니라, 세 사람 모두의 공감과 합의에 의해 이루어진 관계다. 이제는 한국 영화에서도 드물지 않게 발견할 수 있다. 심지어 인기 TV 드라마에서도 다자 간 사랑이 설정되어 사람들에게 당혹감을 안겨주기도 했다. TV 드라마의 경우 곧바로 '막장'이라는 비난을 받아야 했지만 말이다. 하지만 사르트르나 푸코, 들뢰즈나 바르트는 적어도 당사자들이 이러한 관계에 동의하고 즐거워할 수 있다면 그것으로 된 게 아니냐고 묻는다.

우리 사회는 일부일처제를 유일하고 확고한 정상 가족으로 여기기 때문에 새로운 관계에 대해 더욱 거세게 반발한다. 미국도 본질적으로는 사정이 그리 다른 것 같지 않다. 울리히 벡은《사랑은 지독한 혼란: 그러나 너무나 정상적인》에서 미국인들의 일반적인 반응을 다음과 같이 소개한다.

핵가족으로 되돌아가자는 환상이 강력하게 나타날 것이다. 결혼과 가족으로부터의 도망은 과도한 이기주의의 징후이며, 정공법으로 이것과 싸우고 여성을 우리 속으로 다시 몰아넣어야 한다는 것이다. (……) 가족을 구하기 위한 조치는 표준적 가정 규범을 지향한다.

전통적 가족이 해체되고 있는 현실에 대한 미국인의 반응이다. 미국에서도 유럽과 마찬가지로 점차 기존의 가족 형태에서 벗어난 다양한 가족 형태가 확대되고 있다. 다수 미국인의 통념은 전통적인 가족 형태를 최선으로 여긴다. 가정 경제를 책임지는 남성과 육아·가사를 맡는 여성, 그리고 아이들로 구성된 정상 가족으로 돌아갈 때 붕괴를 막을 수 있다고 믿는다. 당연히 이를 벗어난 관계는 비도덕이자 죄악이다.

바르트는 전통적 핵가족에서 여성이 가정에 안착하고자 하는 의존을 "단지 고급 창녀나 창부처럼 '부양받고자' 하는 것"이라고 매몰차게 지적한다. 그 안에서 남성은 부양을 통해 지배적 권위를 획득한다. 일종의 거래 관계가 성립하는 것이다. 부양을 매개로 주체와 대상으로 분리된 정상 가족 내에서 내적인 욕망은 기대할 수 없다. 암묵적 계약에 의한 거래일 뿐이라는 점에서 외적인 관계가 지배한다. 그렇기 때문에 사랑을 정상 가족이라는 고정된 틀 안에 구속하는 도덕률에서 벗어나 다양한 관계를 긍정할 때 욕망을 향한 발걸음을 내딛을 수 있다는 주장이다.

바타유도 전통적 핵가족에 독설을 퍼붓기는 마찬가지다. "아내는 에로티즘의 의미를 가질 수 없다. 아내는 배우자와 '한 덩어리가 된' 공동생활의 의미를 갖기 때문이다."《에로티즘》 남녀의 성역할 분담과 가부장적 질서 속에서 유지되는 전통적 핵가족이 서로를 형식적 관계로 몰아넣고 욕망의 장애물로 작용하는 것은 사실이다. 현실적으로 결혼생활은 사랑을 나누기보다는 '생활'의 의미가 강하다.

하지만 그렇다고 해서 바타유처럼 남편이나 아내가 에로티시즘을 실현할 가능성이 전혀 없다고 단정하는 것은 섣부르다. 핵가족이라는 형식 안에서도 노력을 통해 배우자에게 에로티시즘의 의미를 부여할 수 있다. 허무함과 결핍으로 끝나는 성행위를 넘어설 수 있는 가능성은 부부에게 열려 있다. 또한 핵가족의 형식을 기본적으로 유지하면서도 그 경계를 넘어 새로운 쾌락을 모색할 수도 있다.

이번에는 도착적 '행위'를 생각해보자. 도착적 행위 가운데 가장 혐오 대상이 되는 가학·피학 성행위다. 앞에서도 확인했듯이 에리히 프롬은 이에 대해 격렬하게 비난을 퍼부었다. 그가 보기에 가학·피학 성행위는 서로의 특성을 허용하면서 통합성을 유지하는 사랑의 본질과 상반된 방식이기에 사랑이 아니다. 더 나아가서 사람을 지배하고, 착취하고, 이용한다는 점에서 자유로부터의 도피이고, 나치즘으로 나타난 지배와 복종에 다름 아니다.

연인 사이의 가학·피학 성행위와 사회적, 정치적으로 나타나는 파시즘을 동일한 성격으로 바라보는 프롬의 관점을 어떻게 보아야 할까? 먼저 프롬과 함께 프랑크푸르트학파의 일원이었지만 성도착 행위를 다른 시각으로 보았던 마르쿠제의 이야기를 들어보자. 그 역시《에로스와 문명》에서 가학 성행위와 파시즘의 관계를 논한다.

가학 행위의 기능에 있어서 자유로운 리비도 관계와 파시스트나 나치스 검은 셔츠 부대 활동은 전혀 같지 않다. (……) 도착은 이러한 형태와 구별되는 본능적 실체를 가진다.

마르쿠제가 워낙 간단한 문제의식만 밝혀놓았기 때문에 그의 말을 단서 삼아 구체화하는 작업이 필요하다. 가학·피학 성행위와 파시즘은 토대가 전혀 다르다. 단서는 파시즘과 구분되는 성적 도착의 독자성을 '본능적 실체'에서 찾는 데 있다. 형식적인 면만을 볼 때 폭력이나 위압, 수치심이 동원된다는 점에서 두 가지 행위가 연결될 여지는 있다. 하지만 기반이 전혀 다르다. 파시즘에서 지배와 복종은 사회적, 경제적 토대를 기반으로 한다. 가장 근저에 있는 경제적 지배가 사회적, 정치적 지배를 거쳐 최종적으로 인격적, 심리적 지배로 연결되는 방식이다. 비록 심리라는 면과 연결은 되지만 내적인 동기에 의한 심리가 아니다. 외적으로 강제되거나 조작된 심리다. 개인이 자발적으로 동의해 복종하기도 하지만 어디까지나 심리 조작이 만들어낸 결과물이다. 결국 경제적이고 외적인 토대 위에 성립한다.

하지만 가학·피학 성행위는 본능적 실체를 가진다. 본능적 실체란 내적인 동기에서 출발한다는 의미다. 대신 모든 사람이 갖는 본능이라고 보기는 어렵다. '본능적 실체'의 의미에 제한해서 접근할 때 동성애를 예로 들어 이해하면 한결 쉽다. 동성애는 경제적, 사회적 조건에 의해 형성되는 성향이 아니다. 주변의 조건이나 설득 혹은 심리 조작에 의해 그런 성향을 갖게 된 것이 아니다. 사회에서 차별이나 핍박을 받으리라는 점을 알면서도 내부에서 용솟음치는 욕구다. 그러한 의미에서 본능적 실체를 가진다.

가학·피학 성행위도 누가 권한다고 해서 좋아하게 되는 성향이 아니다. 내면이 시키는 행위다. 다수의 상식으로 이해가 안 된다고 해서 이를 범죄시하는 것 자체가 오히려 폭력일 수 있다. 예를 들어 연인이나 부부가 다른 커플과 함께 성행위를 즐기는 '스와핑', 혹은 연인이나 배우자가 다른 사람과 성행위를 하는 것을 보면서 만족을 느끼는 '네토라레' 등은 무슨 범죄 집단처럼 보인다. 근본적으로 그러한 성향을 갖지 않은 사람들이 그 내적 동기를 알기는 어렵다. 우리는 다만 그것이 '본능적 실체'를 가지고 있다는 점, 그렇기 때문에 나의 성향은 아니지만 타인의 성향은 존중해주는 태도를 가져야 한다. 그러한 점에서 가학·피학 성행위와 파시즘을 동일한 성격으로 바라보는 프롬의 분석은 상당히 섣부르다.

프롬은 고통을 겪고 지배를 당하는 데서 쾌감을 느끼는 마조히즘이 본질적으로 자유로부터의 도피가 아니냐고 묻는다. 누구나 다 고통을 피하고자 하는데 마조히즘은 고통을 통해서 쾌락을 느끼는 것이니 진정한 자발성이나 자유와 상반된다는 지적이다. 하지만 파시즘이 초래하는 고통과 피학적 성행위의 고통을 동일하게 보는 그의 시각이 문제다. 들뢰즈와 가타리는 마조히즘의 고통을 다음과 같이 구별한다.

마조히스트의 고통은 그가 치르는 대가지만, 쾌락에 이르기 위해서가 아니라 욕망이 외적 척도인 쾌락과 맺고 있는 사이비 관계를 부인하기 위해 치러야 할 대가다. 쾌락은 결코 고통의 우회를 통해서만 획득할 수 있는 것이 아니다. 쾌락은 긍정적 욕망의 연속적인 과정을 중단시키기 때문에 최대한 지연되어야만 하는 것이다.(《천 개의 고원》)

문맥을 잘 이해해야 그들이 말하고자 하는 문제의식에 제대로 접근할 수 있다. 마조히즘이 고통을 동반하는 것은 맞다. 하지만 고통을 통해 쾌락에 이르는 것이 목표가 아니다. 즉 쾌락이 목적이고 고통이 수단인 것이 아니다. "욕망이 외적 척도인 쾌락과 맺고 있는 사이비 관계를 부인"하는 과정에서 오는 고통이다. 언뜻 무슨 의미인지 납득이 가지 않을 수도 있다. 들뢰즈와 가타리가 여기에서 '쾌락'이라는 단어를 어떻게 사용하는지를 주의해야 제대로 이해할 수 있다. 서로 다른 두 개의 의미를 담은 쾌락이라는 단어를 섞어서 사용하기 때문이다. 하나는 일반적인 의미의 쾌락이다. 다른 하나는 삽입에 의한 사정을 중심으로 한 쾌락이다. 마조히즘의 고통은 성적 욕망을 사정을 목표로 한 성행위와 동일시하는 상식을 부인하는 과정에서 필요한 것이다.

사정을 중심으로 한 "쾌락은 긍정적 욕망의 연속적인 과정을 중단" 시킨다. 앞에서도 확인했듯이 사정 후 남성은 급격한 허무감과 결핍감을 느낀다. 성적 욕망은 사정과 함께 일정 시간 동안 활동을 중단한다. 이로써 여성의 욕망도 중단시킨다는 점에서 일방적이다. 욕망은 단절과 결핍에 빠져든다. 마조히즘은 순간성을 극복하고 욕망을 지연시키기 위해 당사자들이 만들어낸 장치다. 사정을 목표로 하는 성행위에 대한 거부다. 욕망을 유지하기 위한 일종의 숭고한 의식이다. 여기에 복무하는 고통이기 때문에 마조히스트에게 고통은 일반적인 의미의 고통이 아니라 즐거움의 다른 이름이다. 그러한 의미에서 마조히즘의 고통은 단순한 고통도 아니고 단순한 쾌락도 아니다.

"쾌락은 결코 고통의 우회를 통해서만 획득할 수 있는 것이 아니다" 라는 의미도 좀 더 깊게 들어갈 필요가 있다. 여기서 쾌락은 일반적인 의미로 사용되는 단어다. 많은 사람이 고통과 쾌락을 상반된 상태로 여긴다. 고통을 없애고 쾌락을 증대하는 것이 행복이라고 여긴다.

하지만 엄밀하게 따져보면 고통을 동반할수록 쾌락이 커지는 경우가 얼마든지 있다. 일상의 여가에서도 고통과 함께 쾌락과 자유로움을 충족하는 경우가 많다. 예를 들어 암벽 등반이나 패러글라이딩은 고통과 공포를 동반한다. 그렇기 때문에 더욱 짜릿한 쾌감을 준다. 고통 속에서 자유를 만끽하는 느낌을 받는다. 성적 욕망도 동일하게 적용될 수 있다. 예를 들어 부드러운 애무보다는 고통을 느끼는 격한 애무를 좋아하는 사람도 있다. 그 정도가 확대된 것이 도착이라고 불리는 행위라고 볼 수 있다. 들뢰즈가 지적하듯이 "어떤 사람들에게 이러한 절차가 적합하다면 그것으로 충분한 것이다." 사람마다 더 나은 수단과 절차가 있을 수 있고, 거기에서 즐거움을 찾으면 될 일이다.

이번에는 지배를 당하는 데서 쾌감을 느끼기 때문에 '자유로부터의 도피'라고 보는 프롬의 시각을 살펴보자. 여기서 프롬은 성행위의 관계와 사회적, 정치적 관계를 동일 선상에서 비교하는 오류를 저지르고 있다. 가학·피학 성행위를 하는 사람이 일상생활에서도 그 관계를 연장한다고 상정하면 큰 착각이다. 그들에게 성행위와 일상의 관계는 다른 차원의 문제다. 성행위에서 마조히즘 성향이 있다고 해서 일반적 관계에서도 복종하는 것은 아니다.

적어도 이 문제에 관한 한 프롬은 형식논리적인 오류에 갇혀 있다. 프롬처럼 두 영역을 동일하게 취급하는 경우 가학·피학 성행위에 심취해 있으면서도 일상에서는 타인을 존중하고 파시즘에 대한 저항과 인간의 자유를 위해 평생 이론적, 실천적으로 탐구하고 투쟁한 푸코의 사고와 행위를 도저히 이해할 수 없을 것이다.

게다가 마르쿠제가 보기에 가학·피학 행위까지는 아니라 하더라도 일정한 정도의 도착적 경향은 성 본능에서 자주 발견할 수 있는 현상이다.

원래 성 본능은 주체나 객체에 대해 외부의 시간적, 공간적 한계를 가지고 있지 않다. 성욕은 그 본성으로 보아 다형多形의 도착이다. (……) 도착은 성욕을 생식의 질서에 예속시키는 문명과 질서를 보증하는 제도에 대한 항거의 표현이다.(《에로스와 문명》)

상당수 사람이 자기만의 성적 판타지를 가지고 있다. 성적 판타지는 시간적, 공간적 한계를 넘어선다. 일반적 상식으로는 성행위에 적합하지 않은 장소를 떠올리기도 하고, 현실에서 금기시되는 관계를 상상하기도 한다. 그래서 바타유는 "에로티즘이 우리에게 가져다주는 희열이 극단을 뛰어넘는 엄청난 격정이라는 사실은 아무도 부인할 수 없을 것"《에로티즘》이라고 한다.

그러한 의미에서 성 본능은 여러 가지 형태의 도착을 동반하면서 나타난다. 단지 상상 속의 판타지에만 머물기 때문에 행위로 드러나지 않을 뿐이다. 현실에서 도착적이라고 부르는 행위는 판타지의 현실화다. 당연히 도착은 죄의식을 거부한다는 점에서 그 행위를 금기로 여기는 문명과 질서에서 벗어나는 성격을 띤다.

성기 중심에서 벗어날 때 열리는 문

성적 욕망이, 욕망을 억압하는 문명이나 질서와 어떻게 대립해왔는지 충분히 확인했다. 그러면 둘 중 하나를 선택해야 하는가. 여기서 딜레마가 발생한다. 본능적 욕망은 내부에서 꿈틀대기에 이를 전적으로 부정하기 어렵다. 하지만 그렇다고 해서 문명에 완전히 등을 돌리고 살기도 어렵다. 반대로 문명을 온전히 선택하는 순간 내적 욕망을 내려놓기 위해 자기 자신과 싸워야 하는 문제가 생긴다. 바르트가 《사랑의 단상》에서 토해낸 독백도 이러한 딜레마를 반영한다.

불안, 의혹, 절망, 빠져나오고 싶은 욕구에도 불구하고 나는 사랑을 하나의 가치로 긍정하기를 멈추지 않는다. 다양한 체계가 사랑을 탈신비화하고 제한하고 지우고 폄하하기 위해 사용하는 모든 설명을 들으면서도, 나는 여전히 고집을 부린다. 나도 잘 알고 있어. 하지만 그래도⋯⋯.

사랑을 갈구하지만 문명이 만들어낸 체계가 사랑을 고정된 틀 안에 가두어 질식시킨다. 다양한 체계에는 사법기구만이 아니라 제도화된 교육, 학문, 언론 등이 포함된다. 이러한 체계는 어릴 때부터 성인에 이르기까지 전 생애에 걸쳐서 틀에 박힌 가족 형태와 표준화된 성관계를 유포한다. 사랑의 탈신비화는 사랑과 욕망을 분리시키거나 우선순위를 적용하는 방식으로 나타난다. 성적인 판타지를 제거하니 식상한 성생활을 반복하게 된다.

그래야 노동에 집중할 수 있다. 성과 여가는 노동력을 증진시킬 수 있는 '재충전'의 의미에서 벗어나지 않아야 한다. 성을 체계적으로 관리해야 문명과 질서가 유지될 수 있다. 문명과 질서의 입장에서 볼 때 그렇다는 것을 바르트도 잘 알고 있다. "하지만 그래도⋯⋯" 여전히 고집을 부려 성적 욕망을 내려놓고 싶지 않다. 아니, 내부에서 꿈틀거리기에 포기가 잘 안 된다. 끊임없이 딜레마에 빠져 갈등한다.

현대 사회를 살면서 어느 하나를 선택하기는 힘들다. 그렇다면 애초에 딜레마가 될 수 없다. 그러면 딜레마를 우리의 운명으로 삼아 언제나 갈등 속에서 "하지만 그래도⋯⋯"라는 독백을 되풀이해야 하는가. 우리의 고민은 자연스럽게 성적 욕망과 문명의 공존 가능성에 대한 모색으로 향하게 된다.

마르쿠제의 성적 욕망에 대한 탐구도 최종적으로는 욕망과 문명의 공존 가능성으로 향한다. 그는 《에로스와 문명》에서 문명은 인간의 본능을 억압해야만 성립한다는 프로이트의 주장을 분석한다. 인류가 누리고 있는 문화는 욕망을 강제로 굴절시킨 결과물임을 규명한다. 하지만 억압과 굴절에 머물지 않고 최종적으로는 에로스와 문명의 공존을 모색한다.

억압 없는 질서는 성 본능이 자신의 역학에 의하여, 그리고 변화된 실존적, 사회적 조건에서 성숙한 개인 사이에 지속적 에로스 관계를 생성할 수 있을 때만 가능하다. 과잉 억압이 제거된 후에도 문명화된 자유의 더 높은 형태를 향한 진보와 양립할 뿐 아니라 그러한 진보를 추진할 수도 있는 리비도적 합리성을 성 본능이 발전시킬 수 있는가?

마르쿠제는 성 본능을 억압하지 않는 문명이 과연 가능한가를 묻는다. 인간으로서 성 본능이나 문명 중에 어느 하나를 포기할 수 없는 이상 둘의 화해와 공존을 위한 가능성과 방법을 찾는 과제를 제시한다. 프로이트에 따르면 성적 욕망에 대한 억압이 없는 상태는 원시적 단계에서나 가능했다. 문명 사회에서 성적 욕망은 무의식 영역에서나 자기 자리를 지킬 수 있을 뿐이다. 하지만 마르쿠제는 욕망의 자리를 과거나 무의식에 두지 않고, 현재와 미래, 그리고 실현 가능한 현실에 두고자 한다.

그가 보기에 성은 그 자체에 머물지 않는다. 성 본능이 지속적으로 충족될 수 있는 사회에서만 억압 없는 질서가 가능하기에 사회적, 정치적 생활을 포함하여 행복한 삶을 위해서도 적극적으로 가능성을 모색해야만 한다. 막연하고 추상적인 공론에 머물지 않기 위해서는 구체적인 원칙을 수립할 필요가 있다. 가장 중요한 것은 지속적 에로스 관계의 생성이다. 에로스가 순간성과 결핍을 넘어서야 한다. 이를 위해서는 개인의 변화와 사회의 변화가 동시에 필요하다. 먼저 개인의 변화부터 살펴보자.

성기 우위의 억제된 성욕을 개성 전체의 에로스화로 변형하는 것이다. 그것은 리비도의 폭발이 아니라 리비도의 확장이다. (……) 리비도의 변형은 개인의 욕구와 능력의 자유로운 놀이를 해방하는 사회적 변형의 결과일 것이다.

역시 가장 중요한 원칙은 성기 중심의 성행위를 극복하는 것이다. 거듭 확인했듯이 사정을 목표로 하는 성행위는 허무와 결핍을 반복 재생산한다. 삶 전체를 에로스로 확장해야 성은 일상의 에너지가 된다. 그러한 의미에서 에로스의 변형이 필요하다. 억압되어 있던 성적 욕망을 분출하는 데 머물지 말고 삶 전체에 고루 퍼지도록 변형하는 작업이다. "생식기 우위에서 벗어나 유기체 전체를 에로스화하는 것"이다.

어떻게 유기체 전체가 에로스로 변형될 수 있는가. 유기체와 삶 전체의 에로스화에는 자신과 상대의 몸에 대한 새로운 접근이 필요하다. "육체 전체가 비로소 애착의 대상, 즐겨야 할 것, 쾌락의 도구가 된다." 성기만이 아니라 육체의 전 기관이 에로스의 감각을 가지고 있다. 머리털에서 발가락에 이르기까지 어디 한 군데 성적인 즐거움을 주지 않는 곳이 없다. 성기 위주의 사고 때문에 그동안 무시되어왔을 뿐이다. 마르쿠제의 제안이 실현되려면 지금까지와는 다른 노력이 필요하다.

신체 전체를 에로스화하기 위해서는 애무의 즐거움에 대한 자각과 자기 훈련이 필요하다. 우리는 감각이 태어날 때부터 저절로 주어진 것이라 착각한다. 하지만 미술가나 음악가가 손가락의 감각을 극대화하기 위해 지속적인 훈련을 하듯이 신체 감각의 에로스화를 위해서도 발상의 전환만이 아니라 오랜 습득 과정이 필요하다. 성감대는 타고나는 것이 아니라 만들어진다. 또한 성에 대한 발상을 전환하고, 서로의 몸이 훈련을 통해 새롭게 태어나려면 성을 성 자체로 즐기려는 마음을 가져야 한다.

쾌락은 성감대를 활동하게 하는 한, 운동 자체 안에 있다. 놀이의 근본적 특징은 다른 어떠한 목적에도 봉사하지 않고 놀이 자체에 만족하는 것이다.

성은 놀이여야 한다. 우리가 어린 시절에 즐겼던 놀이를 떠올려보자. 구슬치기든 고무줄놀이든 모든 놀이는 그 자체에서 오는 즐거움 이외에 다른 목적을 두지 않았다. 놀이 이상의 과도한 의미를 부여하지도 않았고, 다른 한편으로 놀이를 의미 없는 낭비로 보지도 않았다. 과도한 기대나 긴장은 몸을 굳게 만든다. 이 상태에서 감각은 스스로 발휘할 수 있는 능력을 최대한으로 끌어내지 못한다. 또한 긴장하면 사정하고픈 충동에 사로잡혀 단절과 결핍으로 달려가기 쉽다. 성이 유연한 놀이가 될 때, 하지만 습관적 관성에서 벗어나 서로의 감각을 계발시키기 위해 의식적, 능동적으로 행동할 때 만족이 지속될 수 있다.

삶의 에로스화를 위한 이 모든 시도와 노력은 개인의 변화만이 아니라 사회의 변화가 동시에 이루어질 때 가능하다. 마르쿠제가 보기에 특히 과도한 노동을 요구하는 사회 원리와 시스템의 변화 없이는 곧바로 벽에 부딪힌다. 무엇보다도 에로스는 노동과 일정한 거리를 둘 때 꽃을 피운다.

만일 유기체가 소외된 노동의 도구로서가 아니라 자기실현의 주체로서 존재한다면, 사회적으로 유용한 노동이 동시에 개인적인 욕구의 솔직한 충족이라면, 다형적이고 나르시스적인 성욕의 회복은 문화에 대한 위협이 아니라 문화 건설을 가져올 수 있을 것이다.

많은 시간을 소외된 노동에 바칠 때 에로스는 기운을 잃는다. 소외된 노동이란 인간의 가능성을 억압하고 규율과 통제 아래 두는 노동을 의미한다. 워낙 압축적인 방식으로 제시되어 있으니 그의 문제의식을 좀 더 구체적으로 이해하고, 나아가 더 확장하는 작업이 필요하다.

자본주의에서 노동은 소외되기 쉽다. 먼저 인간을 기계 부품처럼 만드는 노동이 문제다. 낭비를 없애고 가장 짧은 시간에 가장 많은 일을 하도록 고안된 테일러의 과학적 관리법과 포드주의가 초래한 결과가 그러하다. 기업 입장에서는 생산성 증가지만, 노동자 입장에서는 노동 강도의 강화로 나타난다. 다른 한편으로 분업에 의해 단순 동작을 반복해야 하는 노동 과정에서 인간은 기계 부품으로 전락한다. "지배적인 분업체계 안에서 행해지는 작업의 경우에 개인은 자신의 욕구와 능력을 만족시키지 못하고 미리 확립된 기능을 수행할 뿐이다."

에로스가 놀이라면 노동과 놀이가 일치될 수 있도록 노동을 변화시킴으로써 삶의 에로스화를 실현할 수 있다. 마르쿠제는 예술적 행위에서 노동과 놀이의 일치 가능성을 제시했다. 확실히 예술에서는 두 가지가 접근할 수 있다. 예술의 경우 열심히 일하는 것이 곧 가장 즐거운 놀이가 된다. 미술가와 음악가 등 예술가들은 아주 고된 작업을 하면서도 기쁨을 누린다. 음악가는 휴가 중에도 악상을 떠올리고, 미술가는 스케치북을 갖고 여행한다. 자기가 하고 싶은 일을 하고, 일을 통해 자신을 온전히 실현하기 때문이다.

하지만 모든 사람이 예술가로 살 수는 없다. 그러므로 우리는 차선책을 고민해야 한다. 가까운 미래에 실현할 수 있는 방법은 노동시간을 획기적으로 줄이는 것이다. 우선 노동시간은 점심시간을 포함하여 하루 8시간으로 엄격하게 제한해야 한다. 이를 위해 모든 사업장에서 잔업과 철야를 법적으로 금지하고 휴가 일수를 대폭 늘려야 한다. 장기적으로는 6~7시간 노동제로 전환하여 노동이 삶의 전부가 아니라 일부가 되어야 한다.

새벽에 졸린 눈을 억지로 뜨고 출근해서 늦은 밤이 되어서야 피곤에 찌든 몸으로 퇴근하는 생활, 노동이 생활의 전부처럼 되어 있는 삶에서 에로스는 질식한다. 노동 강도를 완화하고 노동시간을 단축하여 오후 서너 시 정도에 퇴근한다면, 정신과 몸이 에로스로 향할 수 있는 가능성이 비약적으로 확대된다.

억압 없는 문명을 위해서는 무엇보다도 노동에 과도한 에너지를 소모하는 현실이 바뀌어야 한다. "이러한 투쟁에서 이성과 본능은 통일된다." 억압 없는 조건에서 성욕은 문명을 파괴하는 방향이 아니라 문명이나 질서와 공존하면서 자신을 실현할 가능성이 생겨난다.

또한 마르쿠제가 제안하는 "성기 우위의 억제된 성욕을 개성 전체의 에로스화로 변형하는 것"은 가족제도의 변화와 함께 가능해진다. 우리의 몸과 삶 전체의 에로스화를 위해서는 자신과 상대의 몸에 대한 새로운 접근이 필요하다. 하지만 성적 욕망을 억압하는 사회 체계와 도덕, 특히 이를 재생산하는 가부장제에 기초한 가족 형태의 변화 없이는 제대로 실현되기 어렵다. 남성의 사정을 목표로 하는 성기 중심의 성에서 벗어나 쾌락을 지속시키기 위해서는 일부일처제에 기초한 가족만을 정상 가족으로 취급하는 제도가 근본적으로 바뀌어야 한다.

들뢰즈와 가타리도 성적 욕망을 개인적 만족의 영역으로만 남겨놓지 않았다. 욕망에 대한 사회적 억압이라는 점에서만이 아니라 욕망이 사회 변화에서 수행하는 능동적 역할도 적극적으로 인정한다.

욕망은 어머니와 동침하려는 것이기 때문에 사회를 위협하는 것이 아니다. 혁명적이기 때문에 사회를 위협한다.(《안티 오이디푸스》)

이들이 보기에 철학은 이중적 차원에서 욕망 해방에 기여해야 한다. 벗어나야 할 대상은 이성 중심주의, 그리고 프로이트 정신분석이다. 두 장애물이 심어놓은 윤리학의 감옥에서 탈출해야 한다. 고대국가가 형성된 이래 사회는 여러 차례 질적 변화를 겪어왔지만 적어도 욕망을 길들이고 억압한다는 점에서는 공통적이었다. 그 배후에는 언제나 이성이 도사리고 있었다.

또한 정신분석은 욕망을 거론하지만 결국 승화라는 허울 좋은 말을 통해 욕망을 포기하고 기존의 사회적, 문화적 질서에 순응하도록 유도했다. "어머니와 동침하려는 것"은 프로이트의 오이디푸스 콤플렉스를 의미한다. 욕망의 뿌리에 어머니와 관계하는 오이디푸스 콤플렉스가 도사리고 있다는 점에서 문명과의 파괴적 갈등을 강조했다. 그 결과 성적 욕망은 문명과 화해할 수 없는, 무의식이라는 어둠의 영역에만 숨어 있어야 했다. 이제 이성적 윤리는 물론이고 오이디푸스 콤플렉스라는 족쇄에서 욕망을 해방시킴으로써 욕망 자체만이 아니라 사회 변화까지 추동하는 길로 나아가야 한다는 주장이다.

성적 욕망이 "혁명적이기 때문에 사회를 위협"한다는 주장은 앞에서 살펴본 68혁명의 '에로스 효과'를 통해 이해가 가능하다. "더 많이 사랑할수록 더 많이 혁명을 하고 싶어진다"는 68혁명의 정신은 자유롭게 성을 누릴 수 있는 권리에 대한 요구가 사회 전체의 자율성을 획득하는 투쟁에 얼마나 큰 영향을 미치는가를 보여주었다. 자신을 실현하기 위해 성적 욕망의 발현을 억압하는 사회체계와 규범에 정면으로 도전한다는 점에서 혁명적이다. 또한 성을 둘러싼 자유 요구는 본능의 영역이기에 가장 현실적이고 절박한 외침이었다. 폭넓은 대중적 공감과 참여를 이끌어내면서 끈질기게 투쟁하기에 혁명적이다.

마지막으로 사랑의 진정성이라는 주제에 대해 간단하게 살펴보겠다. 최근 인문학을 매개로 사랑을 논하는 책과 강연, 상담 프로그램이 많아졌다. 저자나 강사들은 다들 돈과 외적 조건이 사랑을 대신하는 현실을 비판하는 데 주저하지 않는다. 인문학과 사회학이 사랑이라는 주제에 관심을 갖게 된 것은 바람직한 현상이다.

이 과정에서 우려되는 경향도 있다. 제일 자주 접할 수 있는 말이 사랑에 진정성이 있어야 한다는 충고다. 문제는 그 진정성의 기준을 논하는 과정이다. 대체로 모든 것을 거는 사랑을 경험해보라고 권한다. 그런 경험을 해봐야 진정한 사랑을 알 수 있다는 것이다. 인생에 한두 번 찾아올까 말까 할 정도로 모든 것을 걸 수 있는 사랑이 진정한 사랑이라고 한다. 에바 일루즈가 《사랑은 왜 아픈가》에서 최종적으로 권하는 내용도 비슷하다.

자아 전체를 온전히 요구하며 자신을 완전히 잊을 만큼 헌신적으로 다른 사람과 관계를 맺을 수 있도록 해주는 만남에서 찾아볼 수 있다. 더 나아가 열정적 사랑은 불확실함과 불안으로부터 우리를 해방시켜준다.

열정과 같은 밀도 높은 감정을 상실한 것이 문화적으로 아주 심각한 손실이기에 열정적 사랑을 회복해야 한다고 주장한다. 열정적으로 사랑하라는 말에 반대할 사람은 거의 없을 것이다. 문제는 그 열정이 실제로 의미하는 바가 무엇인지를 정확히 구별하는 일이다.

일루즈는 상대에게 자아 전체를 온전히 요구해야만 진정한 사랑이라고 말한다. 자신을 완전히 잊을 만큼 모든 것을 걸고, 상대에게도 모든 것을 요구하는 사랑 말이다. 그렇게 자신을 모두 던지는 관계에서만 사랑의 불확실함과 불안에서 벗어날 수 있다고 한다. 다시 괴테의 젊은 베르테르를 만나는 느낌이다.

모든 것을 거는 사랑을 하면서 상대에 대한 배려나 관대함을 가질 수 있을까? 내가 모든 것을 걸 때 상대도 나에게 모든 것을 걸라고 요구하게 마련이다. 한걸음만 삐끗 잘못 디디면 내가 상대의 완전한 소유가 되고, 상대도 나의 완전한 소유가 되도록 요구하는 마음으로 변질된다. 서로에게 원하는 것이 많아지게 되고 그럴수록 불만도 커진다. 모든 것을 거는 사랑은 치유할 수 없는 깊은 상처를 남길 가능성이 높다. 단순히 열정적 사랑에서 겪는 아픔의 정도를 넘어선다. 인간에 대한 불신으로까지 이어져 사랑에 대한 회의나 거부로 나아가기 쉽다.

오히려 우리는 울리히 벡이 《사랑은 지독한 혼란》에서 지적한, 현대 사회에서 부활하고 있는 신종 낭만주의를 경계하는 일이 더 필요하지 않을까 싶다.

지난 수십 년 동안 사적으로 고양된 애증의 낭만주의가 현대적으로 분장한 온갖 통속적 대중운동으로 변화되어 문화적 삶의 모든 구석으로까지, 심리치료사들의 저서, 이혼법, 사람들의 마음속으로까지 스며들어가고 있는 새로운 현상이 나타나고 있다.

상대에게 자아 전체를 요구하며 자신의 모든 것을 거는 사랑을 권하는 분위기에서 그는 신흥 종교의 지위로까지 격상된 낭만주의의 망령을 발견한다. 사랑 속에서 궁극적인 것을 소망하고 희망하는 이런 태도를 갖게 되면 종교를 믿는 정신 상태가 된다. 개인과 개인 사이의 전면적 몰입을 통한 사랑만이 일상의 고통에서 빠져나와 행복을 성취하는 유일한 길인 것처럼 생각하게 만든다.

하지만 우리는 낭만주의적 감정에 의존하여 모든 것을 걸도록 요구하는 사랑이 초래하는 위험을 직시해야 한다. "사랑은 그 자체의 고유한 주관적 관점에서 자라나오기 때문에 쉽게 전체주의적으로 바뀔 수 있다." 상대가 나의 감정과 정서 전부를 요구할 때 사람들은 그만큼 사랑이 깊고 크다고 여긴다. 하지만 이러한 관계는 집착으로 연결되기 쉽다. 자아를 몰입한 상태에서는 사랑과 집착을 구별하기 어렵다. 집착을 사랑이라고 믿어버리기 쉽다. 외면적으로는 부인하겠지만 실질적으로는 소유욕으로 변질될 가능성이 크다.

전면적 몰입은 공격성을 키우기도 한다. "친밀성이라는 날카로운 칼로 연인을 공격할 수 있는 구실을 주기 때문이다." 모든 것을 걸도록 요구할 때, 또한 자신이 그러하다고 믿을 때 상대가 과연 그만큼 응하고 있는지 의심이 싹튼다. 의심은 작은 것에서 큰 것으로 순차적으로 자라나는 방식으로 나타나지 않는다. 일단 아무리 작은 의심이라도 마음속에 뙤리를 틀면 곧바로 전체에 대한 의심으로 커진다. 의심과 공격성은 일란성 쌍둥이처럼 구별하기 어렵다.

무엇보다도 몰입과 의존 속에서 성은 놀이가 되기 어렵다. 에로스의 지배가 아니라 '관계' 자체가 지배하게 된다. 에로스는 유연한 감정과 정서를 가질 때 제 힘을 발휘한다. 과도한 긴장에 휩싸여 있을 때 자신에게 허용된 감각을 최대한으로 끌어올릴 수 없다. 사랑과 에로스가 동반자 관계를 지속적으로 유지하기 위해서는 오히려 '아름다운 거리'가 필요하지 않을까? 관계에 가두기보다는 서로 여유를 갖고 숨 쉴 수 있는 공간, 설렘을 지속시키는 약간의 거리를 유지할 때 에로스는 순간성을 극복하고 삶 전체를 생동하게 만든다.